© Verlag Zabert Sandmann
München
1. Auflage 2013
ISBN 978-3-89883-362-2

Grafische Gestaltung	Georg Feigl
Coverfoto	© WDR / Dirk Borm
Food- und Aufmacherfotos	Jo Kirchherr (weitere siehe Bildnachweis S.217)
Redaktion	Ines Alms, Sarah Fischer, Martina Solter
Redaktionelle Mitarbeit	Katharina Lisson, Regina Rautenberg
Texte	Anja Tanas
Herstellung	Karin Mayer, Peter Karg-Cordes, Veronika Sen
Lithografie	Jan Russok
Druck & Bindung	Mohn Media Mohndruck GmbH, Gütersloh

Beim Druck dieses Buchs wurde durch den innovativen Einsatz der Kraft-Wärme-Kopplung im Vergleich zum herkömmlichen Energieeinsatz bis zu 52% weniger CO_2 emittiert.

© WDR, Köln
Agentur: WDR mediagroup GmbH
WDR Redaktion: Klaus Brock, Heiner Backensfeld, Holger Cappell, Irmela Hannover, Philipp Bitterling
WDR mediagroup Projektkoordination: Kirsten Schmitz

Besuchen Sie uns auch im Internet unter www.zsverlag.de

Björn Freitag
Mein WDR-Kochbuch

Mit Ernährungstipps
von Oecotrophologin Anja Tanas

Inhalt

Vorwort	6
Spargel, Spinat & Stielmus	8
Erbsen, Bohnen & Linsen	26
Tomate, Gurke & Kohlrabi	42
Huhn, Schwein & Rind	62
Möhre, Pastinake & Sellerie	88

Apfel, Birne & Quitte	106
Kartoffel, Kürbis & Rote Bete	126
Weißkohl, Rotkohl & Grünkohl	152
Käse, Eier & Milch	170
Rhabarber, Erdbeere & Heidelbeere	194
Sendungsporträts und Register	210

Vorwort

Häufig bekommen wir Anfragen unserer Zuschauer, die wissen möchten, wo sie das Rezept zu einem Gericht finden können, das Björn Freitag im WDR Fernsehen gekocht hat. In Kooperation mit dem Zabert Sandmann Verlag, Björn Freitag und den zuständigen WDR-Redaktionen haben wir daher dieses Kochbuch herausgebracht, das beliebte und vor allem regionale Rezepte aus vier WDR-Sendereihen mit Björn Freitag vereint.

Björn Freitag ist ein bekanntes Gesicht im WDR Fernsehen. Mit seinen Auftritten bei »daheim + unterwegs«, »Servicezeit« und eigenen Sendungen wie »Der Vorkoster«, »Einfach und köstlich« und »Freitag tischt auf«, hat er sich nicht nur einen Namen in unserem Sendegebiet, sondern auch weit darüber hinaus gemacht. Er begeistert die Zuschauer mit kreativen, bodenständigen, leicht nachkochbaren Rezeptideen. Saisonale und heimische, vor allem rheinische und westfälische Rezepte, liegen ihm dabei besonders am Herzen. Denn der fest im Ruhrgebiet verwurzelte Sternekoch hat großes Interesse an den Lebensmitteln, die er verarbeitet und stellt dies in seinen Sendungen stets unter Beweis. Mit Neugier und einer Portion Mut geht er der Herkunft der Produkte nach und besucht die Produzenten – vom kleinen Bauernhof bis zum großen Lebensmittelkonzern.

In der Küche geht Björn Freitag mit Herzblut und Humor ans Werk – Qualitätsbewusstsein, Heimatverbundenheit, Lebensfreude und Genuss sind die Werte, die ihm besonders wichtig sind. Trotz seiner zahlreichen Auszeichnungen und dem großartigen Erfolg im WDR Fernsehen ist Björn Freitag einfach ein cooler Typ geblieben.

In dem vorliegenden Buch hat er für Sie seine Lieblingszutaten zusammengestellt und passende Rezepte aus seinen Sendungen ausgewählt. Natürlich stehen hier wieder Regionalität und Saisonalität im Mittelpunkt. Von Spargel und Spinat im Frühjahr bis Kürbis und Rote Bete im Herbst – so können Sie rund ums Jahr wunderbare Rezepte mit Produkten aus heimischem Anbau zubereiten. Auch Hintergrundinfos zu Einkauf, Lagerung und Verwendung der Lebensmittel dürfen bei Björn Freitag nicht fehlen, und Oecotrophologin Anja Tanas – bekannt aus der »Servicezeit« und »Der Vorkoster« – liefert wissenswerte Ernährungstipps dazu.

Ich wünsche Ihnen viel Freude mit diesem Buch. Lassen Sie es sich schmecken!

Herzlichst, Ihr

Matthias Kremin,
Leiter Programmbereich Kultur und Wissenschaft Fernsehen

Vorwort

Liebe Leserinnen und Leser,

direkt vor meiner Haustür in Dorsten geht es los, aber nicht nur im Ruhrgebiet, Münsterland oder am Niederrhein gibt es eine wunderbare Kochtradition, auch von Aachen bis Ostwestfalen-Lippe, was soll ich sagen, in allen Regionen Nordrhein-Westfalens finde ich Anregungen für meine Gerichte. Sie halten mein großes WDR-Kochbuch in den Händen mit einer bunten Auswahl an regionalen Rezepten, die ich in den letzten Jahren für meine Zuschauer gekocht habe. Vielleicht zählen Sie dazu und erinnern sich an den ein oder anderen Augenschmaus?

Wer mich kennt weiß, dass ich mich ungern an starre Vorgaben halte. Ich liebe es zu improvisieren, denn erst dann wird es richtig spannend am Herd. Die Würze fällt mal mild aus, mal gebe ich richtig Schmackes. Daher betone ich an dieser Stelle, dass - wer möchte - die Zutaten und Zubereitungsarten nur als grobe Anleitung betrachten kann. Meine Rezepte schrecken vor individuellen Ideen nicht zurück. Trauen Sie sich etwas! Hauptsache, das Kochen bereitet Ihnen Freunde, dann wird das Essen schon gelingen und lecker schmecken!

Eine Grundvoraussetzung dafür ist auch die gute Qualität der Zutaten. Als Profikoch habe ich einen geschulten Blick, wenn es um Frische geht, da macht mir keiner so schnell was vor. In diesem Buch finden Sie daher auch Einkaufstipps für meine 30 Lieblingszutaten, nach denen dieses Buch gegliedert ist. Es ist aufwändig, Hofläden und kleine Erzeugerbetriebe anzufahren, bei unterschiedlichen Spezialgeschäften einzukaufen. Oft nehme ich mir aber die Zeit dafür, die Genusshandwerker persönlich zu besuchen. In meinen Sendungen können die Zuschauer mitkommen auf meine Touren kreuz und quer durch NRW.

Mit dem Westdeutschen Rundfunk bin ich als Kind und Jugendlicher aufgewachsen, viele Sendungen haben mich auf meinem späteren Berufsweg, zunächst als Koch und danach als Sternekoch, begleitet. Heute habe ich ein Kochbuch, auf dem der Name WDR gemeinsam mit meinem eigenen auf dem Titelcover steht. Wie sich das anfühlt, ist unbeschreiblich und macht mich sehr stolz. Es ist, als wäre man zuhause angekommen. Hier im Sender habe ich ein Team, das alles daran setzt, dass ich mit meinen Rezepten die Zuschauer daheim vor den Bildschirmen begeistern kann. Ich möchte mit diesem Buch Danke sagen, allen, die mich am Herd - vor und auch hinter der Kamera - begleiten, ganz besonders Anja Tanas, die mich rund um das Thema Ernährung kompetent berät. Und allen Zuschauern, die die Sendungen so zahlreich schauen, die wir mit Herzblut produzieren.

Viel Spaß beim Nachkochen und einen guten Appetit wünscht Ihnen

Ihr Björn Freitag

Spargel, Spinat & Stielmus

Spargel, Spinat & Stielmus

Spargel

Für mich ist die heimische Spargelzeit von April bis Juni ein einziges kulinarisches Fest. Spargel aus der Region ist zwar manchmal etwas teurer, aber durch die kurzen Transportwege landet er besonders frisch in meiner Küche. Damit die Bauern täglich ernten können, bauen sie in der Regel verschiedene Sorten an, solche die früh, andere, die später reif werden. Auch durch den Einsatz von Folie, mit denen die Hügelbeete abgedeckt werden, können verschiedene Erntezeitpunkte herbeigeführt werden.

Eine leicht bittere Note muss ein Spargel haben. Wenn es extrem bitter wird, dann ist der Spaß am Essen vorüber. So was kommt vor, wenn die Stangen zu nah am Wurzelstock gestochen wurden. Das kann vor allem bei älteren Pflanzungen passieren, da der Wurzelstock von Jahr zu Jahr in Richtung Erdoberfläche wächst und die Stangen quasi kürzer werden, wenn man den Wall nicht aufschüttet.

Einkauf: Ein perfekt gleichmäßiger und gerader Spargel hat vielleicht die höchste Güteklasse, aber geschmacklich können auch die krummen, dünnen Stangen sehr gut sein, die viel günstiger sind. Wichtig ist neben der Herkunftsregion, die wegen der speziellen Bodenbeschaffenheit großen Einfluss auf das Aroma hat, natürlich auch die Frische. Auf feuchte, helle Schnittstellen und geschlossene Köpfe achten! Frische Stangen quietschen, wenn man sie aneinander reibt. Dass er fest, prall und saftig sein sollte, muss ich gar nicht erst erwähnen. Spargel mit lilafarbenen Spitzen wurde nicht schnell genug geerntet, die Spitzen haben zu viel Licht bekommen. Die Pflanze bildet die blauen Pflanzenfarbstoffe Anthocyane und will sich auf diese Weise vor der Sonne schützen. Schmecken tut er aber genauso gut.

Lagerung: Bereiten Sie Ihren Spargel am besten sofort zu. Falls das nicht möglich ist, dann kann man ihn auch mal über Nacht im Kühlschrank lagern, eingewickelt in einem feuchten Tuch. In einer Plastiktüte ersticken die Stangen und bekommen einen muffigen Geschmack.

Küche: Spargelschälen ist nicht jedermanns Sache. Ich nehme meist einen Spargelschäler mit doppelter Klinge oder ein sehr scharfes Kartoffelmesser zur Hand und entferne die Schale – beginnend unterhalb des Kopfes hin zur Schnittstelle. Die Bitterstoffe sitzen meist am unteren Ende der Stange, dieses muss dann abgeschnitten werden. Zucker im Kochwasser mildert den bitteren Geschmack etwas ab. Grünen Spargel schält man nur im unteren Drittel der Stangen. Mir reicht zunächst gekochter Spargel mit Salz und Butter. Aus den Schalen stelle ich gerne einen Sud her, in dem ich dann die Stangen gare. Daraus wird mit einem Hauch Zitrone eine intensive Sauce. Die Garzeit von grünem Spargel ist sehr kurz, es reicht im Grunde schon ihn in einer Pfanne anzurösten, weißer Spargel braucht etwas länger. Natürlich kann man auch in rohen Spargel beißen – aber erst beim Erhitzen erhält die Königin aller Gemüse ein Aroma, an das nichts heranreicht!

Ernährungstipp von Anja Tanas

» Der Spargel hat's in sich – das bemerkt man spätestens, wenn man nach dem Genuss der bleichen Stanger auf die Toilette geht und einen ungewohnten Duft wahrnimmt. Bei der Verdauung des Spargels werden schwefelhaltige Verbindungen frei gesetzt, die einen intensiven Geruch haben, aber nicht schädlich für den Organismus sind. Im Gegenteil, Spargel ist sehr gesund, er wirkt entwässernd, die Nieren- und Leberfunktion wird unterstützt. «

Spargel, Spinat & Stielmus

Spinat

Einkauf: Gute Ware hat keine gelben Blätter oder braune Flecken. Wichtig ist, die frischen Blätter nicht zu drücken. Werden sie gequetscht, dann faulen sie im Nu. Daher schön locker – am besten in einem Korb – transportieren. Unterschätzen Sie nicht die große Menge an frischen Blättern die man braucht, um eine kleine Portion gegarten Spinat zu erhalten.

Lagerung: Am besten locker und mit einem feuchten Tuch abgedeckt an einem dunklen, kühlen Ort lagern. Sinnvoll ist es auch, ihn zu putzen und zu blanchieren und dann im Kühlschrank oder sogar im Tiefkühlfach aufzubewahren.

Küche: Zunächst muss man unappetitliche Blätter aussortieren und dicke Stiele abschneiden. Dann den Spinat zweimal in kaltem Wasser vorsichtig schwenken, bis kein Sand im Becken zurückbleibt. Spinatsalat ist unglaublich lecker. Damit die Oxalsäure aus den Blättern kein stumpfes Gefühl auf Zunge und Zähnen hinterlässt, gebe ich ins Dressing meist etwas Joghurt oder Crème fraîche und einen Schuss Zitronen- oder Orangensaft. Festere Blätter lasse ich in etwas kochender Brühe oder heißer Sahne zerfallen oder gebe sie einfach zu anderen Gemüsen in die Pfanne.

Ernährungstipp von Anja Tanas

» Spinat gilt als lecker und gesund, doch das Blattgemüse kann auch mit Nitrat belastet sein. Dieses wird in den Blättern selbst sowie später im Körper zu Nitrit umgewandelt, das die Gesundheit gefährden kann. Besonders betroffen ist stark gedüngter Spinat aus Treibhäusern. Man kann die Nitrataufnahme reduzieren, indem man Freilandware aus biologischem Anbau bevorzugt, die Stiele entfernt und den Spinat nicht lange warm hält. «

Stielmus

Bei uns hat das Blattstiel-Kohlgemüse als deftige Beilage zu Fleischgerichten aller Art Tradition. Bei Stielmus, man sagt auch Rübstiel, handelt es sich um junge Blattstiele von Mai- und Herbstrüben, die nicht nur lecker sind, sondern auch gesund.

Einkauf: Stielmus wird am besten gleich nach der Ernte verzehrt, denn die zarten grünen Blätter werden leicht welk. Selbst im Kühlschrank halten sie sich nur ein bis zwei Tage frisch.

Küche: In Stücke geschnitten oder sogar gehackt werden sie gedünstet oder geschmort. Zugegeben, die Rezeptideen für das typisch rheinische Gemüse waren lange Zeit recht eintönig, doch die Spitzenküche hat das Traditionsgemüse neu entdeckt. Es überzeugt als Salat, als Pesto oder als Hauptbestandteil im Eintopf.

Ernährungstipp von Anja Tanas

» Stielmus, auch Rübstiel genannt, enthält sogenannte Senfölglykoside. Sie gehören zu den sekundären Pflanzenstoffen und sorgen u.a. für den Geschmack des Gemüses. Ihr positiver Effekt auf die Gesundheit ist enorm. Die schwefel- und stickstoffhaltigen Verbindungen wirken antibakteriell und stärken die Abwehrkräfte. «

Spargel, Spinat & Stielmus

Spargelgratin
mit Erbsen und Schinken

Zutaten für 4 Personen

16 Cocktailtomaten
Zucker
Salz · Pfeffer aus der Mühle
1 unbehandelte Zitrone
2 kg weißer Spargel
2 EL Butter
400 g Erbsenschoten (ersatzweise 150 g tiefgekühlte Erbsen)
160 ml Milch
200 g Sahne
300–400 g Schinken
(z.B. geräucherter Knochenschinken oder gekochter Schinken)
ca. 50 g gehackte Kräuter
(z.B. Schnittlauch, Bärlauch, Petersilie)
6 Eigelb
400 g Käse (3 Sorten; z.B. Manchego, Schafskäse, Bergkäse)
8 festkochende Kartoffeln

1 Den Backofen auf 80 °C vorheizen. Die Cocktailtomaten waschen und halbieren. Die Tomaten mit der Schnittfläche nach unten auf ein mit Backpapier belegtes Backblech legen. Mit je 1 Prise Zucker, Salz und Pfeffer bestreuen. Die Zitrone heiß waschen, trocken reiben und etwas Schale über die Tomaten reiben. Den Saft auspressen und beiseitestellen. Die Tomaten im Ofen auf der mittleren Schiene etwa 30 Minuten trocknen lassen.

2 Den Spargel schälen, die holzigen Enden abschneiden und die Stangen in mundgerechte Stücke schneiden. Die Butter in einer hohen Pfanne erhitzen und den Spargel bei mittlerer Hitze unter Rühren goldbraun anbraten. Mit Salz würzen. Mit dem Zitronensaft ablöschen, 1 l Wasser dazugießen und 2 EL Zucker dazugeben. Den Spargel in dem Sud etwa 5 Minuten bissfest garen.

3 Die Erbsen aus den Schoten lösen, in die Pfanne geben und kurz mitköcheln lassen. Dann das Gemüse in ein Sieb abgießen, dabei das Spargelwasser in einem Topf auffangen. Das Spargelwasser ein paar Minuten einkochen lassen. Die Milch und die Sahne hinzufügen und die Sauce noch etwas weiterköcheln lassen.

4 Den Spargel und die Erbsen in eine große ofenfeste Form geben. Den Schinken in dünne Streifen schneiden und mit dem Spargel und den Erbsen mischen. Die gehackten Kräuter darüberstreuen.

5 Das Spargelwasser vom Herd nehmen. Die Eigelbe verquirlen und mit dem Schneebesen in die nicht mehr kochende Spargelsauce rühren. Die Sauce über das Gemüse in die Form geben, sodass die Spargel-Erbsen-Schinken-Mischung gerade bedeckt ist.

6 Den Käse in kleine Stifte schneiden und den Auflauf damit möglichst gleichmäßig bedecken. Das Blech mit den Tomaten aus dem Ofen nehmen und die Tomaten bei Zimmertemperatur nachtrocknen lassen. Den Backofen auf 150 °C vorheizen. Das Spargelgratin im Ofen etwa 30 Minuten überbacken, bis der Käse geschmolzen ist.

7 Inzwischen die Kartoffeln gründlich waschen und mit der Schale in kochendem Salzwasser 20 bis 25 Minuten weich garen. Die Kartoffeln abgießen, ausdampfen lassen und möglichst heiß pellen. Die Kartoffeln halbieren.

8 Das Gratin auf Tellern anrichten und die Tomatenhälften sowie die Kartoffeln daneben verteilen. Nach Belieben mit Schnittlauch garnieren und sofort servieren.

Spargel, Spinat & Stielmus

Quiche
mit deutschem Spargel und Bärlauch

Zutaten für 1 Quiche

Für den Teig:
250 g Mehl
125 g Butter
½ TL Salz

Für den Belag:
12-15 Stangen weißer Spargel
100 g Bärlauch
2 EL Olivenöl
Salz · Pfeffer aus der Mühle
150 ml Milch
150 g Sahne
6 Eigelb
frisch geriebene Muskatnuss

Außerdem:
Butter für die Form
getrocknete Hülsenfrüchte zum Blindbacken

1 Den Backofen auf 200 °C vorheizen. Für den Teig das Mehl auf die Arbeitsfläche sieben und eine Mulde hineindrücken. Mit der Butter, 4 EL Wasser und dem Salz rasch zu einem glatten Mürbeteig verkneten. Den Teig in Frischhaltefolie wickeln und im Kühlschrank etwa 1 Stunde ruhen lassen.

2 Eine Quicheform (26 cm Durchmesser) einfetten oder mit Backpapier auslegen. Den Mürbeteig mit einem Nudelholz auf der bemehlten Arbeitsfläche rund (etwa 28 cm Durchmesser) ausrollen und in die Form legen, dabei den Rand etwas hochziehen. Den Teig mit Backpapier belegen, mit Hülsenfrüchten auffüllen und im Ofen auf der mittleren Schiene 10 Minuten blindbacken. Herausnehmen und das Backpapier mit den Hülsenfrüchten entfernen. Den Ofen auf 140 °C herunterschalten.

3 Für den Belag den Spargel schälen, die holzigen Enden abschneiden und die Stangen in 3 bis 5 cm lange Stücke schneiden. Den Bärlauch waschen, trocken schleudern und die Stiele entfernen. Die Blätter in feine Streifen schneiden. Das Olivenöl in einer Pfanne erhitzen und den Spargel darin andünsten. Den Bärlauch dazugeben und gut mit dem Spargel mischen, mit Salz und Pfeffer würzen.

4 Die Milch, die Sahne und die Eigelbe mit dem Schneebesen in einer Schüssel verrühren. Mit Salz, Pfeffer und Muskatnuss würzen.

5 Die Spargel-Bärlauch-Mischung auf dem vorgebackenen Quicheboden verteilen. Die Eiermilch darübergießen und die Quiche im Ofen etwa 45 Minuten garen.

Spargel, Spinat & Stielmus

Weißer Spargel mit Heilbutt
mit Hollandaise gratiniert

Zutaten für 4 Personen

Für den Spargel:
1 kg weißer Spargel
Salz
Zucker
1 EL Butter

Für die Sauce hollandaise:
1 unbehandelte Limette
2 Eigelb
50 ml Weißwein
250 g flüssige Butter
Salz · Pfeffer aus der Mühle

Für den Heilbutt:
1 Heilbutt (ca. 1 kg; küchenfertig)
Fleur de Sel
2 EL Öl

Außerdem:
600 g neue Kartoffeln
1 EL Butter
je 1 kleines Bund Kerbel
und Petersilie

1 Für den Spargel den weißen Spargel schälen und die holzigen Enden abschneiden. In einem Topf Salzwasser mit 1 Prise Zucker und der Butter zum Kochen bringen und die Spargelstangen darin etwa 15 Minuten garen.

2 Die Kartoffeln gründlich waschen und mit der Schale in kochendem Salzwasser 20 bis 25 Minuten weich garen.

3 Für die Sauce hollandaise die Limette heiß waschen und trocken reiben. Etwas Schale fein abreiben, die Zitrone halbieren und den Saft auspressen. Die Eigelbe mit dem Wein in eine Metallschüssel geben und im heißen Wasserbad mit dem Schneebesen aufschlagen.

4 Die Schüssel vom Herd nehmen und die flüssige Butter zunächst tröpfchenweise, dann in einem dünnen Strahl mit dem Schneebesen unterrühren. Die Sauce hollandaise mit Salz, Pfeffer, Limettensaft und -schale abschmecken und warm halten.

5 Für den Heilbutt den Fisch filetieren, waschen, trocken tupfen und mit Fleur de Sel würzen. Das Öl in einer Grillpfanne erhitzen und die Fischfilets darin auf beiden Seiten je 3 bis 4 Minuten braten.

6 Die Kartoffeln abgießen, kurz ausdampfen lassen und nach Belieben pellen. Die restliche Butter in einer Pfanne erhitzen und die Kartoffeln darin schwenken. Den Backofengrill einschalten. Den Spargel und den Fisch auf einer ofenfesten Platte anrichten und mit etwas Hollandaise überziehen. Im Ofen auf der mittleren Schiene 4 bis 5 Minuten gratinieren.

7 Den Kerbel und die Petersilie waschen und trocken schütteln. Die Blätter abzupfen und fein hacken. Den Heilbutt mit dem Spargel und den Kartoffeln servieren und mit den Kräutern bestreuen. Die restliche Sauce hollandaise dazu servieren.

Björns Tipp

» Sauce hollandaise ist eine warme Emulsion aus Eiern und Butter und eignet sich super zum Gratinieren. Sie bekommt dadurch eine leichte Röstnote. Man muss aber dabei stehen bleiben, da sie sehr schnell verbrennen kann. Eine Hollandaise muss frisch geschlagen werden und kann nicht vorbereitet werden, da sie sich nach einer gewissen Zeit wieder trennt. «

Spargel, Spinat & Stielmus

Karamellisierte Entenfilets
mit einer Royal von grünem Spargel

Zutaten für 4 Personen

Für die Royal:
12 Stangen grüner Spargel
Salz
1 Vanilleschote
100 g Sahne
4 Eier
2 Eigelb
2 EL Crème fraîche
Pfeffer aus der Mühle
frisch geriebene Muskatnuss

Für die Entenfilets:
400 g Entenbrustfilet (ohne Haut)
4 Fleischtomaten
je 2-3 Zweige Thymian und Rosmarin
1 unbehandelte Zitrone
3 EL Zucker
etwas grobes Meersalz
1-2 TL Tasmanischer Pfeffer
1 Bund Petersilie

1 Für die Royal den grünen Spargel waschen, im unteren Drittel schälen und in kochendem Salzwasser kurz blanchieren. Den Spargel abgießen, kalt abschrecken und gut abtropfen lassen. Die Spargelstangen in feine Scheiben schneiden und auf 4 kleine ofenfeste Schälchen oder Einmachgläser verteilen.

2 Der Backofen auf 100 °C vorheizen. Die Vanilleschote längs aufschneiden und das Mark herauskratzen. Die Sahne in einem kleinen Topf erwärmen. Die Eier und die Eigelbe mit der warmen Sahne in einer Schüssel verquirlen und die Crème fraîche unterrühren. Den Guss mit Vanillemark, Salz, Pfeffer und Muskatnuss würzen. Über die Spargelscheiben in die Schälchen bzw. Gläser gießen, sodass der Spargel bedeckt ist. Im Ofen auf der mittleren Schiene 15 bis 20 Minuten stocken lassen.

3 Für die Entenfilets das Fleisch waschen, trocken tupfen und in längliche Stücke schneiden. Die Tomaten kreuzweise einritzen, überbrühen, häuten, vierteln und dabei die Stielansätze entfernen. Im Ofen warm halten. Thymian und Rosmarin waschen und trocken schütteln, die Blätter bzw. Nadeln abzupfen. Die Zitrone heiß waschen, trocken reiben, dünn schälen und die Schale in feine Streifen schneiden.

4 Den Zucker in einer Pfanne karamellisieren und die Entenfilets mit Thymian, Rosmarin und Zitronenschale rundum bei mittlerer Hitze etwa 2 Minuten darin braten. Das Meersalz mit dem Tasmanischen Pfeffer in einem Mörser zerreiben und über die Filets streuen.

5 Die Petersilie waschen und trocken schütteln, die Blätter abzupfen und fein hacken. Die Spargelroyal auf Tellern anrichten. Die Entenfilets in Stücke schneiden. Die Tomatenviertel aus dem Ofen nehmen und die Entenfiletstücke mit der gehackten Petersilie darauf anrichten.

Björns Tipp

》 Eine Royal ist im klassischen Sinne ein Eierstich, mit dem man wunderbar Gemüse umschließen und z.B. in einer Terrinenform binden kann. Die Crème fraîche gibt der Royal durch ihre Säure eine frische Note, dazu kommt noch der leichte Vanillegeschmack. Tasmanischer Pfeffer ist eine australische Pfefferbeere, die ähnlich wie die Rosa Pfefferbeeren fast süßlich schmeckt, jedoch auch eine angenehme Schärfe hat. 《

Spargel, Spinat & Stielmus

Mein Lieblingsspinat
(ein Rezept von meiner Mutter)

Zutaten für 4 Personen

Für die Salzkartoffeln:
800 g vorwiegend festkochende Kartoffeln
Salz

Für den Spinat:
600 g Blattspinat
Salz
1/2 Knoblauchzehe
3 EL Olivenöl
2 EL Mehl
200 ml Rinder- oder Gemüsebrühe
150 g Sahne
50 g Schmelzkäse
Pfeffer aus der Mühle
frisch geriebene Muskatnuss

Für die Eier:
Salz
ca. 50 ml Weißweinessig
4 sehr frische Eier

1 Die Kartoffeln schälen, waschen und in kochendem Salzwasser 20 bis 25 Minuten weich garen.

2 Inzwischen für den Spinat den Spinat verlesen und waschen, grobe Stiele entfernen. In kochendem Salzwasser blanchieren, in ein Sieb abgießen, kalt abschrecken und gut abtropfen lassen. Den Spinat grob hacken.

3 Für die Eier in einem großen Topf reichlich Salzwasser zum Kochen bringen. Den Essig dazugeben.

4 Den Knoblauch schälen und in feine Würfel schneiden. Das Olivenöl in einem Topf erhitzen und den Knoblauch kurz darin andünsten. Das Mehl darüberstreuen und kurz anschwitzen. Die Brühe und die Sahne dazugießen und unterrühren. Zum Schluss den Schmelzkäse dazugeben und alle Zutaten zu einer cremigen Sauce verrühren. Mit Salz, Pfeffer und Muskatnuss abschmecken. Den Spinat hinzufügen und in der Sauce erwärmen.

5 Ein Ei aufschlagen, in eine große Suppenkelle geben und vorsichtig in das knapp siedende (etwa 90 °C heiße) Essigwasser gleiten lassen. Sofort mit einer Gabel oder einem Löffel das Eiweiß um das Eigelb herum verteilen. Den Vorgang mit den anderen Eiern wiederholen. Die Eier 4 bis 5 Minuten ziehen lassen.

6 Die Kartoffeln abgießen. Den Spinat und die Salzkartoffeln auf Teller verteilen. Die pochierten Eier mit dem Schaumlöffel aus dem Wasser heben, kurz abtropfen lassen und auf dem Spinat anrichten.

Spargel, Spinat & Stielmus

Kabeljau im Rote-Bete-Schaum
mit Blattspinat

Zutaten für 4 Personen

Für den Rote-Bete-Schaum:
1 Rote Bete (vorgegart und vakuumiert)
300 ml Fischfond
150 g Sahne
2 EL Balsamico bianco
Salz · Pfeffer aus der Mühle

Für den Spinat:
1 kg Blattspinat
4 Tomaten
2 EL Olivenöl
Salz · Pfeffer aus der Mühle

Für den Kabeljau:
¼ tiefgekühltes Ciabatta-Brot (siehe Tipp)
800 g Kabeljaufilet (oder Wolfsbarsch, Dorade; ohne Haut)
Salz · Pfeffer aus der Mühle
3 EL Olivenöl
helle Sesamsamen zum Bestreuen

1 Für den Rote-Bete-Schaum die Rote Bete in Würfel schneiden. Mit dem Fond in einen Topf geben, aufkochen und etwa 10 Minuten köcheln lassen. Die Sahne und den Essig angießen und alles mit dem Stabmixer pürieren. Die Sauce durch ein feines Sieb streichen und mit Salz und Pfeffer abschmecken.

2 Für den Spinat den Blattspinat verlesen und waschen, grobe Stiele entfernen. Den Spinat tropfnass in einem Topf bei schwacher Hitze zusammenfallen lassen. In ein Sieb abgießen und abtropfen lassen.

3 Die Tomaten waschen, vierteln und die Stielansätze entfernen. Die Tomaten in kleine Würfel schneiden.

4 Für den Kabeljau vom tiefgekühlten Ciabatta-Brot auf der Aufschnittmaschine 8 dünne Scheiben abschneiden und auftauen lassen. Das Kabeljaufilet waschen, trocken tupfen und in 8 Stücke schneiden. Mit Salz und Pfeffer würzen. Jeweils mit 1 Scheibe Ciabatta-Brot umwickeln. Das Olivenöl in einer Pfanne erhitzen und die eingewickelten Fischstücke darin auf jeder Seite 2 bis 3 Minuten braten.

5 Für den Spinat das Olivenöl in einem Topf erhitzen, den Spinat darin andünsten und mit Salz und Pfeffer abschmecken. Kurz vor dem Servieren die gewürfelten Tomaten dazugeben.

6 Die Rote-Bete-Sauce mit dem Stabmixer aufschäumen. Den Spinat auf vorgewärmte Teller verteilen und den Kabeljau darauf anrichten. Den Rote-Bete-Schaum darum herumträufeln und den Fisch mit Sesam bestreuen.

Björns Tipp

» Damit die Brotscheiben schön dünn werden, sollte man auf jeden Fall tiefgekühltes Brot nehmen. Denn nur so lässt es sich hauchdünn schneiden. Frisches Brot ist zu weich und die Scheiben werden zu dick. Übrigens, durch das Brot wird der Fisch krosser und bleibt innen saftig. «

Spargel, Spinat & Stielmus

Lamm-Spinat-Strudel
mit Minze

Zutaten für 4 Personen

2 EL Olivenöl
4 Lammlachse (à 150 g)
Salz · Pfeffer aus der Mühle
300 g Blattspinat
1 kleine Zwiebel
½ Knoblauchzehe
1 TL gehackte Minze
50–60 g Butter
4 Strudelteigblätter (ausgerollt, aus dem Kühlregal)
1 EL Weißbrotbrösel

1 Das Olivenöl in einer Pfanne erhitzen. Die Lammlachse darin rundum bei mittlerer Hitze kurz anbraten und mit Salz und Pfeffer würzen. Herausnehmen und auf Küchenpapier abtropfen lassen.

2 Den Blattspinat verlesen und waschen, grobe Stiele entfernen. Die Zwiebel und den Knoblauch schälen, in feine Würfel schneiden und in der Pfanne im Bratsatz andünsten. Den Spinat portionsweise hinzufügen, zusammenfallen lassen und dünsten, bis die Flüssigkeit fast vollständig verkocht ist.

3 Die Minze unter den Spinat mischen und mit Salz und Pfeffer abschmecken. Den Spinat in ein Sieb geben, abtropfen und abkühlen lassen. Die Butter zerlassen und etwas abkühlen lassen.

4 Den Backofen auf 160 °C vorheizen. Die Strudelteigblätter auseinanderklappen und auf ein großes Brett oder die Arbeitsfläche legen. Zwei Teigblätter mit Butter bestreichen, die anderen Teigblätter jeweils um 90° gedreht darauflegen und ebenfalls mit Butter bestreichen. Die Teigblätter im unteren Drittel mit Weißbrotbröseln bestreuen und den Spinat auf den Bröseln verteilen, dabei seitlich einen breiten Rand freilassen.

5 Je 2 Lammlachse auf den Spinat legen, jeweils die Teigseiten einklappen und die Strudel aufrollen. Die Strudel mit der Naht nach unten auf ein mit Backpapier belegtes Backblech legen und im Ofen auf der mittleren Schiene etwa 20 Minuten goldbraun backen.

6 Die Lamm-Spinat-Strudel aus dem Ofen nehmen und etwa 5 Minuten ruhen lassen. In Stücke schneiden, auf Teller verteilen und servieren. Dazu passt gut ein grüner Salat.

Björns Tipp

» Wenn Sie etwas mehr Zeit zur Verfügung haben, können Sie die Strudel in einer Pfanne in etwas Olivenöl anbraten, bevor Sie sie in den Ofen geben – so werden sie besonders kross. «

Spargel, Spinat & Stielmus

Stielmus
mit lackiertem Schweinebauch

Zutaten für 4 Personen

Für die Gewürzmischung:
je 1 EL Wacholderbeeren,
Korianderkörner, Kardamom-
und Fenchelsamen
3 Sternanis
je 2 Zweige Rosmarin, Salbei
und Thymian
1 unbehandelte Zitrone
1 EL Kaffeebohnen
1 EL brauner Zucker
2 EL Meersalz
Pfeffer aus der Mühle
1 EL geriebener Ingwer

Für den Schweinebauch:
800 g frischer Schweinebauch
(mit Schwarte)
½ Sellerieknolle
2 Möhren
2 Zwiebeln

Für das Stielmus:
200 g mehligkochende Kartoffeln
Salz
500 g Stielmus
70 ml Milch
1 TL kalte Butter
weißer Pfeffer aus der Mühle
frisch geriebene Muskatnuss

1 Am Vortag für die Gewürzmischung Wacholderbeeren, Korianderkörner, Kardamom- und Fenchelsamen sowie den Sternanis in einer Pfanne ohne Fett kurz anrösten und in einem Mörser zerstoßen.

2 Die Kräuter waschen und trocken schütteln, die Nadeln bzw. Blätter abzupfen und grob hacken. Die Zitrone heiß waschen, trocken reiben und die Schale mit dem Sparschäler dünn abschälen. Die Gewürze, die Kräuter, die Zitronenschale und die Kaffeebohnen in einem Blitzhacker fein zerkleinern. Den braunen Zucker, das Meersalz, Pfeffer und den Ingwer dazugeben und nochmal durchmixen.

3 Für den Schweinebauch die Schwarte des Schweinebauchs rautenförmig einschneiden und den gesamten Schweinebauch mit der Gewürzmischung kräftig einreiben. Mit Frischhaltefolie abdecken und im Kühlschrank mindestens 12 Stunden marinieren lassen.

4 Am nächsten Tag den Backofen auf 160 bis 180 °C vorheizen. Die Gewürze von der Schwarte mit Küchenpapier abwischen. Den Sellerie und die Möhren putzen, schälen und in grobe Würfel schneiden. Die Zwiebeln schälen und ebenfalls in grobe Würfel schneiden. Das Gemüse in einen Bräter geben. Den Schweinebauch mit der Schwarte nach oben darauflegen und im Ofen auf der mittleren Schiene etwa 2½ Stunden garen.

5 Für das Stielmus die Kartoffeln schälen, waschen, in Würfel schneiden und in kochendem Salzwasser weich garen. Das Stielmus waschen und putzen, dabei die hellen Stiele und das Blattgrün voneinander trennen und beides grob schneiden.

6 Die Kartoffeln mit dem Schaumlöffel aus dem Wasser heben und in einem zweiten Topf kurz beiseitestellen. Die Stiele vom Stielmus 2 Minuten im Kartoffelwasser blanchieren, dann das Blattgrün dazugeben und alles 1 weitere Minute sprudelnd kochen lassen. Das Gemüse in ein Sieb abgießen und kalt abschrecken.

7 Die Milch und die Butter zu den Kartoffeln geben und auf dem Herd erwärmen. Mit Salz, weißem Pfeffer und Muskatnuss würzen und die Kartoffeln mit dem Kartoffelstampfer gut zerdrücken. Das Stielmus untermischen und die Mischung bei schwacher Hitze warm halten.

8 Die Schwarte mit dem Bratensaft bepinseln. Den Backofengrill einschalten und den Schweinebauch unter dem Grill 3 bis 5 Minuten schön kross braten. Den Schweinebauch aus dem Ofen nehmen, in Scheiben schneiden und mit dem Stielmus anrichten. (Das Wurzelgemüse wird nicht mitserviert, es sorgt nur dafür, dass das Fleisch beim Braten nicht im eignen Saft und Fett liegt, sondern schön trocken gart und dabei das Gemüsearoma aufnehmen kann.)

Spargel, Spinat & Stielmus

Stielmuseintopf
mit Crème fraîche, Kasseler und Garnelen

Zutaten für 4 Personen

500 g Stielmus
Salz
1 große Zwiebel
1 große mehligkochende Kartoffel
50 g fetter Räucherspeck
800 ml Rinderbrühe
4 Scheiben Kasseler
8 Garnelen (mit Kopf und Schale)
1 EL Öl
200 g Crème fraîche
weißer Pfeffer aus der Mühle
Weißweinessig zum Servieren

1 Das Stielmus waschen, putzen, dabei die hellen Stiele und das Blattgrün voneinander trennen und die Stiele klein schneiden. Die Blätter 1 bis 2 Minuten in kochendem Salzwasser blanchieren, in ein Sieb abgießen und kalt abschrecken. Die Blätter hacken und beiseitestellen.

2 Die Zwiebel schälen und in feine Würfel schneiden. Die Kartoffel schälen, waschen und in Würfel schneiden. Den Speck in kleine Würfel schneiden und in einem Topf ohne Fett auslassen. Die Zwiebeln dazugeben und andünsten. Mit der Brühe ablöschen. Die hellen Rübstiele und die Kartoffelwürfel dazugeben und zugedeckt etwa 20 Minuten garen.

3 Das Kasseler in etwa 2 cm große Würfel schneiden und in den letzten 10 Minuten im Eintopf erhitzen.

4 Die Garnelen am Rücken entlang mit einem scharfen Messer einschneiden und den dunklen Darm herausziehen. Die Garnelen waschen und trocken tupfen. Das Öl in einer Pfanne erhitzen und die Garnelen mit Kopf und Schale 3 bis 4 Minuten braten. Herausnehmen, den Kopf abdrehen und die Schale entfernen. Die Garnelen mit Salz würzen.

5 Die Crème fraîche und die grünen Stielmusblätter zum Eintopf geben. Mit Salz und weißem Pfeffer abschmecken und nicht mehr kochen lassen. Den Stielmuseintopf in tiefe Teller verteilen und die Garnelen darauf anrichten. Zum Nachwürzen etwas Weißweinessig auf den Tisch stellen.

Björns Tipp

» Anstatt die grünen Stielmusblätter am Schluss dazuzugeben, können Sie daraus mit ein wenig Rapsöl und in der Pfanne gerösteten Pinienkernen ein tolles Stielmus-Pesto mixen und zum Eintopf reichen. «

Spargel, Spinat & Stielmus

Düsseldorfer Senfbraten
vom Kaninchenbuckel mit Stielmus

Zutaten für 4 Personen

Für das Stielmus:
400 g mehligkochende Kartoffeln
Salz · 80 g Crème fraîche
200 g Stielmus
50 g durchwachsener
Räucherspeck
1 EL Essig
Pfeffer aus der Mühle
frisch geriebene Muskatnuss

Für den Senfbraten:
2 EL scharfer Senf
2 EL süßer Senf
400 g Kaninchenrücken
(ausgelöst)
2-3 EL Mehl · 2-3 EL Öl

Für die Sauce:
100 ml Madeira (port. Likörwein)
100 ml Gemüse- oder
Fleischbrühe · 150 g Sahne
Salz · Pfeffer aus der Mühle
Zucker

1 Für das Stielmus die Kartoffeln schälen, waschen und in kochendem Salzwasser 20 bis 25 Minuten weich garen. Die Kartoffeln abgießen, ausdampfen lassen. Die Crème fraîche dazugeben und die Masse mit dem Kartoffelstampfer zerdrücken. Mit Salz, Pfeffer und Muskatnuss würzen.

2 Das Stielmus putzen, waschen und die Blätter abzupfen. Die Stiele in Stücke schneiden und in kochendem Salzwasser blanchieren. Die Stiele in ein Sieb abgießen, kalt abschrecken und abtropfen lassen. Die Blätter ebenfalls blanchieren, abgießen und kalt abschrecken.

3 Die Kartoffelmasse mit dem Stielmus verrühren. Den Speck in kleine Würfel schneiden und in einer Pfanne ohne Fett auslassen. Die Speckwürfel zu der Kartoffelmasse geben und mit Essig, Salz, Pfeffer und Muskatnuss abschmecken.

4 Für den Senfbraten die beiden Senfsorten mischen. Das Kaninchenfleisch auf einer Seite damit bestreichen und mit dem Mehl bestäuben. Das Öl in einer Pfanne erhitzen und das Fleisch darin auf beiden Seiten jeweils 4 Minuten braten. Dann die Pfanne vom Herd nehmen und das Fleisch noch 5 Minuten darin ruhen lassen.

5 Für die Sauce den Madeira, die Brühe und die Sahne in einem Topf aufkochen und etwas einkochen lassen. Die Sauce mit Salz und Pfeffer und 1 Prise Zucker würzen und mit dem Stabmixer aufschäumen.

6 Das Fleisch nach Belieben schräg in Scheiben schneiden und mit dem Stielmus und der Sauce auf vorgewärmten Tellern anrichten.

Erbsen, Bohnen & Linsen

Erbsen, Bohnen & Linsen

Erbsen

Frische Erbsen aus der Region – irgendwie sind sie mittlerweile eine Rarität geworden. Sie machen einfach zu viel Arbeit! Egal ob im Garten oder in der Küche: Erbsen wollen die ganze Aufmerksamkeit und viel Hingabe. Die Ernte ist aufwändig, denn die grünen Hülsenfrüchte verstecken sich gern zwischen den Blättern, ganz zu schweigen von der Mühe, die man damit hat, die kleinen runden Samen aus den Hülsen zu befreien. Ganz ehrlich – das ist auch nicht meine Lieblingsbeschäftigung. Aber wie sich der Aufwand lohnt! Vor allem für Markerbsen, die sind süß und meine Lieblinge. Aber auch für Palerbsen lohnt sich die Mühe, sind ganz schnell gar und etwas herber im Geschmack.

Einkauf: Auf gut sortieren Wochenmärkten bekommt man zwischen Ende Mai und August frische Ware. Die Hülsen müssen beim Kauf glatt, gleichmäßig grün und prall gefüllt sein. Der Blütenansatz darf nicht welk aussehen.

Lagerung: Besonders Palerbsen darf man nicht lange liegen lassen, der Abbau des Zuckers beginnt ganz rasch und schon ist das Aroma futsch. Damit sie optimal zu feinen Gerichten passen, blanchiere ich die kugeligen Hülsenfrüchte kurz. Gut in Eiswasser abschrecken, damit das schöne Grün erhalten bleibt. Dann kann man sie einfrieren oder für die unterschiedlichsten Rezepte einsetzen.

Küche: Hier ein paar Erbsen in die Nudelsauce, da ein paar in den Salat oder in die Gemüsequiche. Sie machen sich gut, überzeugen mit ihrem unverwechselbaren Aroma. Mit Kerbel, Kresse und Estragon ist die Harmonie perfekt!

Wieso ich nicht einfach Erbsen aus der Tiefkühltruhe nehme? Ganz klar, bei mir soll eben nur das Beste auf den Teller. Die Sorten, die die Industrie anbaut und verarbeitet, sind einfach andere, als die, die in kleinen Gärten wachsen. Ich kenne den Vergleich – die Industrieware ist zwar günstig und praktisch, in Sachen Geschmack muss man aber oft Abstriche machen. Auch getrocknete Erbsen können es natürlich nicht mit frischen aufnehmen, aber sind nach dem Einweichen sehr mehlig und man kann gut Pasten und Suppen daraus zubereiten. Außerdem bekommt man getrocknet viele verschiedene Sorten aus aller Welt und kann damit experimentieren.

Ernährungstipp von Anja Tanas

» Der Genuss von Hülsenfrüchten, wie beispielsweise Erbsen, kann für unangenehme Blähungen sorgen. Auslöser sind komplexe Kohlenhydrate, die nicht im Dünndarm aufgespalten werden können. Sie gelangen nahezu unverdaut in den Dickdarm, wo Bakterien für den Abbau sorgen. Dabei entstehen Gase. Werden die Hülsenfrüchte gut gekocht und das Essen sogar einmal eingefroren und wieder aufgewärmt, dann fallen die Beschwerden oft geringer aus. «

Erbsen, Bohnen & Linsen

Bohnen

Einkauf: Die Hauptsaison für frische Bohnen aus heimischem Freilandanbau ist von Ende April bis Ende September. Bei dicken Bohnen gilt: Rund 1 kg Schoten liefert etwa 200 bis 250 g Bohnenkerne. Frische Exemplare sind prall, sattgrün und haben keine dunklen Flecken. Wenn man sie knickt, dann geben sie nicht nach, sondern brechen auseinander.

Küche: Als Kind mochte ich keine dicken Bohnen, weil meine Mutter die dünne, helle Haut nicht entfernt hat. Ich finde, sie schmecken dann leicht muffig. Also mache ich mir heutzutage die Mühe, die blanchierten Acker- bzw. Saubohnen aus der Pelle zu drücken – zum Vorschein kommen ganz knallig grüne Bohnenkerne, die ein wunderbar feines Aroma haben. Grüne und dicke Bohnen nach dem Putzen immer in wenig Brühe oder Wasser rund 10 Minuten kochen. Nach dem Blanchieren in Eiswasser abschrecken. Bei den dicken Bohnen kann man sich nun wie gesagt die Mühe machen, das »Stengelchen« an der Spitze mit dem Fingernagel oder einem Messer abzuknipsen und die Bohne aus der sie umgebenden, dünnen Haut zu drücken. Die hellgrünen Bohnen nochmals wenige Minuten in heißem Wasser abkochen, in Butter andünsten oder je nach Rezept anderweitig verarbeiten.

Ernährungstipp von Anja Tanas

» Rohe Bohnen und auch andere Hülsenfrüchte können gesundheitsschädliche Substanzen enthalten. Beim Kochen werden diese aber abgebaut bzw. zerstört. Roh sollte man die meisten Hülsenfrüchte daher auf keinen Fall essen. «

Linsen

Einkauf: Sie kennen nur die graubraune Tellerlinse? Wenn Sie in einen Bioladen gehen, werden Sie Augen machen, denn die Auswahl ist hier wirklich groß. Es gibt grüne, gelbe, rote oder schwarze Linsen. Kleine Linsen, große Linsen. Die meisten von ihnen sind geschält und ganz schnell zubereitet, gesund sind sie alle.

Küche: Linsensuppe ist ein Klassiker, wirkt bodenständig und etwas altbacken. Aber Hülsenfrüchte haben noch viel mehr auf dem Kasten. Ich koche sie gerne ganz weich und verarbeite sie dann zu Pasten, die man aufs Brot streichen kann. Auch Bratlinge und sogar Pfannkuchen kann man daraus machen. Dabei kann man sie mit allen möglichen Kräutern kombinieren. Oder man kocht die Linsen bissfest und bereitet einen Salat daraus zu – einfach mit klein geschnittenem Gemüse wie Möhren oder Radieschen mischen und mit Essig, Öl, Kräutern, Salz und Pfeffer abschmecken.

Ernährungstipp von Anja Tanas

» Hülsenfrüchte sind wertvolle Eiweißlieferanten. Unser Körper benötigt verschiedene Eiweißbausteine, daher sollte man immer verschiedene Proteinquellen kombinieren, um eine optimale Versorgung sicherzustellen. Auch ohne Fleisch ist das möglich, wenn man über den Tag verteilt Bohnen, Linsen oder Erbsen und außerdem Nüsse und Vollkornprodukte isst. «

Erbsen, Bohnen & Linsen

Knallgrünes Erbsenpüree
mit Stremellachs

Zutaten für 4 Personen

300 g Stremellachs
1 weiße Zwiebel
1,2 kg Erbsenschoten (ersatzweise 500 g tiefgekühlte Erbsen)
3 TL Olivenöl
300 ml Geflügelfond
1 TL Wasabipulver (japan. Meerrettich)
Salz
weißer Pfeffer aus der Mühle
1 TL Zucker
2 EL gehackte Petersilie
einige Chilifäden

1 Vom Stremellachs die Haut entfernen und die darunterliegende Transchicht mit einem Messer entfernen. Den Lachs in große Würfel schneiden.

2 Die Zwiebel schälen und in grobe Würfel schneiden. Die Erbsen aus den Schoten lösen. In einem Topf 2 TL Olivenöl erhitzen und die Zwiebel darin bei mittlerer Hitze andünsten, bis sie etwas Farbe angenommen hat.

3 Den Fond zur Zwiebel gießen, die Erbsen hinzufügen und alles einmal aufkochen. Dann das Wasabipulver unterrühren, mit Salz würzen und die Erbsen bei schwacher Hitze etwa 5 Minuen garen.

4 Die Erbsen mit dem Stabmixer grob pürieren, sodass noch Erbsenstückchen zu erkennen sind. Mit weißem Pfeffer und 1 Prise Zucker abschmecken und das restliche Olivenöl unterrühren.

5 Das Erbsenpüree in Schälchen füllen, die Stremellachswürfel darauflegen und mit gehackter Petersilie und Chilifäden garnieren.

Björns Tipp

» Der Stremellachs schmeckt viel intensiver als der Räucherlachs. Sein besonderes, typisches Aroma und die feste Konsistenz erhält der filetierte und in Streifen geschnittene Lachs durch die Heißräucherung bei über 70 °C. «

Erbsen, Bohnen & Linsen

Erbsen-Lauch-Auflauf
mit Schinken

Zutaten für 4 Personen

1 kg Erbsenschoten (ersatzweise 300 g tiefgekühlte Erbsen)
2 Stangen Lauch
Salz
300 g festkochende Kartoffeln
200 ml Rinderbrühe
300 g Sahne
Pfeffer aus der Mühle
frisch geriebene Muskatnuss
300 g gekochter Schinken
3 Scheiben Emmentaler

1   Die Erbsen aus den Schoten lösen. Den Lauch putzen, waschen und in Ringe schneiden. Beides getrennt voneinander in kochendem Salzwasser bissfest blanchieren, in ein Sieb abgießen, kalt abschrecken und gut abtropfen lassen.

2   Die Kartoffeln schälen, waschen, in Würfel schneiden und in kochendem Salzwasser 15 bis 20 Minuten weich garen. Die Brühe und die Sahne in einen kleinen Topf geben, aufkochen und auf die Hälfte einkochen lassen. Mit Salz, Pfeffer und Muskatnuss würzen.

3   Die Kartoffeln abgießen und ausdampfen lassen. Den Schinken in Streifen schneiden. Das Gemüse mit den Kartoffeln und dem Schinken in eine ofenfeste Form geben und mit der Sauce übergießen. Dann den Käse darauflegen und den Backofengrill einschalten. Den Auflauf auf der mittleren Schiene kross gratinieren.

Variante:

Eine gute Alternative zu gekochtem Schinken ist gebratenes Hähnchenbrustfilet. Während der Auflauf im Ofen gratiniert wird, dafür 4 Hähnchenbrustfilets (à ca. 150 g) waschen, trocken tupfen und mit Salz und Pfeffer würzen. In einer Pfanne 2 EL Öl erhitzen und das Fleisch darin rundum braten. Herausnehmen, in Scheiben schneiden und zu dem Auflauf servieren.

Björns Tipp

» Je umsichtiger Sie das Gemüse blanchieren, desto schöner und wertiger wirkt und schmeckt das Gericht. Achten Sie also darauf, den optimalen Garpunkt abzupassen und Erbsen und Lauch möglichst kalt abzuschrecken. «

Erbsen, Bohnen & Linsen

Bandnudeln mit Erbsen
und Tiroler Speck

Zutaten für 4 Personen

150 g Tiroler Speck (in dünnen Scheiben)
80 g Parmesan (am Stück)
100 ml Milch
100 g Schmand
frisch geriebene Muskatnuss
750 g Erbsenschoten (ersatzweise 300 g tiefgekühlte Erbsen)
Salz
400 g breite Bandnudeln oder Pappardelle
300 ml heller Kalbsfond
1 Bund Petersilie
weißer Pfeffer aus der Mühle

1 Den Backofen auf 140 °C vorheizen. Die Speckscheiben auf ein mit Backpapier belegtes Backblech legen und im Ofen auf der mittleren Schiene etwa 20 Minuten kross backen. Herausnehmen und abkühlen lassen.

2 Den Parmesan in kleine Stücke schneiden. Die Milch mit dem Schmand und etwas Muskatnuss in einem kleinen Topf auf 60 bis 70 °C erhitzen, den Parmesan dazugeben und 30 Minuten darin ziehen lassen.

3 Die Erbsen aus den Schoten lösen, in kochendem Salzwasser etwa 5 Minuten blanchieren, in ein Sieb abgießen, kalt abschrecken und gut abtropfen lassen.

4 Die Bandnudeln in reichlich kochendem Salzwasser nach Packungsanweisung bissfest garen. Den Fond in einer großen Pfanne aufkochen. Die Petersilie waschen und trocken schütteln. Die Blätter abzupfen und fein hacken. Die Parmesanmilch durch ein feines Sieb gießen, den Parmesan entfernen.

5 Die Bandnudeln in ein Sieb abgießen und abtropfen lassen. Zum Fond geben und darin schwenken. Die Erbsen, die Petersilie und die Parmesanmilch dazugeben, kurz köcheln lassen, mit Salz und weißem Pfeffer abschmecken.

6 Die Bandnudeln mit Erbsen und Sauce in tiefe Teller verteilen. Die Speckscheiben nach Belieben mit den Fingern zerbröseln und darüberstreuen.

Björns Tipp

» Der Parmesankäse gibt beim 30-minütigen Ziehen seinen Geschmack an die Milch ab. Mit dieser ›Parmesanmilch‹ erhalten die Bandnudeln eine sehr feine und dezente Parmesannote – ganz ohne Käsekrümel in der Sauce. «

Erbsen, Bohnen & Linsen

Dicke Bohnen
mit Jakobsmuscheln und Garnelen

Zutaten für 4 Personen
12 Riesengarnelen (mit Kopf und Schale)
1 kg dicke Bohnen
Salz
12 Cocktailtomaten
2 Knoblauchzehen
6 große festkochende Kartoffeln (ca. 800 g)
4 EL Öl
1½ unbehandelte Zitrone
80 g Mehl
12 Jakobsmuscheln (ausgelöst, ohne Corail)
400 g Crème fraîche
Pfeffer aus der Mühle
2 Stiele Petersilie

1 Die Garnelen am Rücken entlang mit einem scharfen Messer einschneiden und den dunklen Darm herausziehen. Die Garnelen waschen und trocken tupfen.

2 Die dicken Bohnen aus den Schoten lösen und die Kerne in kochendem Salzwasser 2 Minuten blanchieren. In ein Sieb abgießen, kalt abschrecken und gut abtropfen lassen. Die Bohnenkerne aus den Häutchen drücken.

3 Die Cocktailtomaten nach Belieben kreuzweise einritzen, überbrühen, kalt abschrecken, häuten und achteln. Den Knoblauch schälen und halbieren.

4 Die Kartoffeln schälen, waschen und achteln. In einer Pfanne 2 EL Öl erhitzen und die Kartoffelstücke darin bei mittlerer Hitze 10 bis 15 Minuten braten. Die Kartoffeln dabei öfter wenden und mit Salz würzen.

5 Inzwischen die Zitronen heiß waschen und trocken reiben. Die ganze Zitrone in Spalten, die halbe in Scheiben schneiden. Das Mehl in einen tiefen Teller geben. Die Jakobsmuscheln waschen und trocken tupfen, mit Salz würzen und im Mehl wenden. Das restliche Öl in einer Pfanne erhitzen und die Jakobsmuscheln kurz darin anbraten. Die Garnelen, die Zitronenscheiben und den Knoblauch dazugeben und alles etwa 3 Minuten braten.

6 Die dicken Bohnen und die Tomatenstücke in einem kleinen Topf mit der Crème fraîche verrühren. Kurz erhitzen und mit Salz und Pfeffer würzen. Die Petersilie waschen und trocken tupfen, die Blätter abzupfen und fein hacken. Unter das Bohnengemüse rühren.

7 Die dicken Bohnen auf große Teller verteilen. Die Kartoffelspalten, die Jakobsmuscheln und die Garnelen darauf anrichten. Mit den halbierten Knoblauchzehen und den Zitronenspalten garnieren und sofort servieren.

Björns Tipp

» Wenn man Garnelen mit der Schale brät, schmecken sie viel aromatischer als die gepulten. Der Grund: In der Schale stecken auch viele Aromastoffe, die dann beim Braten an das Garnelenfleisch abgegeben werden. «

Erbsen, Bohnen & Linsen

Gefüllte Hähnchenroulade
mit dicken Bohnen

Zutaten für 4 Personen

Für die dicken Bohnen:
800 g dicke Bohnen
Salz
4 EL Butter · 4 EL Mehl
200 ml Milch
200 ml Brühe
200 g Crème fraîche
1 Bund Petersilie
1 Bund Bohnenkraut
Salz · Pfeffer aus der Mühle

Für die Farce:
100 g Hähnchenbrustfilet
50 g eiskalte Sahne · 2 Eiswürfel
Salz · 1 EL gehackter Thymian

Für die Hähnchenroulade:
4 kleine Hähnchenbrustfilets
(à 120 g)
Salz · Pfeffer aus der Mühle
4 Scheiben Parmaschinken
4 dünne Scheiben Manchego
1–2 EL Butter

1 Für die dicken Bohnen die Bohnen aus den Schoten lösen und die Kerne in kochendem Salzwasser 2 Minuten blanchieren. In ein Sieb abgießen, kalt abschrecken und gut abtropfen lassen. Die Bohnenkerne aus den Häutchen drücken.

2 Für die Farce das Hähnchenbrustfilet waschen, trocken tupfen und in Würfel schneiden. Das Fleisch, die Sahne, die Eiswürfel, etwas Salz und den Thymian im Mixer zu einer feinen Farce pürieren.

3 Für die Hähnchenroulade das Fleisch waschen, trocken tupfen, nebeneinander auf ein Brett legen und mit dem Plattiereisen oder einem Stieltopf flach klopfen. Mit Salz und Pfeffer würzen, dünn mit der Farce bestreichen und jeweils 1 Scheibe Schinken und Manchegokäse darauflegen. Das Fleisch fest aufrollen. Die Rouladen einzeln zuerst in Frischhaltefolie, dann in Alufolie einwickeln. Die Rollen in knapp siedendem Wasser (etwa 90 °C) 10 Minuten gar ziehen lassen.

4 Für die Bohnen die Butter in einem Topf erhitzen. Das Mehl dazugeben und unter Rühren anschwitzen. Mit der Milch und der Brühe ablöschen. Die Crème fraîche unterrühren. Die dicken Bohnen in die Sauce geben und erwärmen.

5 Die Kräuter waschen und trocken schütteln, die Blätter abzupfen und fein hacken. Die Rouladen aus den Folien wickeln. Die Butter in einer Pfanne erhitzen und die Rouladen darin rundum bei mittlerer Hitze kurz anbraten.

6 Die Kräuter unter das Bohnengemüse mischen und alles mit Salz und Pfeffer würzen. Die dicken Bohnen auf Tellern verteilen. Die Rouladen in Scheiben schneiden und darauf anrichten.

Björns Tipp

» An eine Farce trauen sich die meisten Hobbyköche nicht heran, da sie befürchten, dass sie im Mixer gerinnt. Das ist jedoch nicht der Fall, wenn man die Farcemasse mit Eiswürfeln gut kühlt. «

Erbsen, Bohnen & Linsen

Bunter Frühlingssalat
mit Bohnen, Blattsalat und gebackenem Ziegenkäse

Zutaten für 4 Personen

Für das Dressing:
2 kleine Zwiebeln
100 ml Öl
100 ml Gemüsebrühe
1 TL Honig
1 EL Dijon-Senf
50 ml Balsamico bianco
Salz · Pfeffer aus der Mühle
Zucker

Für den Salat:
600 g gemischte Blattsalate
(z.B. Friséesalat, Lollo rosso
oder Eichblattsalat)
400 g grüne Bohnen
2 rote oder weiße Zwiebeln
Salz
2 Fleischtomaten
200 g Mehl
200 g Speisestärke
2 EL Öl
4 Ziegenfrischkäsetaler
(z.B. Picandou)

1 Für das Dressing die Zwiebeln schälen und in feine Würfel schneiden. In einem Topf 2 EL Öl erhitzen und die Zwiebeln darin andünsten. Die Brühe, den Honig und den Senf hinzufügen und alles bei mittlerer Hitze etwa 10 Minuten köcheln lassen. Den Sud abkühlen lassen und in einen hohen Rührbecher geben. Das restliche Öl und den Essig mit dem Stabmixer unterrühren. Das Dressing mit Salz, Pfeffer und Zucker abschmecken und kühl stellen.

2 Für den Salat die Blattsalate putzen, waschen und trocken schleudern. Die Bohnen putzen, waschen und längs halbieren, die Zwiebeln schälen und in Ringe schneiden. Die Bohnen und die Zwiebelringe in kochendem Salzwasser blanchieren und kalt abschrecken. Die Tomaten waschen, vierteln und entkernen, dabei die Stielansätze entfernen. Die Tomatenviertel in kleine Würfel schneiden.

3 Das Mehl und die Speisestärke mit 100 ml kaltem Wasser verrühren, bis ein zäher Teig entstanden ist. Das Öl in einer Pfanne erhitzen. Die Käsetaler jeweils waagrecht halbieren, durch den Teig ziehen und kurz im Öl ausbacken.

4 Salatblätter, Bohnen, Zwiebelringe und Tomatenwürfel auf Teller verteilen und mit etwas Dressing beträufeln (das restliche Dressing können Sie 1 Woche im Kühlschrank aufbewahren). Jeweils 2 gebackene Käsescheiben darauf anrichten und den Salat nach Belieben mit Oliven, Croûtons und frischen Kräutern garnieren. Dazu passt frisches Bauernbrot.

Björns Tipp

» Die Brühe sorgt dafür, dass das Dressing bindet und nicht zu fettig wird. Nur Öl und Essig lassen sich schlecht mixen. Der Honig harmoniert sehr gut mit dem Ziegenkäse und rundet die Säure vom Essig gut ab. Die Zwiebeln schmecken kurz abgekocht wesentlich milder und sind leichter verdaulich. Man bekommt auch nicht diesen typischen Zwiebel-Atem. «

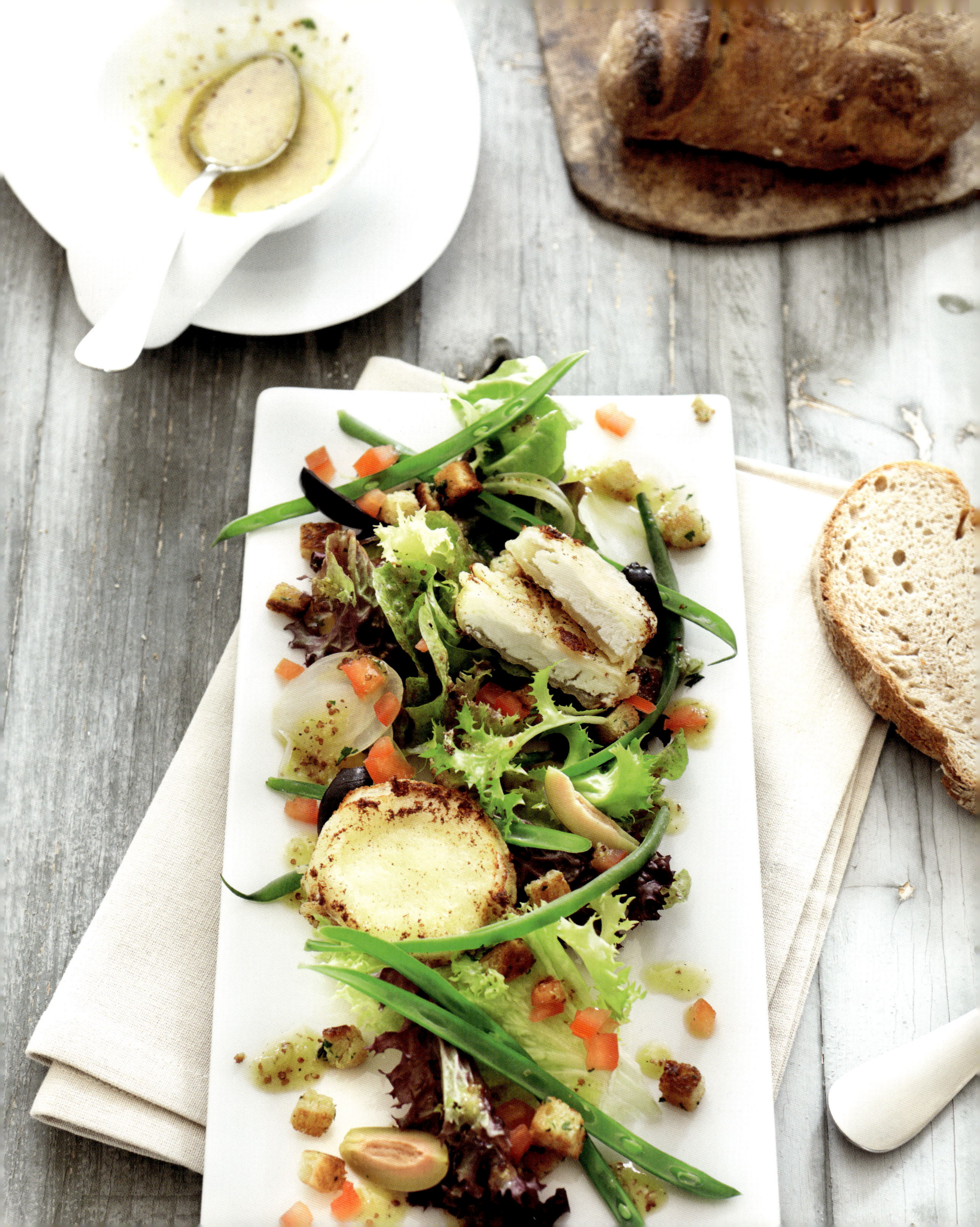

Erbsen, Bohnen & Linsen

Topinambur-Chips
mit Linsensalat und Meerrettichsauce

Zutaten für 4 Personen

100 g Belugalinsen
100 g rote Linsen
ca. 600 ml Gemüsebrühe
1 Möhre
1 kleine Pastinake
1 große Knolle Topinambur (ca. 150 g)
Öl zum Frittieren
2 Zwiebeln
4 EL Weißweinessig
5 EL Öl
Salz · Pfeffer aus der Mühle
100 g Sahne
1 EL Meerrettich (aus dem Glas)
2-3 EL frisch geriebener Meerrettich
2 EL Butter
4 Eier
1 Bund Schnittlauch

1 Beide Linsensorten getrennt in einem Sieb abbrausen. In einem Topf 1/2 l Brühe erhitzen, die Belugalinsen dazugeben und 10 Minuten köcheln lassen.

2 Inzwischen die Möhre und die Pastinake putzen, schälen und in kleine Würfel schneiden oder in dünne Scheiben hobeln. Die roten Linsen, die Möhre und die Pastinake zu den Belugalinsen geben und alles weitere 10 Minuten garen.

3 Den Topinambur putzen und unter kaltem Wasser gut abbürsten. Die Knolle in feine Scheiben hobeln. Das Öl etwa 1 cm hoch in eine tiefe Pfanne geben und erhitzen – es ist heiß genug, wenn sich an einem hineingehaltenen Holzlöffelstiel Blasen bilden. Den Topinambur darin portionsweise etwa 2 Minuten frittieren. Fertige Chips mit dem Schaumlöffel aus dem Öl heben und auf Küchenpapier abtropfen lassen.

4 Die Zwiebeln schälen und in feine Würfel schneiden. Die gegarten Linsen mit der Brühe in eine Schüssel geben. Die Zwiebeln, etwa 3 EL Essig und das Öl dazugeben und mit Salz und Pfeffer abschmecken. Alles gut mischen und abkühlen lassen.

5 Für die Meerrettichsauce die Sahne und die restliche Brühe in einem kleinen Topf erwärmen. Den Meerrettich aus dem Glas und den frischen Meerrettich hinzufügen. Mit dem übrigen Essig, Salz und Pfeffer abschmecken und etwas einkochen lassen.

6 Die Butter in einer Pfanne erhitzen und die Eier darin bei mittlerer Hitze zu Spiegeleiern braten. Nach Belieben mit einem Metallring ausstechen.

7 Den Schnittlauch waschen, trocken schütteln und in Röllchen schneiden. Unter den Linsensalat mischen.

8 Die Meerrettichsauce mit dem Stabmixer aufschäumen. Den Linsensalat in tiefe Teller verteilen und je 1 Spiegelei darauf anrichten. Die Topinamburchips darüberstreuen und reichlich Meerrettichschaum darum herumverteilen.

Björns Tipp

» Tolles vegetarisches Gericht und, wenn man die Kochzeit der schwarzen Linsen abzieht, dann dauert es gerade mal 10 Minuten! «

Erbsen, Bohnen & Linsen

Linsensuppe
mit Ingwer

Zutaten für 4 Personen

250–300 g Puy-Linsen
½ Knollensellerie
4 Möhren
1 rote Zwiebel
1 Knoblauchknolle
1 walnussgroßes Stück Ingwer
4 EL Olivenöl
3 Lorbeerblätter
Fleur de Sel
weißer Pfeffer aus der Mühle
¾ l Kalbsfond (oder Gemüsebrühe)
1 Spritzer Balsamico bianco
4 EL helle Sojasauce (Shoyu)
½ Bund Petersilie

1 Die Linsen in einem Sieb gut abbrausen. In einen Topf geben und so viel Wasser angießen, dass die Linsen etwa 3 Fingerbreit bedeckt sind. Das Wasser aufkochen und die Linsen bei schwacher Hitze 20 bis 25 Minuten weich garen. Die Linsen sollen beim Kochen das gesamte Wasser aufnehmen, gegebenenfalls noch etwas heißes Wasser nachgießen.

2 Den Sellerie und die Möhren putzen, schälen und in kleine Würfel schneiden. Die Zwiebel schälen und in feine Würfel schneiden. Die Knoblauchknolle quer halbieren. Den Ingwer schälen und in feine Scheiben schneiden.

3 Das Olivenöl in einer tiefen Pfanne erhitzen und den Sellerie und die Möhren darin andünsten. Die Lorbeerblätter, den Knoblauch und den Ingwer dazugeben. Mit Fleur de Sel und weißem Pfeffer würzen.

4 Die Zwiebelwürfel dazugeben und ebenfalls andünsten. Den Fond angießen, 10 Minuten köcheln lassen und mit dem Essig und der Sojasauce abschmecken.

5 Die Petersilie waschen und trocken schütteln. Die Blätter abzupfen und fein hacken. Die Linsen unter das Gemüse mischen, noch einmal aufkochen und vom Herd nehmen. Den Knoblauch, die Lorbeerblätter und die Ingwerscheiben entfernen. Die Linsensuppe in tiefe Teller verteilen und mit der Petersilie bestreuen.

Variante:

Etwas einfacher, aber genauso lecker wird die Suppe, wenn Sie die Puy-Linsen gegen normale Tellerlinsen austauschen. Dieses Gericht würde ich dann auch ohne Sojasauce und Ingwer zubereiten und dafür mit etwas mehr Essig würzen. Dazu schmeckt am besten eine knackige Bockwurst, die man in einem Topf mit heißem Wasser langsam erwärmt.

Björns Tipp

》 Puy-Linsen sind kleine grüne Linsen aus Frankreich, mit einem leicht nussigen Aroma. Sie bekommen sie im Bioladen, im Reformhaus oder im Drogeriemarkt, aber auch in gut sortierten Supermärkten sind Puy-Linsen zu finden. 《

Erbsen, Bohnen & Linsen

Linsen-Kichererbsen-Burger
mit Pommes

Zutaten für 6 Personen

Für die Bratlinge:
150 g rote Linsen
300 ml Gemüsebrühe
1 EL Butter
100 g Weißbrotbrösel
250 g Kichererbsen (aus der Dose; abgetropft) · 2 Eier
2 EL gehackte Kräuter (z.B. Rosmarin, Estragon, Thymian, Kerbel oder Majoran)
1 EL Tomatenmark · 1 EL Senf
Pfeffer aus der Mühle
ca. 2 EL Öl

Für die Pommes:
1,2 kg Kartoffeln · 2 EL Olivenöl
Paprikapulver (edelsüß) · Salz

Für den Belag:
1 Gemüsezwiebel
2–3 Fleischtomaten
6 Essiggurken
6 große Salatblätter

Außerdem:
6 große weiche Hamburgerbrötchen
Senf, Tomatenketchup oder Mayonnaise

1 Die Linsen in einem Sieb gut abbrausen und nach Packungsanweisung in der Brühe (oder in Wasser) etwa 12 Minuten sehr weich garen. Die Linsen in ein Sieb abgießen. Den Backofen auf 200 °C vorheizen.

2 Die Kartoffeln gründlich waschen, nach Belieben schälen und in lange, dicke Stifte schneiden. Die Kartoffeln in einer Schüssel mit dem Olivenöl, Paprikapulver und Salz mischen und auf einem mit Backpapier belegten Backblech verteilen. Die Kartoffeln im Ofen auf der mittleren Schiene etwa 20 Minuten backen.

3 Die Butter in einer Pfanne erhitzen und die Weißbrotbrösel darin anrösten. Die gegarten Linsen und die Kichererbsen in einer Schüssel zerdrücken, die Weißbrotbrösel und die Eier dazugeben und alles (von Hand oder mit dem Küchenmixer) zu einem Teig verarbeiten. Die gehackten Kräuter, das Tomatenmark und den Senf untermischen und die Masse mit Salz und Pfeffer würzen.

4 Aus dem Teig mit angefeuchteten Händen 6 gleichgroße, flache Bratlinge formen. In einer Pfanne 1 EL Öl erhitzen und die Bratlinge darin bei mittlerer Hitze auf beiden Seiten knusprig braten. Die Zwiebel schälen und in Ringe schneiden. In einer kleinen Pfanne 1 TL Öl erhitzen und die Zwiebel darin goldbraun dünsten.

5 Die Tomaten waschen und in Scheiben schneiden, dabei die Stielansätze entfernen. Die Gurken längs in Scheiben schneiden. Die Salatblätter waschen und trocken schleudern.

6 Die Brötchen kurz im heißen Backofen erwärmen, herausnehmen und aufschneiden. Die Brötchenunterseiten nach Belieben mit etwas Senf, Ketchup oder Mayonnaise bestreichen, mit je 1 Salatblatt und einigen Gurken- sowie Tomatenscheiben belegen und mit Salz und Pfeffer würzen.

7 Die fertigen Bratlinge aus der Pfanne nehmen und kurz auf Küchenpapier abtropfen lassen. Auf die vorbereiteten Brötchen verteilen und die gebratenen Zwiebelringe darauflegen. Die Brötchenoberseiten daraufsetzen und die Burger sofort mit den Pommes servieren.

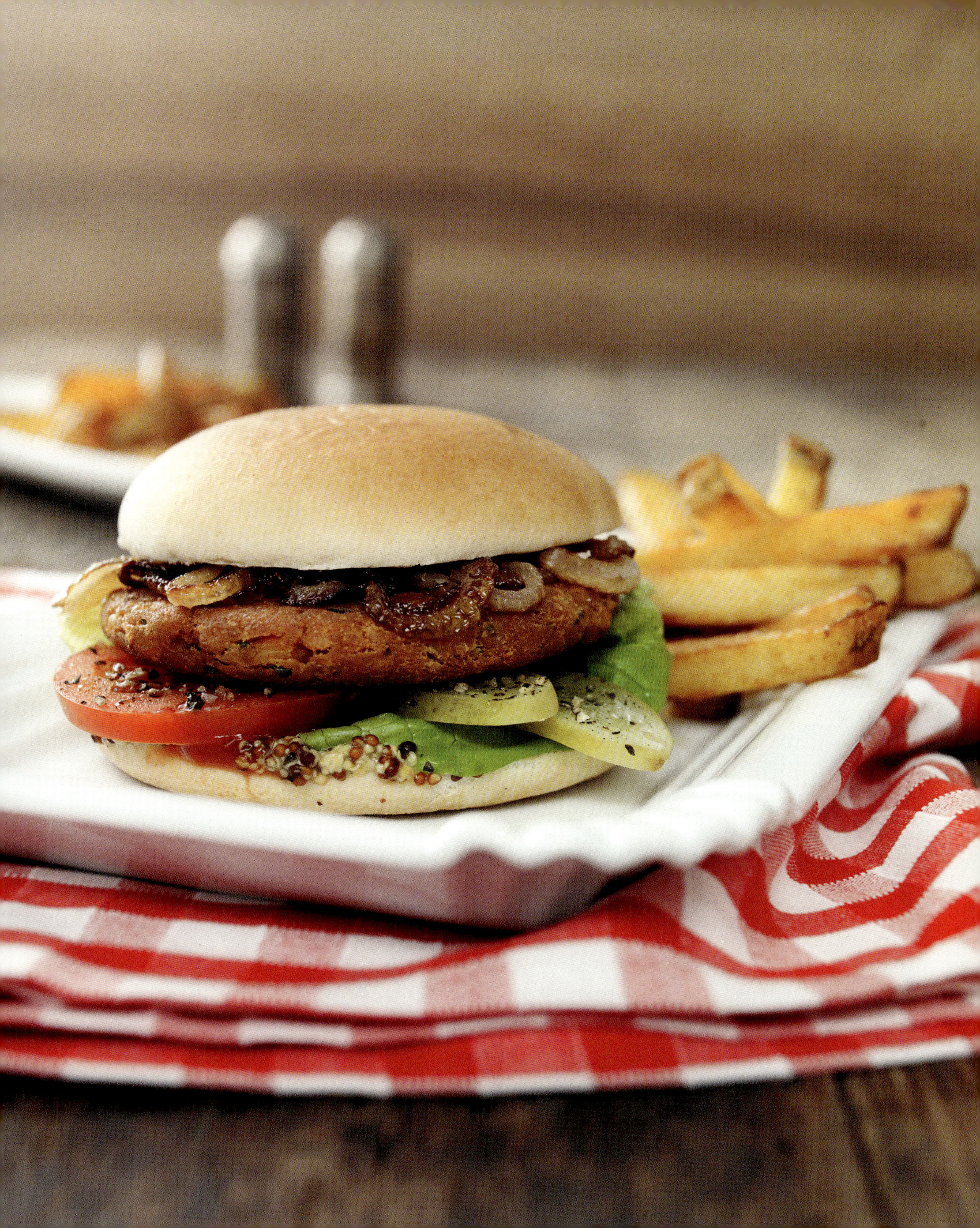

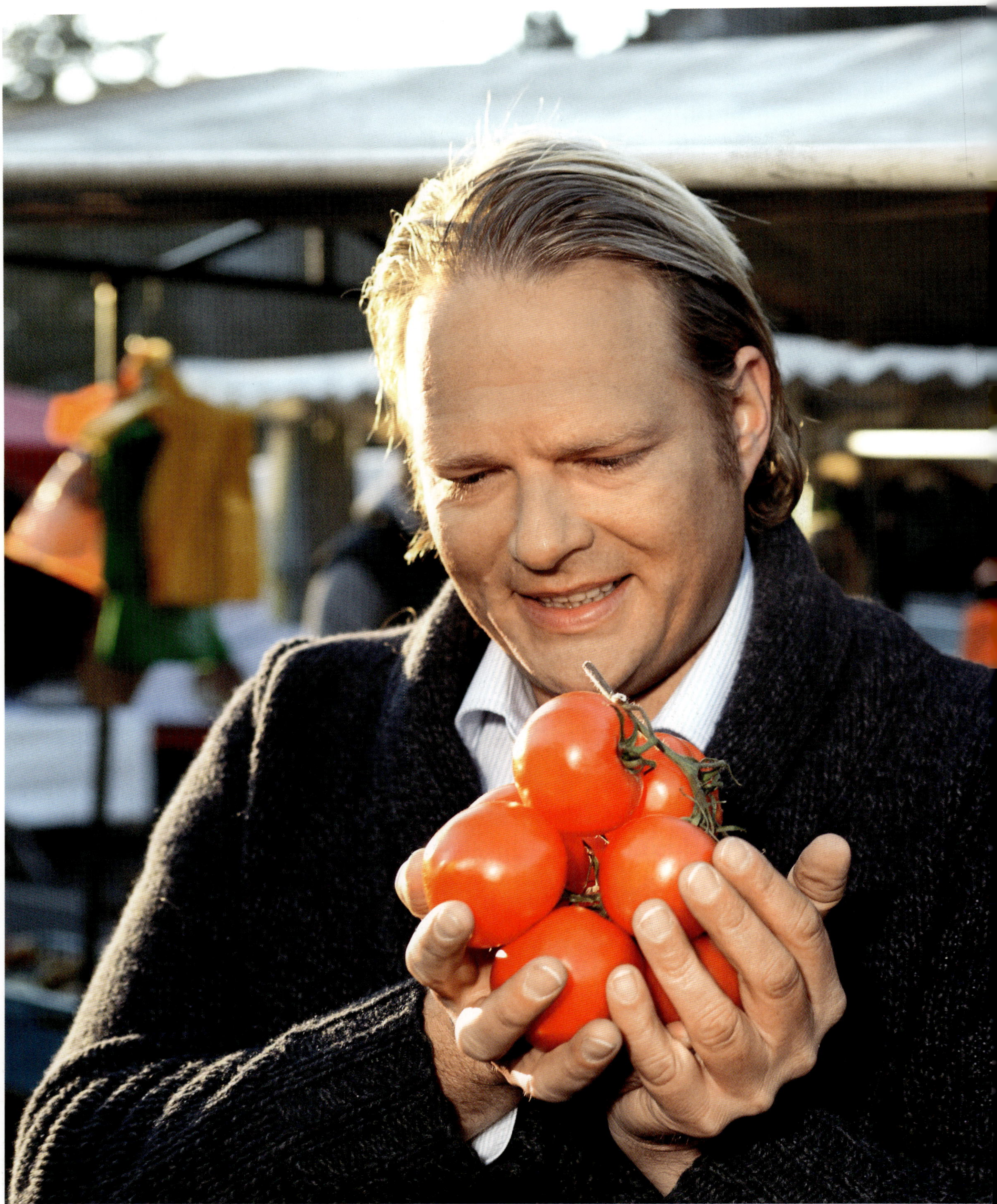

Tomate, Gurke & Kohlrabi

Tomate, Gurke & Kohlrabi

Tomate

Es gab einmal Zeiten, da dachte ich, Tomaten seien leuchtend rot und rund. Während meiner Ausbildung wurde ich eines Besseren belehrt, habe solche mit fast schwarzem Fruchtfleisch kennengelernt, gelbe, ovale und ganz ulkig geformte. Allein im europäischen Sortenkatalog sind über 3000 Sorten gelistet. Mein Rat an alle Skeptiker: Probieren Sie einmal andere Sorten! Die Aromenvielfalt ist enorm. Hier in Deutschland sind Tomaten tatsächlich das Gemüse Nummer eins. Größtes Anbaugebiet bei uns ist Nordrhein-Westfalen, aber natürlich wird auch viel importiert - meist aus Holland, Spanien und Italien.

Einkauf: Wenn ich Tomaten kaufe, dann rieche ich an ihnen, denn schmackhafte Exemplare verströmen einen herrlichen Duft. Wichtig ist, dass das Fruchtfleisch fest ist. Tomaten, die noch an der Rispe hängen, halten sich in der Regel länger. In der Sterneküche sind Konserven Tabu - bei Tomaten muss ich aber sagen, sind sonnengereifte Tomaten aus der Dose eine gute Alternative zur Treibhausware.

Lagerung: Tomaten nicht in den Kühlschrank wandern lassen, hier ist es viel zu kalt und feucht! Eine Schale voller Tomaten auf dem Tisch - was könnte schöner aussehen?

Ernährungstipp von Anja Tanas

» Tomaten enthalten große Mengen Lycopin. Der rote Pflanzenfarbstoff zählt zu den Carotinoiden, die sich in der Haut ablagern und hier ihre schützende Wirkung entfalten können. Sie sind antioxidativ, das heißt, sie wirken aggressiven Stoffen entgegen, die zur vorzeitigen Zellalterung führen können. Damit funktionieren sie wie ein Sonnenschutz von innen. «

Gurke

Salatgurken kommen meist aus Treibhäusern, im Freiland wachsen hierzulande die dickschaligeren, meist kürzeren Einlegegurken oder auch Schmorgurken besonders gut. Sie sind etwas herber im Geschmack, daher halten sie einer kräftigen Würze stand, z.B. mit Fenchel, Estragon, Kerbel, Dill, Petersilie oder Senf, und eignen sich für bodenständige Gerichte und zum milchsauer Einlegen.

Einkauf: Eine Gurke, die ich kaufe, muss nicht schnurgerade sein. Wichtig ist, dass die Schale unversehrt und das Fleisch gleichmäßig fest ist - bis hin zu den Enden.

Küche: Ich verarbeite auch gern die Schale mit, dann versuche ich aber, Bioqualität zu bekommen. Für warme Gerichte entferne ich die Schale auch schon mal mit einem Sparschäler. Rohe Gerichte erst vor dem Verzehr salzen, denn Gurken wässern aus und werden dadurch schwerer verdaulich.

Ernährungstipp von Anja Tanas

» Gurken zählen zu den Gemüsen mit dem höchsten Wasseranteil und entsprechend mit den wenigsten Kalorien. 100 Gramm Gurke haben gerade mal 12 Kilokalorien. Wer es verträgt, sollte die Gurke aber mit Schale essen, da sich hier viele gesunde Vitalstoffe befinden. «

Tomate, Gurke & Kohlrabi

Kohlrabi

Er ist also »typisch deutsch«, der Kohlrabi. Gut, wenn zum Beispiel die Amerikaner das so meinen! Sie scheinen ihn tatsächlich so deutsch zu finden, dass sie unsere Bezeichnung für die kugelige, saftige Knolle einfach übernommen haben. Aber ich wundere mich nicht, denn niemand auf der Welt produziert oder isst ansatzweise so viel Kohlrabi wie wir. Wissen die anderen denn nicht, wie wunderbar diese Stängelrübe schmeckt? Stängelrübe hört sich plump an, aber man spricht davon, weil der Kohlrabi nichts anderes ist, als eine oberirdische Verdickung des Stängels. Mit Kohl und Rübe ist er über ein paar Ecken zwar verwandt, aber im Grunde ist es ein ganz einzigartiges Gemüse. Meistens bekommen wir im Handel die rundlichen, hellgrünen Sorten - die platten, manchmal ovalen, blauen oder sogar violettfarbenen werden uns leider vorenthalten, sie werden höchstens noch von ambitionierten Hobbygärtnern kultiviert.

Aber auch die gängigen Kohlrabi gefallen mir, allein schon der Gedanke an das Knacken beim Hineinbeißen und das saftige, leicht süßlich und nussig schmeckende Fruchtfleisch sorgen für große Vorfreude auf jedes Kohlrabigericht. Wenn ich ihn zubereite, dann schnappe ich mir immer ein paar Stücke und die verschwinden ganz einfach roh und pur in meinem Mund. Mehr braucht es nicht, um einen Profikoch glücklich zu machen.

Einkauf: Schön ist, dass der Kohlrabi bei uns das ganze Jahr über zu kaufen ist. Aber nur ab dem späten Frühjahr bis zum Herbst gibt es die heimische Freilandware, die im Geschmack kräftiger ist und einfach mehr Aroma hat. Bei meinem Gemüsehändler bestelle ich Kohlrabi, die keine Risse oder schorfige Stellen an der Schale haben. Schlecht ist es auch, wenn die Blätter welk sind - sie müssen knackig frisch und grün sein.

Lagerung: Wenn ich nicht alle Kohlrabi verarbeite, die ich eingekauft habe, dann lagere ich sie im Kühlhaus- oder schrank, nicht zu kalt. Ich bedecke sie mit einem leicht feuchten Geschirrtuch. Das Blattgrün entferne ich zuvor, es würde bei der Lagerung ohnehin nur welk und faulig werden.

Küche: Was kann man in der Küche nicht alles mit den Knollen anstellen! Ich habe sofort Rezepte für Suppen oder Aufläufe im Kopf, für Rohkostsalate oder aber auch für gefüllte Kohlrabi. Wichtig ist die passende Würze, gern ein Hauch von Zitrone, Kümmel, Muskatnuss, Senf, Petersilie oder Schnittlauch. In diesem Buch finden Sie auch Ideen, wie man Kohlrabi als Beilage servieren kann - zu Fisch und Fleisch. Vor dem Garen muss man Kohlrabi immer schälen. Exemplare aus dem Treibhaus haben meist nur eine zarte, natürliche Wachsschicht, die man mit einem kleinen Messer abziehen kann. Bei Freilandware kann man aber ruhig schon etwas beherzter ans Werk gehen, um die dickere Schale und alle holzigen Stellen zu entfernen.

Ernährungstipp von Anja Tanas

» Nicht nur die dicken, runden Kohlrabi enthalten viele gesunde Inhaltsstoffe, auch die frischen Blätter haben hier einiges zu bieten! Sie liefern im Schnitt sogar deutlich mehr Vitamine und Mineralstoffe. Leider landen sie viel zu oft im Abfall. Dabei können sie ganz einfach wie beispielsweise Spinat, Mangold oder andere Blattgemüse zubereitet werden. «

Tomate, Gurke & Kohlrabi

Björns Tomatensuppe

Zutaten für 4 Personen

3 Fleischtomaten
1 rote Zwiebel
1 Knoblauchzehe
2 EL Olivenöl
1 große Dose geschälte Tomaten
(480 g Abtropfgewicht)
1 TL Kapern
Salz
weißer Pfeffer aus der Mühle
Zucker
125 g Sahne
1/2 Bund Basilikum

1 Die Tomaten waschen und vierteln und entkernen, dabei die Stielansätze entfernen. Eine Tomate in Würfel schneiden. Die Zwiebel und den Knoblauch schälen und in feine Würfel schneiden. Das Olivenöl in einem Topf erhitzen und die Zwiebel- und Knoblauchwürfel darin andünsten.

2 Die Tomatenviertel und die Tomaten aus der Dose dazugeben. Die Kapern hinzufügen und die Suppe mit Salz, weißem Pfeffer und etwas Zucker würzen. Die Sahne dazugeben und alles 20 Minuten köcheln lassen.

3 Das Basilikum waschen und trocken schütteln, die Blätter abzupfen und fein schneiden.

4 Die Suppe mit dem Stabmixer fein pürieren. Die rohen Tomatenwürfel unterrühren. Die Tomatensuppe mit Salz und Pfeffer abschmecken. Kurz vor dem Servieren das Basilikum unterrühren.

Brotsalat mit Tomaten

Zutaten für 4 Personen

20 Scheiben süßliches Hefebrot
(z.B. Einback)
100 ml Olivenöl
12 Tomaten
2 rote Zwiebeln
2–3 EL Aceto balsamico
Salz · Pfeffer aus der Mühle

1 Den Backofen auf 100 °C vorheizen. Die Brotscheiben gleichmäßig mit 6 EL Olivenöl beträufeln und nebeneinander auf ein bzw. zwei Ofengitter legen. Die Brotscheiben im Ofen auf der mittleren Schiene etwa 20 Minuten kross rösten.

2 Die Tomaten waschen und vierteln, dabei die Stielansätze entfernen. Die Zwiebeln schälen, in feine Würfel schneiden und zu den Tomaten geben.

3 Das Brot aus dem Ofen nehmen und abkühlen lassen. Dann in grobe Würfel schneiden. Den Essig, das restliche Öl, Salz und Pfeffer in einer Schüssel verrühren. Das Dressing über den Tomaten-Zwiebel-Salat geben, gut mischen und etwa 20 Minuten ziehen lassen. Kurz vor dem Servieren die Brotwürfel untermischen.

Björns Tipp

» Dieser Salat schmeckt super im Sommer als Beilage zu gegrilltem Fisch und Fleisch. Übrigens, wer kein süßliches Hefebrot bekommt, verwendet das typisch italienische Ciabattabrot. «

Tomate, Gurke & Kohlrabi

Tomaten-Pfirsich-Chutney

Zutaten für 8 Gläser (à ca. 250 ml Inhalt)

15 rotfleischige Pfirsiche (Weinbergpfirsiche)
10 Tomaten
2 Zwiebeln
4 EL Olivenöl
ca. 100 g Zucker
150 ml Essig
150 ml Orangensaft
2 Zweige Rosmarin
2 Zweige Thymian
etwas Chilisauce
Salz · Pfeffer aus der Mühle

1 Die Einmachgläser und die Deckel etwa 5 Minuten in kochendes Wasser tauchen und mit einer Zange herausnehmen. Die ausgekochten Gläser und Deckel auf einem sauberen Küchentuch abtropfen lassen.

2 Die Pfirsiche und die Tomaten kreuzweise einritzen, überbrühen, kalt abschrecken und häuten. Die Pfirsiche halbieren, entsteinen und das Fruchtfleisch grob zerkleinern. Die Tomaten vierteln, entkernen und dabei die Stielansätzen entfernen. Das Fruchtfleisch in grobe Stücke schneiden.

3 Die Zwiebeln schälen und in feine Würfel schneiden. Das Olivenöl in einem Topf erhitzen und die Zwiebelwürfel darin andünsten. Den Zucker dazugeben und karamellisieren. Die Pfirsich- und Tomatenstücke dazugeben. Den Essig und den Orangensaft hinzufügen.

4 Die Kräuter waschen, trocken schütteln und dazugeben. Alles gut verrühren, aufkochen und zugedeckt bei schwacher Hitze etwa 30 Minuten köcheln lassen, bis die Tomaten und Pfirsiche weich sind. Eventuell noch etwas Orangensaft angießen.

5 Die Kräuter entfernen und das Chutney mit Zucker, Chilisauce, Salz und Pfeffer abschmecken. In die vorbereiteten Gläser füllen, verschließen und 5 bis 10 Minuten auf den Kopf stellen. Wieder umdrehen und abkühlen lassen. Das Chutney hält 2 bis 3 Monate. Angebrochene Gläser im Kühlschrank aufbewahren und innerhalb weniger Tage verbrauchen.

Björns Tipp

» Anstelle von Weinbergpfirsichen kann man das Chutney auch mit anderen Pfirsichen zubereiten. Dann sollte man aber weniger Zucker verwenden. Das Chutney schmeckt sehr gut zu Lammrücken: Dafür das Fleisch mit Salz würzen und mit Olivenöl und Rosmarin in Alufolie wickeln. Anschließend etwa 1 Stunde bei schwacher Hitze auf dem geschlossenen Grill garen. Danach das Fleisch auswickeln und über sehr heißer Glut kurz braun und kross grillen. «

Tomate, Gurke & Kohlrabi

Kalbsfrikadellen
mit Tomaten-Koriander-Füllung

Zutaten für 4 Personen

3 Tomaten
½ Bund Koriander
2 Brötchen (vom Vortag)
500 g Kalbfleisch (aus der Oberschale; ersatzweise Kalbshackfleisch)
2 Eier
2 EL Tomatenmark
4 TL Senf
Salz · Pfeffer aus der Mühle
ca. 60 g Weißbrotbrösel
2 EL Butterschmalz

1 Für die Füllung die Tomaten waschen, vierteln und entkernen, dabei die Stielansätze entfernen. Das Fruchtfleisch in sehr kleine Würfel schneiden. Den Koriander waschen und trocken schütteln. Die Blätter abzupfen, grob hacken und mit den Tomaten mischen. Einen großen Teller mit Backpapier belegen und mit dem Teelöffel 8 kleine Häufchen der Tomaten-Koriander-Mischung darauf platzieren. Den Teller ins Tiefkühlfach stellen – das erleichtert anschließend, die Füllung in die Frikadellen einzuarbeiten.

2 Für die Frikadellen die Brötchen in etwas Wasser einweichen. Das Kalbfleisch in Streifen schneiden und durch den Fleischwolf drehen. Das Hackfleisch in eine Schüssel geben. Die eingeweichten Brötchen ausdrücken und zum Fleisch geben. Die Eier, das Tomatenmark und den Senf dazugeben. Die Masse mit Salz und Pfeffer würzen und gut durchkneten. Die Hackfleischmasse je nach Konsistenz noch mit etwas Weißbrotbröseln binden.

3 Die angefrorene Tomaten-Koriander-Füllung aus dem Tiefkühlfach nehmen. Aus dem Hackfleischteig mit angefeuchteten Händen 8 Frikadellen formen, dabei jeweils 1 Portion der Füllung in die Mitte geben.

4 Das Butterschmalz in einer Pfanne erhitzen. Die Frikadellen darin bei mittlerer Hitze auf beiden Seiten jeweils 4 bis 5 Minuten hellbraun braten. Dabei nur einmal wenden, damit sie schön Farbe annehmen und nicht zerfallen.

5 Die fertigen Frikadellen nach Belieben mit Bauernweißbrot und etwas Tomaten-Ketchup servieren.

Björns Tipp

» Als Beilage zu den Kalbsfrikadellen kann ich Ihnen einen warmen Mangoldsalat empfehlen. Dazu von 1 großen Mangold (ca. 500 g) die einzelnen Blätter ablösen, waschen, trocken schleudern und in Streifen schneiden. Die Mangoldstreifen kurz in kochendem Salzwasser blanchieren, in ein Sieb abgießen, kalt abschrecken und gut abtropfen lassen. Eine in feine Würfel geschnittene Zwiebel in je 1 EL Sesam- und Olivenöl in einer Pfanne andünsten, den Mangold dazugeben und kurz mitdünsten. Mit Salz und Pfeffer würzen. «

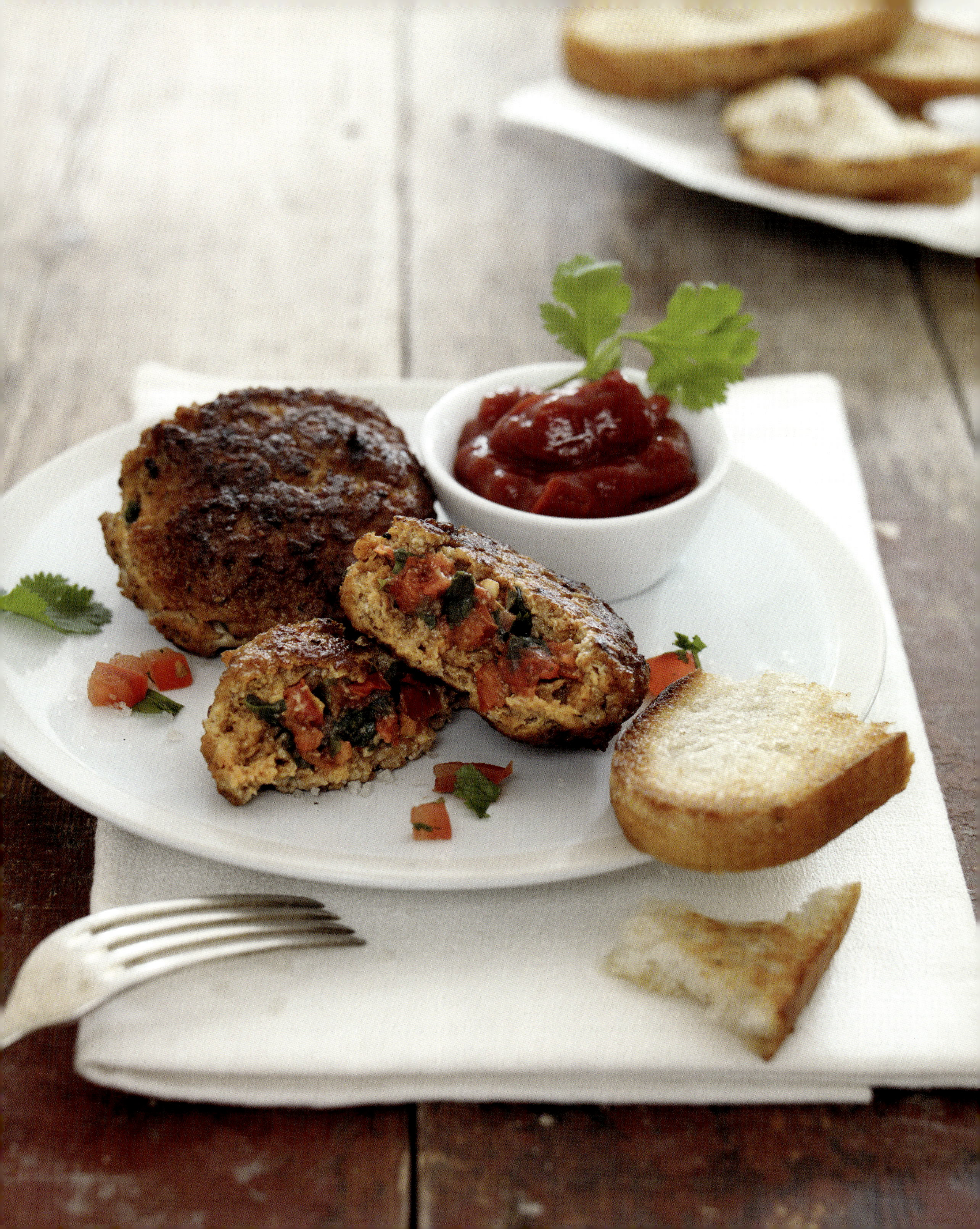

Tomate, Gurke & Kohlrabi

Flammkuchen
mit Kirschtomaten und Kapernäpfeln

Zutaten für 4 Personen

Für den Teig:

½ Würfel Hefe (21 g)
½ EL Zucker
5 EL lauwarme Milch
250 g Mehl und Mehl für die Arbeitsfläche
½ TL Salz
1 EL Öl · 1 Ei

Für den Belag:

10 Kirschtomaten
1 rote Zwiebel
5 Kapernäpfel
1 Bund Rucola
je 1 Handvoll Basilikum- und Petersilienblätter
200 g Crème fraîche

1 Für den Teig die Hefe zerbröckeln, mit dem Zucker in der Milch auflösen und in einer Schüssel mit dem Mehl mischen. Das Salz, das Öl und das Ei dazugeben und alles mit den Knethaken des Handrührgeräts zu einem glatten, geschmeidigen Teig verkneten. Den Teig zugedeckt an einem warmen Ort 30 Minuten gehen lassen.

2 Für den Belag die Kirschtomaten waschen und halbieren. Die Zwiebel schälen und in Ringe schneiden. Die Kapernäpfel in Scheiben schneiden, dabei den Stiel entfernen. Den Rucola verlesen, waschen und trocken schleudern, grobe Stiele entfernen. Den Basilikum und die Petersilie waschen und trocken schleudern.

3 Den Backofen auf 220 °C vorheizen. Den Teig auf der bemehlten Arbeitsfläche mit dem Nudelholz sehr dünn zu 4 runden Fladen (oder rechteckig auf Größe des Backblechs) ausrollen und auf ein mit Backapier belegtes Blech legen. Mit der Crème fraîche bestreichen. Mit den vorbereiteten Zutaten belegen und im Ofen auf der untersten Schiene etwa 15 Minuten backen.

4 Den Flammkuchen aus dem Ofen nehmen, mit dem Rucola und den Kräuterblättern garnieren, in Stücke schneiden und auf einem Brett servieren. Nach Belieben mit Salz und Pfeffer würzen.

Björns Tipp

» Den Flammkuchenteig kann man sehr gut am Vortag vorbereiten und im Kühlschrank aufbewahren. Sogar die fertigen Kuchen schmecken kalt.
Die Kräuter und den Salat darf man erst nach dem Backen auf den Flammkuchen legen – sie würden im Ofen zusammenfallen und ihren Geschmack und die Farbe verlieren. «

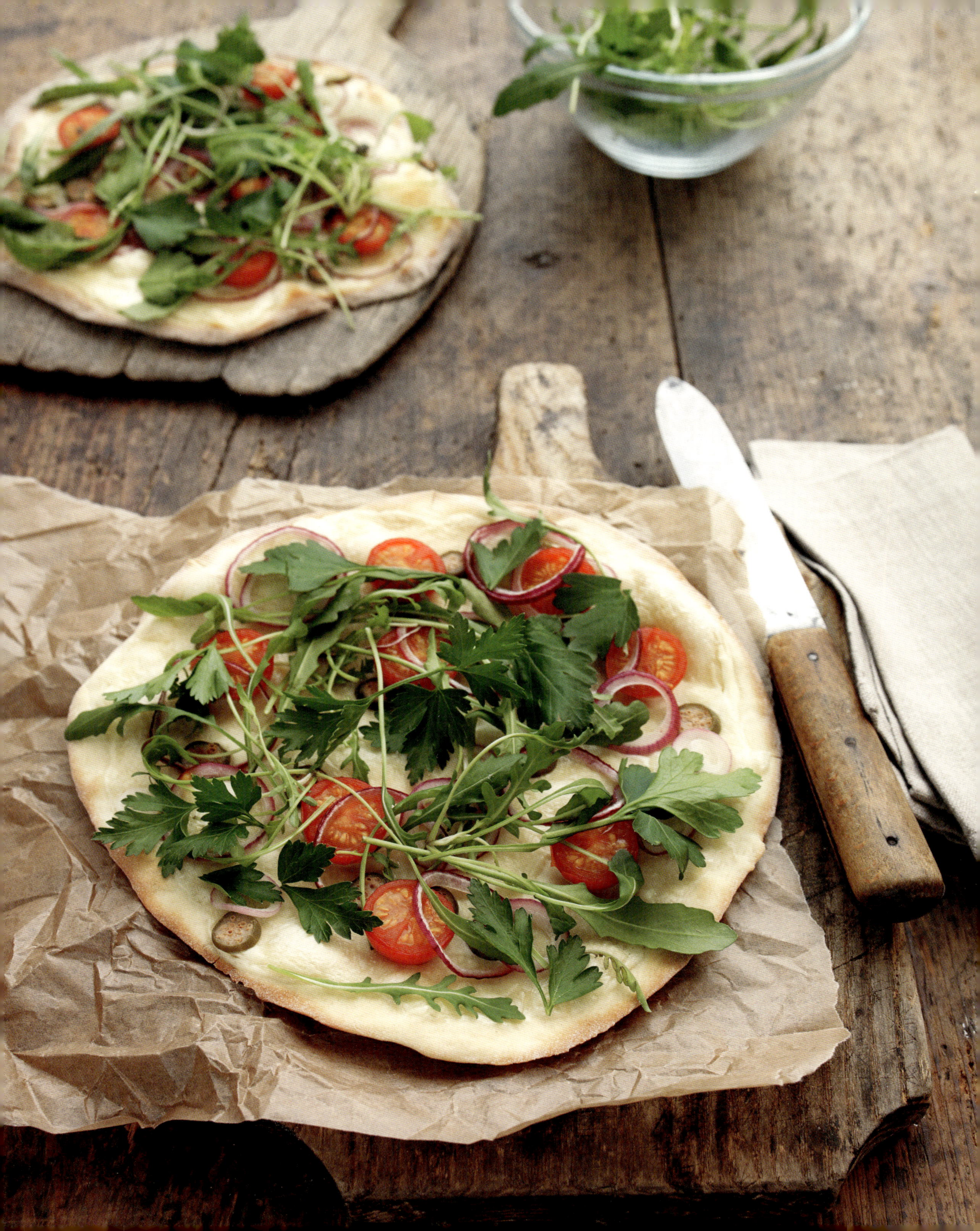

Tomate, Gurke & Kohlrabi

Geeiste Gurkensuppe
mit angebratenen Matjes

Zutaten für 4 Personen

Für die Gurkensuppe:
2 große Salatgurken
400 g saure Sahne
6 EL Weißweinessig
2 EL Puderzucker
Meersalz
weißer Pfeffer aus der Mühle
2 Bund Basilikum

Für die Matjes:
4 EL Speisestärke
2 EL Currypulver (Madras)
8 Matjesfilets · 4 EL Öl
2 Kästchen Gartenkresse

1 Für die Gurkensuppe die Gurken schälen und in Stücke schneiden. Die Gurkenstücke mit der sauren Sahne, dem Essig, dem Puderzucker, Meersalz und weißem Pfeffer im Küchenmixer fein pürieren. Die Mischung in den Kühlschrank stellen. Das Basilikum waschen und trocken schütteln. Die Blätter abzupfen und fein hacken.

2 Für die Matjes die Speisestärke mit dem Currypulver mischen und die Matjesfilets mit einer Seite hineindrücken. Das Öl in einer Pfanne erhitzen und die Matjesfilets darin auf der gewürzten Seite etwa 1 Minute braten. Herausnehmen.

3 Die Kresse mit einer Schere vom Beet schneiden, waschen und trocken tupfen.

4 Die Suppe aus dem Kühlschrank nehmen und noch einmal gut durchrühren. Dann in Gläser oder Suppentassen verteilen und mit dem Basilikum bestreuen. Die Matjes mit der Kresse zum Süppchen reichen.

Krabbensalat

Zutaten für 4 Personen

Für die Mayonnaise:
2 sehr frische Eier · 300 ml Öl
1 Knoblauchzehe
Saft von ½ Zitrone
1-2 TL Balsamico bianco
1 TL Paprikapulver (edelsüß)
Salz

Außerdem:
1 Stange Staudensellerie · Salz
200 g Nordseekrabben (vorgegart und geschält)
½ Salatgurke
einige Stiele Dill

1 Für die Mayonnaise die Eier mit dem Schneebesen schaumig rühren. Dann das Öl langsam in einem dünnen Strahl unter ständigem Schlagen dazugießen und so lange weiterschlagen, bis die Mayonnaise bindet.

2 Den Knoblauch schälen, in feine Würfel schneiden und mit einer Messerklinge zu Mus zerdrücken. Den Knoblauch in die Mayonnaise rühren, mit Zitronensaft, etwas Essig, dem Paprikapulver und Salz abschmecken.

3 Die Selleriestange putzen, waschen, in kleine Würfel schneiden und in kochendem Salzwasser 1 bis 2 Minuten blanchieren.

4 Die Krabben auf einem Sieb abbrausen und abtropfen lassen. Die Gurke schälen, längs halbieren und die Kerne mit einem Teelöffel entfernen. Das Fruchtfleisch in Würfel schneiden. Die Krabben, den Sellerie und die Gurke mischen. 4 bis 6 EL Mayonnaise unterheben (den Rest anderweitig verwenden). Den Dill waschen und trocken schütteln, die Spitzen abzupfen und hacken. Unter den Krabbensalat rühren.

Tomate, Gurke & Kohlrabi

Wiener Schnitzel
mit Kartoffel-Gurken-Salat

Zutaten für 4 Personen

Für den Kartoffel-Gurken-Salat:
600 g festkochende Kartoffeln
Salz
1-2 rote Zwiebeln
1 Salatgurke
4-5 Essiggurken
300 ml Gemüsebrühe oder Geflügelfond
2 TL Senf
3 EL Gurkeneinlegeflüssigkeit
1 Handvoll gehackte Kräuter (Petersilie, Schnittlauch, Dill)
3 EL Balsamico bianco
4 EL Öl
Salz · weißer Pfeffer aus der Mühle

Für das Wiener Schnitzel:
4 Scheiben Kastenweißbrot (ersatzweise 200 g Weißbrotbrösel)
ca. 600 g Kalbsrücken (ohne Knochen)
Salz · weißer Pfeffer aus der Mühle
50 g Mehl
2 Eier
150 g Butterschmalz

1 Für den Kartoffel-Gurken-Salat die Kartoffeln gründlich waschen und mit der Schale in kochendem Salzwasser je nach Größe 15 bis 20 Minuten fast weich garen.

2 Inzwischen die Zwiebeln schälen, in feine Würfel schneiden und in wenig kochendem Salzwasser blanchieren. In ein Sieb abgießen, kalt abschrecken und abtropfen lassen. Die Salatgurke schälen, längs halbieren und mit einem Teelöffel die Kerne entfernen. Die Salatgurke und die Essiggurken in feine Scheiben hobeln.

3 Die Brühe bzw. den Fond in einem kleinen Topf erhitzen. Heiß in eine Salatschüssel geben und den Senf und die blanchierten Zwiebeln unterrühren.

4 Die Kartoffeln abgießen, kurz kalt abschrecken und ausdampfen lassen. Die Kartoffeln noch heiß pellen und in Scheiben direkt in die Schüssel schneiden. Die Gurken, die Gurkeneinlegeflüssigkeit, die Kräuter, den Essig und das Öl untermischen und den Kartoffel-Gurken-Salat mit Salz und weißem Pfeffer würzen. Ziehen lassen.

5 Für das Wiener Schnitzel den Backofen auf 100 °C vorheizen. Die Weißbrotscheiben im Ofen auf der mittleren Schiene etwa 30 Minuten trocknen lassen, dabei einen Holzkochlöffelstiel in die Backofentür stecken, damit die Feuchtigkeit entweichen kann. Die trockenen Brotscheiben im Blitzhacker zu Bröseln mahlen.

6 Das Fleisch in 4 Scheiben schneiden, mit dem Fleischklopfer dünn klopfen und auf einer Seite mit Salz und weißem Pfeffer würzen.

7 Das Mehl in einen tiefen Teller geben, die Eier in einem tiefen Teller verquirlen. Die Weißbrotbrösel ebenfalls in einen tiefen Teller geben. Die Schnitzel im Mehl wenden, überschüssiges Mehl abklopfen, dann durch die Eier ziehen und mit den Weißbrotbröseln panieren (siehe Tipp).

8 Das Butterschmalz in einer großen Pfanne erhitzen und die Schnitzel darin bei starker Hitze auf einer Seite 3 Minuten ausbacken. Wenden und weitere 3 Minuten ausbacken, bis die Schnitzel goldbraun sind. Die Wiener Schnitzel herausnehmen und kurz auf Küchenpapier abtropfen lassen.

9 Den Kartoffel-Gurken-Salat nochmals abschmecken und auf Teller verteilen. Die Wiener Schnitzel daneben anrichten.

Björns Tipp

» Für die perfekte und gleichmäßig gebräunte und krosse Panade sind zwei Dinge wichtig: Erstens darf man die Weißbrotbrösel nicht zu fest andrücken, sonst geht die Panade beim Ausbacken nicht schön auf. Zweitens sollte man beim Ausbacken die Pfanne immer wieder ein bisschen schütteln, damit das heiße Butterschmalz auch über die Oberfläche schwappt. «

Tomate, Gurke & Kohlrabi

Gurkenschiffchen
mit Tatar und Landbrot-Hippen

Zutaten für 4 Personen

200 g Graubrot
3 EL Olivenöl
400 g Rindertatar
2 Eigelb
40 g Kapern
50 g Cornichons
4 cl Gin
3 EL Worcestershiresauce
2 EL mittelscharfer Senf
Salz · Pfeffer aus der Mühle
Paprikapulver (edelsüß)
1 große Salatgurke

1 Das Graubrot im Gefrierfach kurz anfrieren (siehe Tipp S. 19) und dann auf einer Aufschnittmaschine oder mit einem scharfen Messer in dünne Scheiben schneiden.

2 Den Backofen auf 120 °C vorheizen. Die Brotstreifen auf ein mit Backpapier belegtes Backblech geben und mit dem Olivenöl bepinseln. Im Ofen auf der mittleren Schiene etwa 20 Minuten trocknen.

3 Inzwischen das Rindertatar und die Eigelbe in eine Schüssel geben. Die Kapern hacken und die Cornichons in feine Würfel schneiden. Beides zum Tatar geben. Den Gin, die Worcestershiresauce und den Senf gut untermischen. Das Tatar mit Salz, Pfeffer und 1 Prise Paprikapulver abschmecken.

4 Die Gurke nach Belieben schälen, der Länge nach halbieren und die Kerne mit einem Teelöffel entfernen. Die Gurkenhälften in etwa 5 cm lange Stücke schneiden und mit dem Tartar füllen.

5 Die Landbrot-Hippen aus dem Ofen nehmen mit den Gurkenschiffchen auf Tellern anrichten. Als Vorspeise servieren.

Björns Tipp

» Wenn Sie auf Nummer sicher gehen möchten, dass Sie Fleisch von bester Qualität verwenden, kaufen Sie die entsprechende Menge Rinderfilet. Das Fleisch kurz im Tiefkühlfach anfrieren lassen, herausnehmen und mit der Aufschnittmaschine oder mit einem sehr scharfen Messer in feine Scheiben und dann in sehr feine Würfel schneiden. «

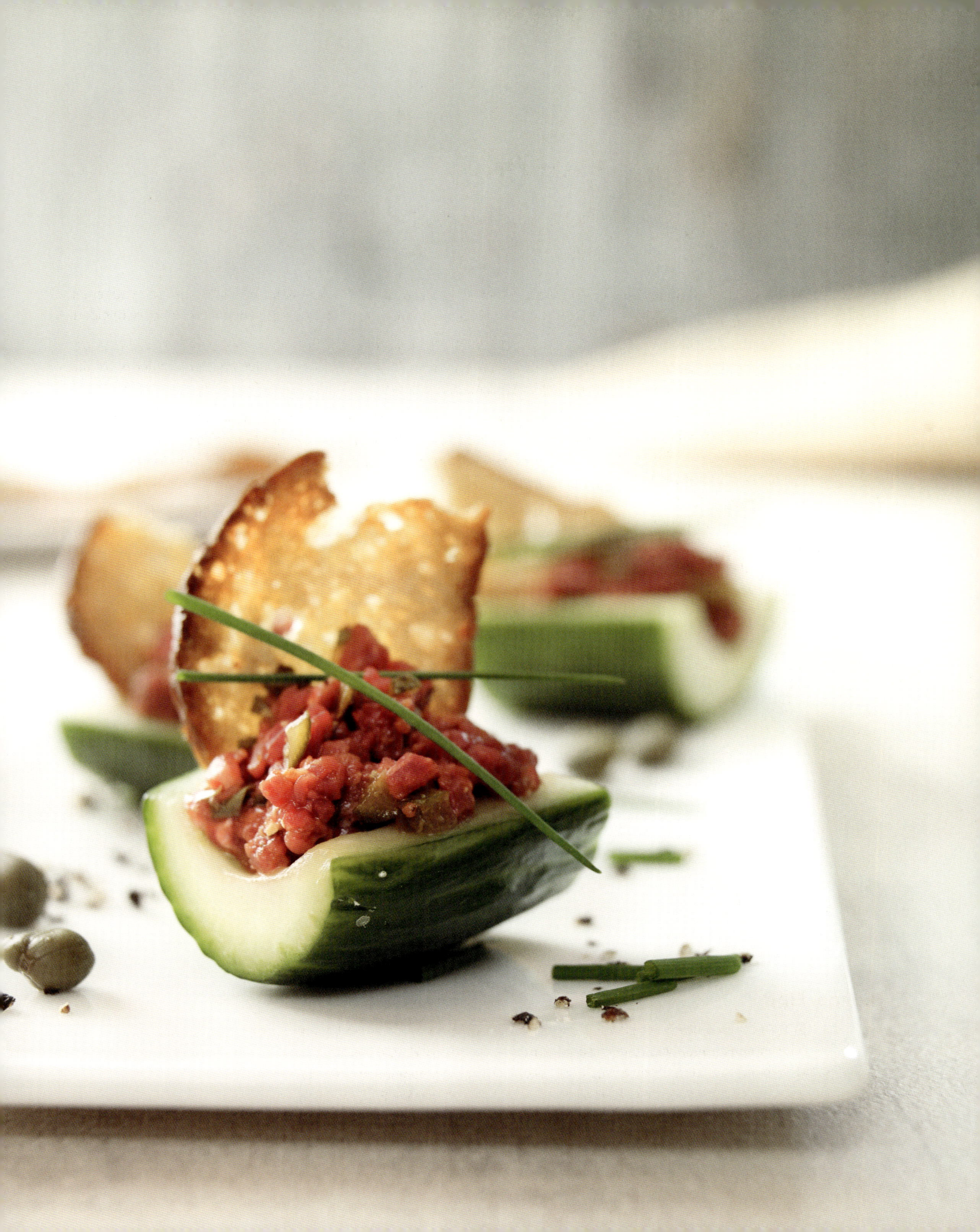

Tomate, Gurke & Kohlrabi

Hausgebeizter Lachs
mit Gurkensalat

Zutaten für 4 Personen

Für den Lachs:
1 Staudensellerie
1 unbehandelte Zitrone
1 unbehandelte Orange
1 Bund Dill
4 EL brauner Zucker
3 EL grobes Meersalz
400 g Lachsfilet (mit Haut)
1 Schalotte

Für den Gurkensalat:
1 Salatgurke
1 Glas Gewürzgurken (ca. 190 g Abtropfgewicht)
5 Radieschen
1 rote Zwiebel
2 EL Crème fraîche
1 TL Wasabipaste (japan. Meerrettich)
Salz · Pfeffer aus der Mühle

1 Für den Lachs den Sellerie putzen, waschen und in kleine Würfel schneiden. Die Zitrusfrüchte heiß waschen und trocken reiben. Die Schale jeweils fein abreiben. Den Dill waschen, trocken schütteln und fein hacken.

2 Sellerie, Zitrusschalen, Dill, braunen Zucker und Meersalz zu einer Beize vermischen. Den Lachs waschen und trocken tupfen. Die Beize in eine große Form (z.B. einen Bräter oder eine rechteckige Auflaufform) geben und den Lachs mit der Fleischseite darauflegen. Den Fisch mit Frischhaltefolie bedecken, ein schweres Brett direkt darauflegen und das Filet über Nacht im Kühlschrank ziehen lassen.

3 Am nächsten Tag den Fisch aus dem Kühlschrank nehmen. Die Beize vom Lachs abschaben und den Fisch schräg von der Haut in dünne Scheiben schneiden.

4 Für den Salat die Gurke schälen und in dünne Scheiben schneiden. Die Gewürzgurken in ein Sieb abgießen, abtropfen lassen und ebenfalls in dünne Scheiben schneiden. Die Radieschen putzen, waschen und in kleine Würfel schneiden. Die Zwiebel schälen und in feine Würfel schneiden. Alles in eine Schüssel geben.

5 Die Crème fraîche und die Wasabipaste verrühren und mit Salz und Pfeffer würzen. Das Dressing mit den Gurken mischen und den Salat etwas ziehen lassen.

6 Die Schalotte schälen und in feine Würfel schneiden. Den Lachs auf Teller verteilen und mit den Schalotten bestreuen. Den Gurkensalat abschmecken und daneben anrichten.

Björns Tipp

» Es ist sehr einfach den Lachs selber zu beizen und zudem ziemlich preiswert, da norwegisches Frischlachsfilet im Gegensatz zu den geräucherten und gebeizten Fertigprodukten wenig kostet. Man kann zudem die Intensität selbst bestimmen. Durch das Beizen macht man den Lachs haltbar und kann ihn in Frischhaltefolie gewickelt etwa fünf Tage im Kühlschrank aufbewahren. «

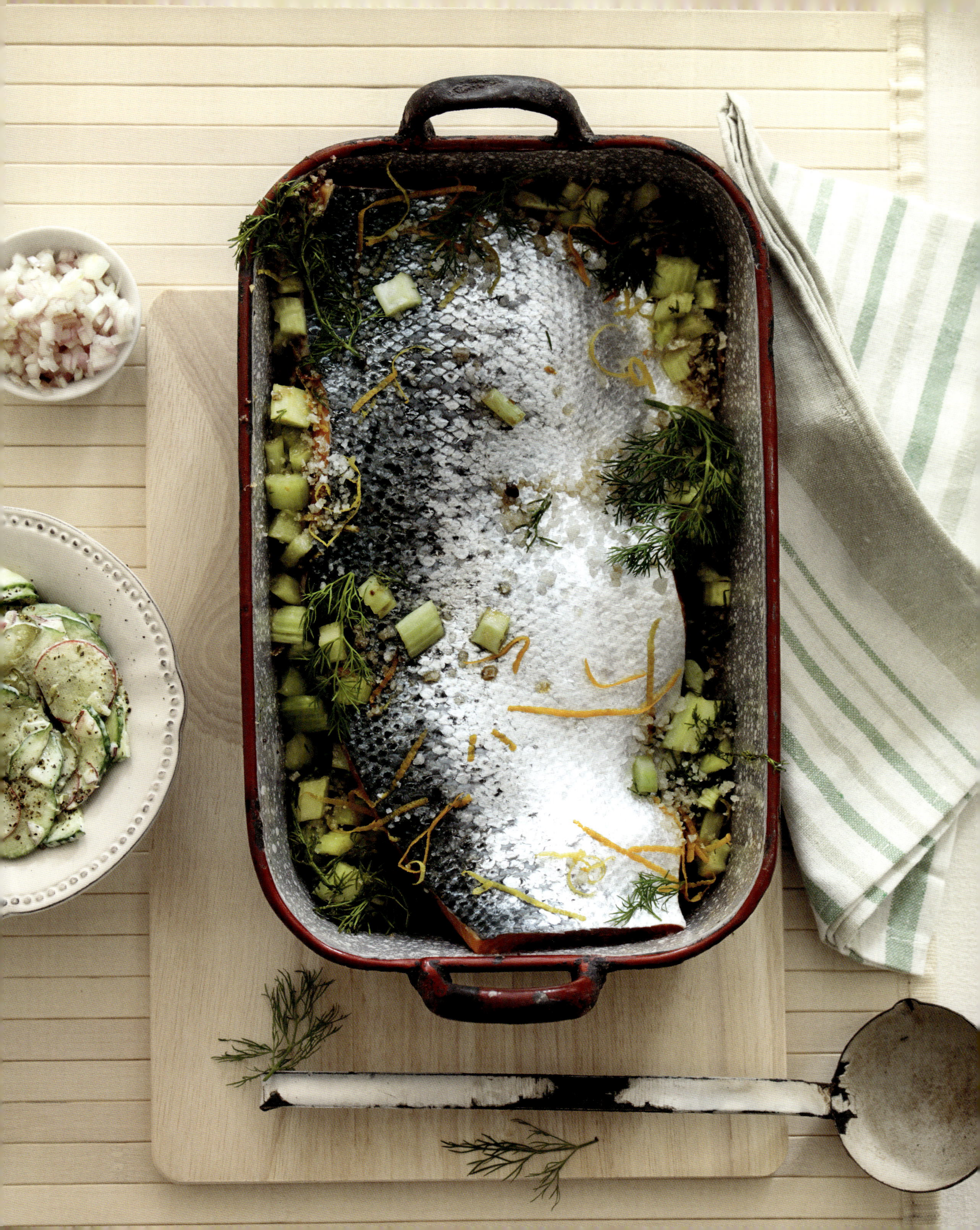

Tomate, Gurke & Kohlrabi

Kohlrabi
im weißen Tomatenfond

Zutaten für 4 Personen

8 reife Tomaten
½ Knoblauchknolle
8 Basilikumblätter
2 EL weiße Pfefferkörner
1 EL grobes Meersalz
2 EL Mehl
2 EL weiche Butter
3 große Kohlrabi (ersatzweise Mairüben)
4 EL Olivenöl
100 g schwarze Oliven (ohne Stein)

1 Am Vortag die Tomaten waschen und vierteln, dabei die Stielansätze entfernen. Die Knoblauchzehen einzeln ablösen und schälen. Die Tomaten, den Knoblauch, das Basilikum, die Pfefferkörner und das Meersalz in einem hohen Rührbecher mit dem Stabmixer pürieren. Ein großes Sieb mit einem Geschirrtuch auslegen und die Mischung hineingießen. Das Sieb über einen Topf hängen und die Tomaten über Nacht abtropfen lassen.

2 Am nächsten Tag den gewonnenen Fond auf die Hälfte einkochen und nochmals mit Meersalz und Pfeffer abschmecken.

3 Das Mehl sieben und mit der weichen Butter verkneten, zu einer Rolle formen und in den Kühlschrank stellen.

4 Die Kohlrabi putzen, schälen und in Würfel schneiden. In einem Topf mit kochendem Salzwasser etwa 5 Minuten garen.

5 Vom Tomatenfond etwa 300 ml abmessen und in einer weiten Pfanne aufkochen. Nach und nach ein paar Mehlbutterflocken und das Olivenöl einrühren, bis der Fond schön sämig wird. Dann die Kohlrabiwürfel und die Oliven dazugeben und alles bei schwacher Hitze im Fond erwärmen. Das Kohlrabigemüse passt super zu kurz gebratenem Lamm, Kalb und Perlhuhn.

Variante:

Zu diesem Gericht schmeckt für mich am besten eine trocken geschmorte Lammhaxe: Den Backofen auf 140 °C vorheizen. Zwei Lammhaxen waschen, trocken tupfen und in einem Bräter mit 2 EL Butterschmalz rundum anbraten. Herausnehmen und gut mit Salz und Pfeffer würzen. Zwei große Zwiebeln schälen und in grobe Ringe schneiden. Die Zwiebeln in den Bräter geben, das Fleisch darauflegen und im Ofen auf der mittleren Schiene etwa 2½ Stunden schmoren, bis sich das Fleisch leicht vom Knochen lösen lässt. Aus dem Ofen nehmen, in Scheiben schneiden und zu dem Kohlrabigemüse servieren.

Tomate, Gurke & Kohlrabi

Zimt-Dorsch
mit Kohlrabi und Birnen

Zutaten für 4 Personen

1 Dorsch (ca. 1,5 kg, ersatzweise 800 g Dorschfilet und Karkassen für den Fond)
1 Bund Suppengemüse
300 ml Riesling
2 Kohlrabi
2 Birnen
250 g Sahne
1 EL Butterschmalz
Salz
1 TL Zimtpulver
1 EL Butter
Zucker
2 EL Essig

1 Den Dorsch filetieren und häuten, die Mittelgräte waschen und beiseitelegen. Die Hälfte des Fisches in Portionsstücke schneiden, waschen und trocken tupfen (die andere einfrieren und anderweitig verwenden).

2 Das Suppengemüse putzen, waschen bzw. schälen und in Stücke schneiden. Den Riesling, 600 ml Wasser, die Fischgräten und das Suppengemüse in einen Topf geben und aufkochen. Den Sud bei schwacher Hitze etwa 1 Stunde köcheln lassen.

3 Die Kohlrabi putzen, schälen und in Rauten schneiden. Die Birnen waschen, vierteln und die Kerngehäuse entfernen. Die Birnen ebenfalls in Rauten schneiden. Die Kohlrabi mit der Sahne in einem Topf aufkochen und bei schwacher Hitze etwa 10 Minuten weich garen.

4 Das Butterschmalz in einer Pfanne erhitzen und salzen. Den Zimt dazugeben, gut verrühren und aufschäumen lassen. Die Fischfilets vorsichtig in das Zimtbutterschmalz legen und etwa 4 Minuten braten. Dann die Butter dazugeben, die Filets wenden und nochmals 3 Minuten braten.

5 Den Fischfond durch ein feines Sieb in einen Topf gießen. Die Kohlrabisahne durch ein Sieb zum Fischfond gießen. Die Kohlrabi zurück in den Topf geben. Die Birnen hinzufügen, kurz mitgaren und mit Salz würzen. Den Fond mit Salz, 1 Prise Zucker und dem Essig abschmecken und mit dem Stabmixer aufschäumen.

6 Das Kohlrabi-Birnen-Gemüse auf Teller verteilen und die Dorschfilets daneben geben. Etwas Sahneschaum darüberträufeln und nach Belieben mit einigen Dillspitzen garnieren.

Björns Tipp

» Alternativ können Sie beim Fischhändler ein Dorschfilet und die Karkassen für den Fond extra kaufen. Ein selbstgemachter Fischfond schmeckt natürlich viel besser als einer aus dem Glas. Die Flossen sollte man für den Fond abtrennen, denn sie schmecken tranig. «

Tomate, Gurke & Kohlrabi

Sauerbraten vom Butt
mit getrockneten Sauerkirschen und Kohlrabi

Zutaten für 4 Personen

Für das Gemüse:
12 kleine violette Trüffelkartoffeln
Salz · 2 Kohlrabi
150 g Sahne
frisch geriebene Muskatnuss
2 EL Butter

Für die Sauce:
100 ml Fischfond (aus dem Glas oder siehe S. 59)
1 EL Weißweinessig · 100 g Sahne
4 Gewürznelken
Salz · Pfeffer aus der Mühle

Für den Butt:
600 g Buttfilet (z.B. Stein-, Heil- oder Glattbutt; ohne Haut)
2 EL Öl
Salz · Pfeffer aus der Mühle

Außerdem:
5 cl roter Portwein
4 EL getrocknete Sauerkirschen oder Rosinen

1 Für das Gemüse die Kartoffeln gründlich waschen und mit der Schale in kochendem Salzwasser 15 bis 20 Minuten weich garen.

2 Inzwischen die Kohlrabi putzen, schälen und erst in Scheiben, dann in kleine Rauten schneiden. Die Sahne in einen Topf geben, mit Salz und Muskatnuss würzen und aufkochen. Die Kohlrabi dazugeben und etwa 7 Minuten köcheln lassen.

3 Für die Sauce den Fond, den Essig und die Sahne in einem Topf mit den Gewürznelken aufkochen und kurz ziehen lassen. Die Gewürznelken wieder entfernen und die Sauce mit Salz und Pfeffer abschmecken.

4 Den Portwein mit den Sauerkirschen oder Rosinen in einem kleinen Topf aufkochen, vom Herd nehmen und ziehen lassen.

5 Die Kartoffeln abgießen, kurz ausdampfen lassen und pellen. Die Butter in einer Pfanne erhitzen und die Kartoffeln darin schwenken.

6 Für den Butt die Fischfilets waschen und trocken tupfen. Das Öl in einer Pfanne erhitzen und die Filets darin auf einer Seite kross braten, wenden und auf der anderen Seite kurz ziehen lassen. Mit Salz und Pfeffer würzen.

7 Die Sauce mit dem Stabmixer aufschäumen. Die Fischfilets mit den Kohlrabi, den Kartoffeln, der Sauce und den Sauerkirschen auf vorgewärmten Tellern anrichten und servieren.

Björns Tipp

» Wenn man Fisch in Essig sauer einlegt, wird er zäh und ungenießbar. Ich möchte bei diesem Gericht nur die Sauerbratenaromen in der Sauce haben, deshalb wird sie schön säuerlich und mit vielen Gewürznelken zubereitet. «

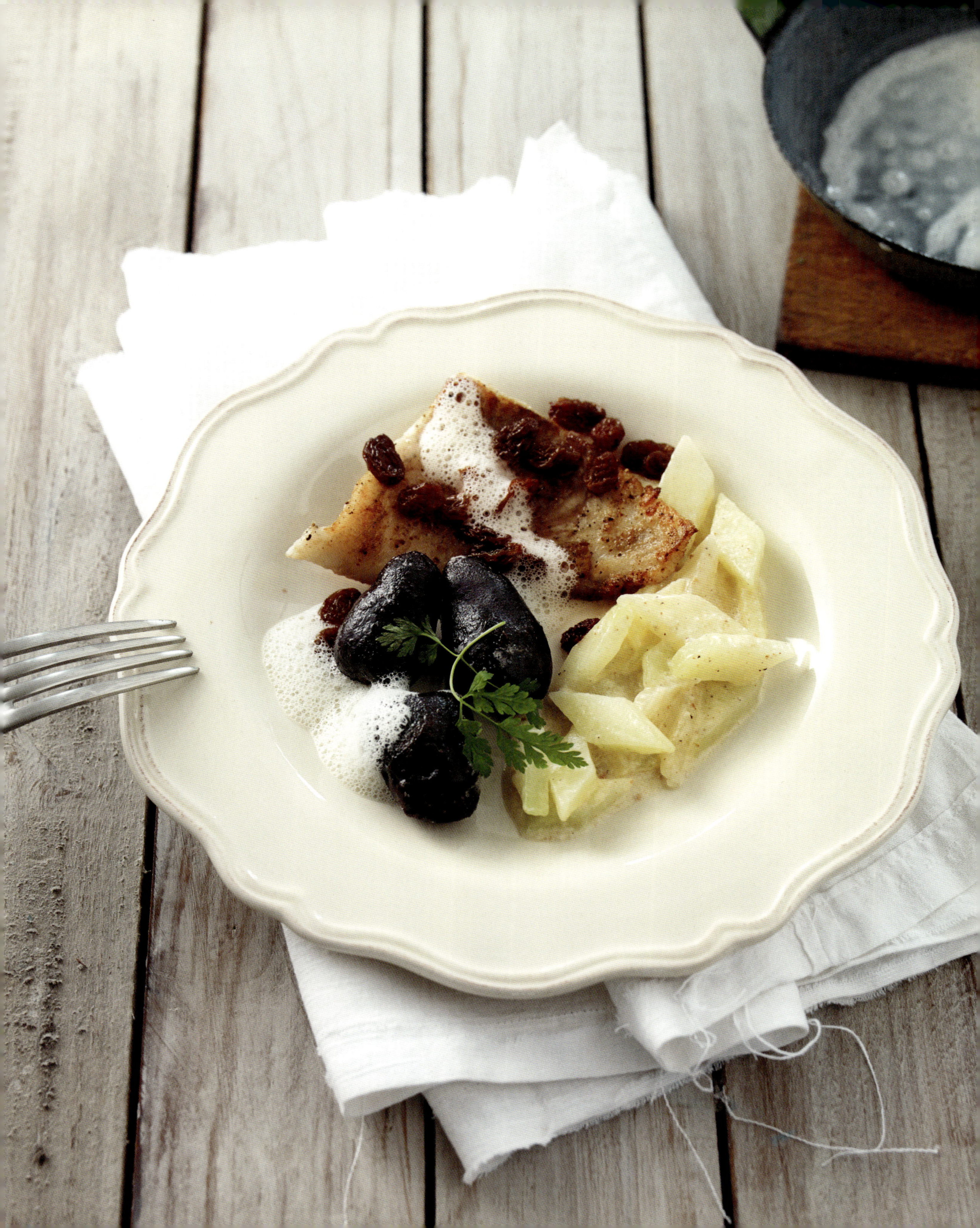

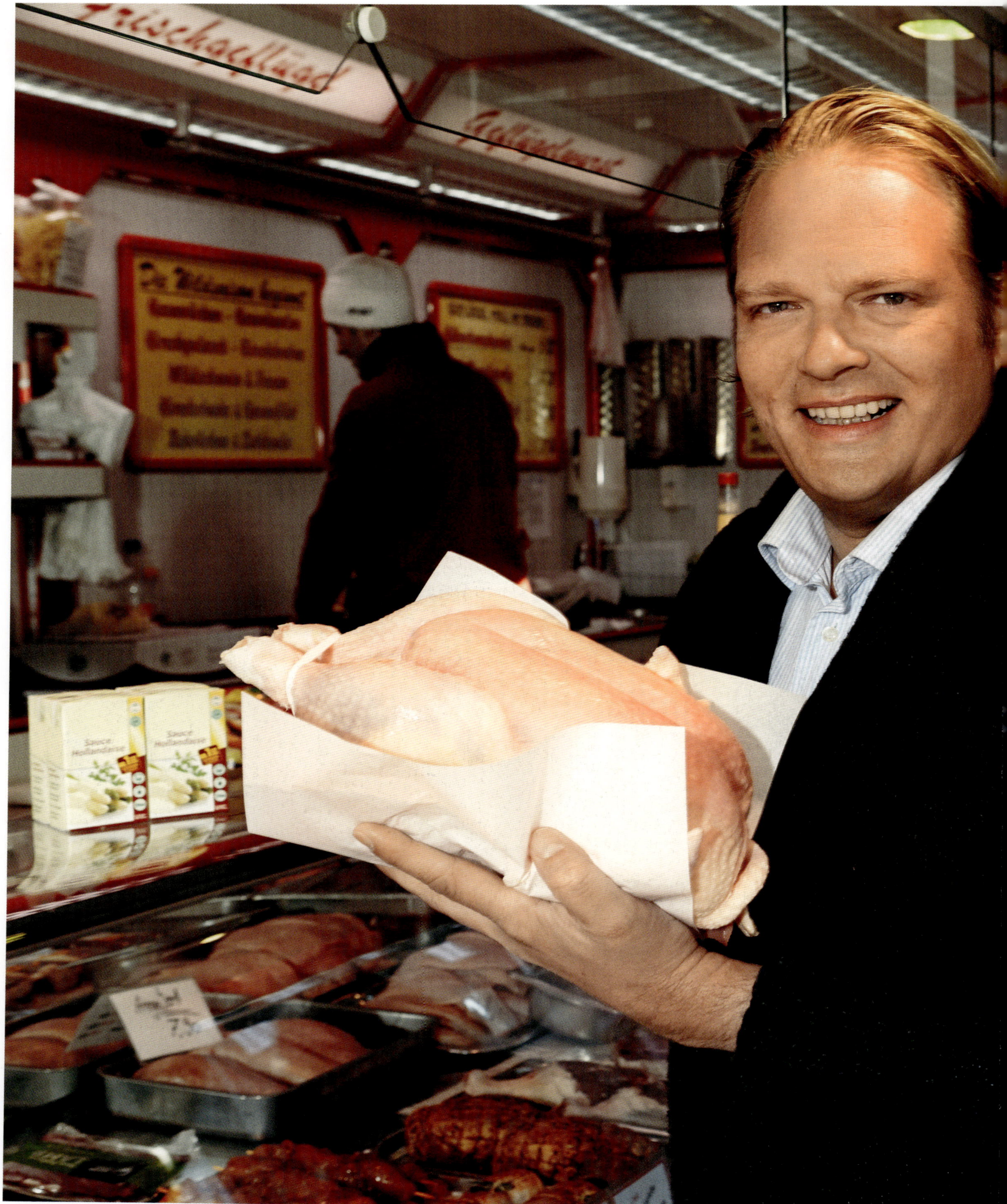
Sauce Hollandaise
Sauce Hollandaise

Huhn, Schwein & Rind

Huhn, Schwein & Rind

Huhn

Hühnerfleisch aus artgerechter Haltung ist wesentlich teurer als Geflügel aus konventioneller Massentierhaltung. Menschen, die jeden Cent umdrehen müssen, kaufen, was sie sich leisten können. Aber was ist mit den anderen? Ein edler Festtagsbraten, wie er früher nur sonntags auf den Tisch kam, ist doch sein Geld wert! Am Ende wird es sich auszahlen, wenn wir alle weniger Fleisch essen, und wenn all diejenigen, die es sich leisten können, auf eine artgerechte Tierhaltung achten. Denken wir an all die Probleme mit den Antibiotika in Mastbetrieben, an Fleischskandale, die durch die Massentierhaltung und Futterpanscherei erst möglich wurden. Solche Entwicklungen sind traurig und versperren den Blick auf ein sehr schmackhaftes und gesundes Lebensmittel. Huhn hat wenig Fett, das zarte, weiße Fleisch hat einfach Klasse.

Einkauf: Was für ein Hühnerfleisch ich kaufe, hängt davon ab, was ich für ein Gericht zubereiten möchte. In den Eintopf und fürs Frikassee reicht es, ein Suppenhuhn zu kaufen, ältere Tiere, die einmal Legehennen waren. Für die Pfanne oder den Grill sollten es junge Tiere sein, eine dicke Poularde oder ein kleineres Hähnchen mit saftigem Fleisch. Kauft man sein Geflügel nicht direkt beim Erzeuger, dann hat man kaum die Chance zu erfahren, woher es stammt. Die Angabe des Ursprungslandes muss nur dann erfolgen, wenn dieses nicht zur EU gehört. Beim Transport nach Hause am besten eine Isoliertasche mit Kühlakku verwenden, um die Kühlkette nicht zu unterbrechen.

Lagerung: Geflügel länger als einen Tag im Kühlschrank aufzubewahren, hat nicht viel Sinn. Das empfindliche Lebensmittel verdirbt schnell. Ist das Geflügel nicht sicher verpackt, dann legen Sie es in eine große Schale mit Deckel. Frisches Geflügelfleisch kann man aber durchaus auch einfrieren.

Küche: Ich besorge gern frisches Geflügel auf dem Markt oder beim Züchter. Kauft man verpackte Ware, dann sollte man auf das aufgedruckte Mindesthaltbarkeitsdatum achten: Das Fleisch muss vor Ablauf verzehrt werden.

Ernährungstipp von Anja Tanas

» Hühnerfleisch ist ein sehr empfindliches Produkt. Das Fleisch ist nicht selten mit Erregern wie Salmonellen oder Campylobacter belastet. Deshalb sollte man bei der Zubereitung von Geflügelfleisch streng auf die Hygiene achten. Besonders wichtig ist es, das Fleisch ganz durchzugaren, um enthaltene Keime unschädlich zu machen. Hände, aber auch Brettchen und Messer müssen nach dem Verarbeiten von Hähnchenfleisch gründlich mit Seife und heißem Wasser gewaschen werden. «

Huhn, Schwein & Rind

Schwein

Einkauf: Schweinekoppeln sieht man heute leider nur noch selten. Hier und da gibt es aber Landwirte, die sich um die Aufzucht alter Rassen, wie z.B. »Bunte Bentheimer« oder »Düppeler Weideschweine«, kümmern. Das Fleisch ist fest, aber elastisch, glänzt nur matt und wässert nicht. Es hat eine kräftige rosa bis hellrote Farbe. Wie es zu dieser besonderen Qualität kommt? Die Fütterung mit frischem Gras und Kräutern, die Zeit zum Wachsen und der Auslauf haben diesen positiven Effekt.

Küche: Ob in der kalten oder warmen Küche – Schweinefleisch nimmt hierzulande einen ganz zentralen Platz ein. Viele traditionelle Gerichte ranken sich darum. Ob gepökelt, geräuchert oder geschmort, es gibt unzählige Rezepte, die mir sofort in den Sinn kommen.

Ernährungstipp von Anja Tanas

» Im Sommer macht man gern den Grill an und gart fettes Schweinefleisch über der Holzkohle. Dabei können hochgradig krebserregende Stoffe entstehen. Vermeiden kann man das, indem kein Fett in die Glut tropft und das Fleisch nicht zu dunkel und kross wird. «

Rind

Einkauf: Mir ist wichtig, dass das Fleisch, sofern ich es nicht kochen will, nach der Schlachtung eine Zeit lang gereift ist. Der Trend geht allgemein wieder hin zu gut abgehangener Ware, die in Sachen Aroma und Zartheit auftrumpfen kann. Wer möchte, kann sehr fettarmes Filet kaufen. Ich finde aber das Rindfleisch unschlagbar, das leicht von feinen Fettadern durchzogen ist. Ein Steak sollte mindestens drei Zentimeter dick sein.

Küche: Überschüssiges Fett entfernen und das Fleisch mit einem Tuch abtupfen. Ein Fettrand, wie bei einem Rumpsteak, sollte eingeschnitten werden, damit sich das Fleisch beim Braten nicht wölbt und ungleichmäßig gart. Das Fleisch sollte Raumtemperatur haben, wenn es in die Pfanne oder den Schmortopf kommt. Ob kurzgebraten oder geschmort, das Fleisch muss angebraten werden – etwa 30 Sekunden von jeder Seite. Ich würde es mit der Hitze nicht übertreiben, das Bratenfett soll nicht wie verrückt in der Küche herumspritzen. Zum Wenden nicht anstechen sondern eine Zange verwenden. Nach dem Anbraten kann man nun würzen. Bratenstücke wandern in den Ofen, Gulasch bekommt den Deckel drauf. Steaks sollten in Alufolie gewickelt werden und bei 60 °C im Ofen garen – 5 bis 15 Minuten, je nachdem, wie durchgegart man es mag.

Ernährungstipp von Anja Tanas

» Genuss von sogenanntem »rotem Fleisch« – also Rind, Schwein oder Lamm – wird mit einem steigenden Risiko für Herz-Kreislauf-Erkrankungen oder Krebs in Zusammenhang gebracht. Der Grund: Zum einen leben starke Fleischesser oft insgesamt ungesünder als Vegetarier, zum anderen wird vermutet, dass das Eisen aus rotem Fleisch im menschlichen Körper für eine Schädigung der Zellstrukturen sorgen und damit Arterienverkalkung Vorschub leisten kann. Fleischliebhabern wird empfohlen, nicht mehr als 400 g rotes Fleisch pro Woche zu essen. «

Huhn, Schwein & Rind

Bunter Wintersalat
mit Hähnchenbrust, Nüssen und Cranberrys

Zutaten für 4 Personen

Für das Dressing:
1 sehr frisches Ei
100 ml Öl
1 EL Senf
3 EL Himbeeressig
2 EL Walnussöl
3 EL Geflügelfond
2 EL Honig
Salz · Pfeffer aus der Mühle

Für den Salat:
6 Walnusskerne
6 Macadamianusskerne
200 g Baby Leaf Salat
50 g Feldsalat
1 Chicorée
½ Radicchio
300 g Hähnchenbrustfilet
6 Scheiben durchwachsener Räucherspeck
1 Zweig Thymian
5 EL Olivenöl
4 Scheiben Toastbrot
50 g getrocknete Cranberrys

1 Für das Dressing das Ei in eine Schüssel aufschlagen und das Öl unter ständigem Rühren mit dem Schneebesen langsam dazugießen, bis die Mischung schön cremig wird. Anschließend den Senf, den Essig, das Walnussöl, den Fond und den Honig unterrühren und das Dressing mit Salz und Pfeffer abschmecken.

2 Für den Salat die Walnüsse und Macadamianüsse in einer Pfanne ohne Fett goldbraun rösten, herausnehmen und abkühlen lassen.

3 Den Baby Leaf Salat und den Feldsalat verlesen, waschen und trocken schleudern. Den Chicorée putzen, waschen und die Blätter in Streifen schneiden. Vom Radicchio die äußeren welken Blätter entfernen. Die restlichen Blätter ablösen, waschen, trocken schleudern und klein zupfen.

4 Das Hähnchenbrustfilet waschen, trocken tupfen und schräg in 6 dicke Scheiben schneiden. Die Fleischscheiben mit je 1 Scheibe Speck umwickeln. Den Thymian waschen und trocken tupfen. In einer Pfanne 2 EL Olivenöl erhitzen und die Hähnchenbrustfilets darin mit dem Thymian etwa 6 Minuten rundum braten und aus der Pfanne nehmen.

5 Die Toastbrotscheiben entrinden und in Würfel schneiden. Das restliche Olivenöl in der Pfanne erhitzen und die Brotwürfel darin goldbraun rösten.

6 Die Blattsalate in einer Schüssel mischen. Die Cranberrys, die Nüsse und die Croûtons dazugeben. Etwas Dressing untermischen und den Salat in tiefe Teller verteilen. Die Hähnchenbrustfiletstücke in Scheiben schneiden und auf dem Salat anrichten.

Björns Tipp

» Der Speck gibt dem Hähnchen ein tolles Aroma und schützt das Fleisch vor dem Austrocknen. Die Kombination aus Süßem und Himbeeressig gibt dem Salat ein winterliche Note. Aber natürlich schmeckt er auch im Sommer prima! «

Huhn, Schwein & Rind

Hühnerfrikassee
mit Spargel und Erbsen

Zutaten für 4 Personen

1 Suppenhuhn (ca. 1,4 kg)
1 Bund Suppengemüse
5 Stangen grüner Spargel
100 g Erbsen (tiefgekühlt)
1 Bund Petersilie
80 g Butter
4 EL Mehl
200 g Sahne
1 unbehandelte Zitrone
Tabasco
Salz · Pfeffer aus der Mühle
frisch geriebene Muskatnuss
100 g Parmesan (am Stück)

1 Das Suppenhuhn innen und außen waschen, in einen Topf geben und 2 l kaltes Wasser dazugießen. Bei schwacher Hitze langsam aufkochen etwa 2 Stunden köcheln lassen.

2 Inzwischen das Suppengemüse putzen, waschen bzw. schälen und in kleine Stücke schneiden. Das Suppengemüse nach 30 Minuten zum Huhn geben und mitgaren.

3 Den Spargel waschen und im unteren Drittel schälen, die holzigen Enden abschneiden. Die Erbsen auftauen lassen. Die Petersilie waschen und trocken schütteln, die Blätter abzupfen und fein hacken.

4 Das Suppenhuhn aus der Brühe nehmen. Die Haut entfernen und das Fleisch abösen – das Huhn ist gar, wenn sich das Fleisch ganz leicht vom Knochen löst. Das Fleisch in kleine Stücke schneiden und die Brühe durch ein Sieb gießen.

5 Für die Sauce die Butter in einem Topf zerlassen und bei mittlerer Hitze leicht bräunen. Das Mehl dazugeben und unter Rühren anschwitzen. Die Sahne und etwa 1/2 l von der Hühnerbrühe dazugießen. Die Zitrone heiß waschen und trocken reiben. Etwas Schale abreiben und den Saft auspressen. Die Sauce mit der Zitronenschale, 1 Spritzer Zitronensaft und ein paar Tropfen Tabasco würzen. Die Flüssigkeit etwas einkochen lassen.

6 Den Spargel und die Erbsen in die Sauce geben und etwa 10 Minuten darin garen. Zum Schluss das Hähnchenfleisch dazugeben und in der Sauce erhitzen. Das Frikassee mit der gehackten Petersilie bestreuen und mit Salz, Pfeffer und Muskatnuss abschmecken. Den Parmesan darüberreiben, untermischen und das Frikassee servieren. Dazu passt Reis.

Björns Tipp

» Für den Geschmack ist es wichtig, dass die Brühe langsam angesetzt wird. Daher das kalte Huhn in das kalte Wasser geben und bei schwacher Hitze langsam aufkochen. Für das Frikassee ist das gegarte zarte Brustfleisch des Suppenhuhns ganz besonders geeignet. «

Huhn, Schwein & Rind

Krosser Masthahn
mit Thymian-Zitronen-Füllung auf Rahmpolenta

Zutaten für 4 Personen

Für den Masthahn:
1 Brathähnchen (ca. 1,2 kg)
2 unbehandelte Zitronen
1 Bund Thymian
Salz · Pfeffer aus der Mühle
½ Knoblauchzehe
200 ml Geflügelfond
200 ml Weißwein
1 EL kalte Butter

Für die Rahmpolenta:
1 Zwiebel
1 EL Olivenöl
200 ml Kalbsfond
100 g Sahne
80 g Instant-Polenta (Maisgrieß)
50 g Pinienkerne
50 g geriebener Pecorino
Salz · Pfeffer aus der Mühle

1 Für den Masthahn den Backofen auf 180 °C vorheizen. Ein Ofengitter auf die mittlere Schiene und darunter ein tiefes Backblech schieben.

2 Das Hähnchen innen und außen waschen und trocken tupfen. Die Zitronen heiß waschen, trocken reiben und vierteln. Den Thymian waschen und trocken schütteln.

3 Die Zitronen mit Salz, Pfeffer, Knoblauch und Thymianzweigen mischen und das Hähnchen damit füllen. Das Hähnchen auf dem Gitter im Ofen etwa 1½ Stunden garen. Das Backblech, in dem sich der Bratensaft sammelt, mit etwa ½ l Wasser auffüllen.

4 Für die Polenta die Zwiebel schälen und in feine Würfel schneiden. Das Olivenöl in einem Topf erhitzen und die Zwiebel darin andünsten. Mit dem Kalbsfond ablöschen und die Sahne dazugießen. Die Polenta unter Rühren einrieseln lassen und nach Packungsanweisung garen. Zum Schluss die Pinienkerne und den Pecorino untermischen und die Polenta mit Salz und Pfeffer abschmecken.

5 Das Hähnchen aus dem Ofen nehmen und tranchieren. Die Hähnchenteile im Ofen warmstellen. Den aufgefangenen Bratensud mit dem Geflügelfond und dem Wein in einen Topf geben und auf ein Drittel einkochen. Die Sauce mit der kalten Butter binden.

6 Die krossen Hähnchenstücke auf Teller verteilen und mit der Rahmpolenta und der Weißweinsauce anrichten.

Björns Tipp

» Wenn Sie sich einmal etwas Besonderes gönnen möchten, empfehle ich Ihnen einen Kapaun, einen jungen, kastrierten Masthahn. Er wird nur im Dezember im Handel angeboten und ist ein klassischer Weihnachtsbraten. Sein Fleisch ist wunderbar saftig und zart. «

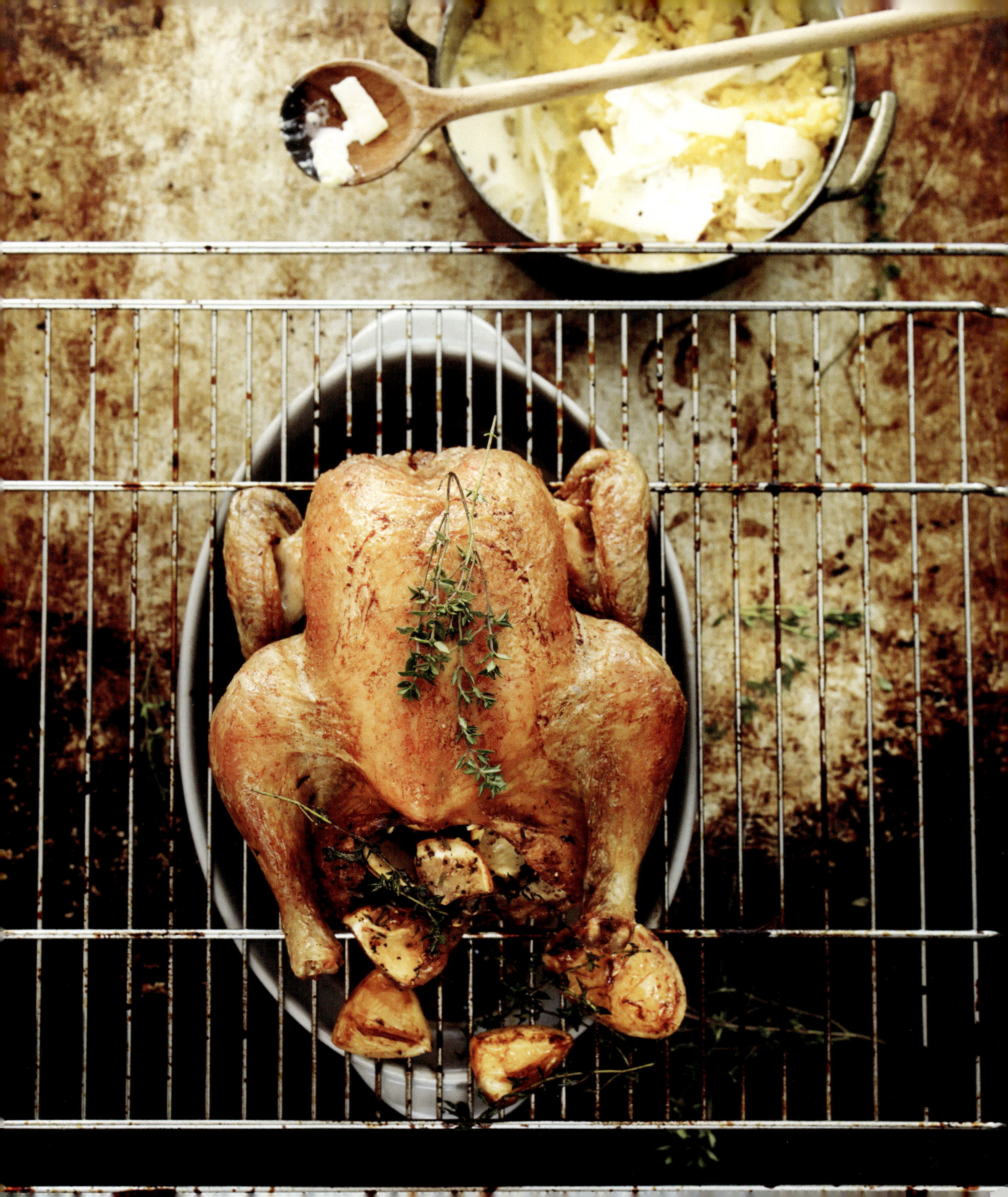

Huhn, Schwein & Rind

Gefüllte Poulardenbrust
mit geschmorten Perlzwiebeln

Zutaten für 4 Personen

200 g kleine Garnelen (tiefgekühlt, vorgegart und geschält)
400 g mehligkochende Kartoffeln
Salz
ca. 300 g Perlzwiebeln
7 EL Olivenöl
Fleur de Sel
Pfeffer aus der Mühle
1 TL Paprikapulver (rosenscharf)
1 Bund Schnittlauch
2 Zweige Thymian
5 EL Zucker
4 Poulardenbrustfilets (à ca 200 g; ohne Haut)
1 Knoblauchknolle
200 ml Sherry medium dry
3 EL kalte Butter

1 Die Garnelen auftauen lassen, abbrausen und abtropfen lassen. Die Kartoffeln schälen, waschen, in grobe Stücke schneiden und in kochendem Salzwasser etwa 15 Minuten weich garen. Die Kartoffeln abgießen, ausdampfen lassen und durch die Kartoffelpresse drücken.

2 Die Perlzwiebeln in kochendem Wasser blanchieren, in ein Sieb abgießen, abtropfen lassen und schälen. In einer Pfanne 3 EL Olivenöl erhitzen und die Zwiebeln darin andünsten. Die Hitze reduzieren und die Zwiebeln bei schwacher Hitze 20 bis 25 Minuten garen.

3 Die Kartoffelmasse mit 2 EL Olivenöl verrühren und mit Fleur de Sel, Pfeffer und Paprikapulver würzen. Den Schnittlauch waschen und trocken schütteln. Drei Viertel in Röllchen schneiden und zur Kartoffelmasse geben. Die Hälfte der Garnelen fein hacken und unterrühren. Die Füllung in einen Spritzbeutel mit Lochtülle füllen.

4 Den Thymian waschen und trocken tupfen, die Blättchen abzupfen und zu den Perlzwiebeln geben. Den Zucker darüberstreuen und karamellisieren.

5 Die Poulardenbrustfilets waschen, trocken tupfen und auf ein Brett legen. Von der dicken Seite her längs mit einem scharfen Messer eine Tasche einschneiden. Die Füllung hineinspritzen und die Öffnungen mit kleinen Holzspießchen verschließen.

6 Das restliche Olivenöl in einer Pfanne erhitzen und das Fleisch darin bei schwacher Hitze rundum etwa 15 Minuten braten. Die Knoblauchknolle quer halbieren und mit der Schnittfläche nach unten in der Pfanne mitdünsten.

7 Die restlichen Garnelen zu den Zwiebeln geben und mit dem Sherry ablöschen. Die Sauce mit Salz abschmecken und etwas einkochen lassen. Die kalte Butter mit dem Schneebesen unterrühren. Die Poulardenbrustfilets halbieren und auf Teller verteilen. Die geschmorten Perlzwiebeln mit Sauce darübergeben und mit dem restlichen Schnittlauch garnieren.

Björns Tipp

» Die Poulardenbrüste sind gar, wenn sie auf leichten Druck kaum nachgeben. Wichtig ist beim Aufschneiden, dass man das Messer wirklich bewegt, also dass man nicht einfach nur drückt. Übrigens, die Füllung ist schon schön salzig, das heißt, die Brüste brauchen nicht mehr von außen gewürzt werden, das macht die Füllung von ganz alleine. «

Huhn, Schwein & Rind

Krosse Brust vom »wilden« Huhn
mit lauwarmem Feldsalat

Zutaten für 4 Personen

Für das »wilde« Huhn:
2 Hähnchenbrustfilets (à ca. 200 g; mit Haut und Knochen)
Piment d'Espelette
2 Zweige Thymian
2 EL Butterschmalz

Für den Feldsalat:
100 g mehligkochende Kartoffeln
Salz · 80 g durchwachsener Räucherspeck (am Stück)
250 g Feldsalat
50 ml Gemüsebrühe
2 EL Balsamico bianco
3 EL Öl
1 TL Senf
80 g Crème fraîche
Pfeffer aus der Mühle
Zucker

1 Für das »wilde Huhn« den Backofen auf 160 °C vorheizen. Die Hähnchenbrustfilets waschen, trocken tupfen und die Haut vorsichtig ablösen. Das Fleisch mit Piment d'Espelette würzen und die Haut wieder darauflegen. Den Thymian waschen und trocken tupfen.

2 Das Butterschmalz in einer ofenfesten Pfanne erhitzen und die Hähnchenbrustfilets auf der Hautseite mit dem Thymian 5 bis 10 Minuten knusprig anbraten. Wenden und im Ofen auf der mittleren Schiene etwa 45 Minuten weitergaren.

3 Für den Feldsalat die Kartoffeln schälen, waschen und in kochendem Salzwasser etwa 25 Minuten weich garen. Den Speck in kleine Würfel schneiden und in einer Pfanne ohne Fett knusprig braten. Herausnehmen. Den Feldsalat verlesen, waschen und trocken schleudern.

4 Die Brühe, den Essig, das Öl und den Senf in einer großen Schüssel verrühren. Die Kartoffeln abgießen, ausdampfen lassen und durch die Kartoffelpresse in das Dressing drücken. Die Crème fraîche dazugeben und unterrühren. Das Dressing mit Salz, Pfeffer und 1 Prise Zucker würzen. Den Feldsalat und den Speck unter das warme Dressing mischen.

5 Die Hähnchenbrustfilets aus dem Ofen nehmen und das Fleisch von den Knochen lösen. In jeweils 2 Stücke schneiden und mit dem lauwarmen Feldsalat auf Tellern anrichten. Nach Belieben mit frischem Weißbrot als kleines Gericht oder Vorspeise servieren.

Björns Tipp

» Das Huhn wird ›wild‹ dank dem roten Pfefferschotenpulver: Piment d'Espelette ist ein AOC-geschütztes Chiligewürz aus Frankreich, das heißt, es darf nur im Ursprungsgebiet erzeugt und verarbeitet werden. Dieses Gewürz gilt als ganz besondere Delikatesse und gibt Gerichten ein leicht pikantes und fruchtig-rauchiges Aroma zugleich. «

Huhn, Schwein & Rind

Wurstsalat

Zutaten für 4 Personen

300 g Fleischwurst (in Scheiben)
1 Rettich
2 Zwiebeln
1 kleines Bund Frühlingszwiebeln
1 Glas Cornichons (190 g Abtropfgewicht)
1 Bund Petersilie
150 g Rucola
4 EL Öl
2–3 EL Weißweinessig
Salz · Pfeffer aus der Mühle
3 EL Kürbiskerne

1 Die Wurstscheiben übereinanderlegen und mit einem scharfen Messer in feine Streifen schneiden.

2 Den Rettich putzen, schälen und in feine Scheiben schneiden oder hobeln. Die Zwiebeln schälen, halbieren und in feine Streifen scheiden. Die Frühlingszwiebeln putzen, waschen und in Ringe schneiden.

3 Die Cornichons in dünne Scheiben schneiden. Die Petersilie waschen und trocken schütteln, die Blätter abzupfen und fein hacken.

4 Den Rucola verlesen, waschen und trocken schleudern, grobe Stiele entfernen. Alle vorbereiteten Zutaten in einer Schüssel mischen.

5 Das Öl und den Essig verrühren, mit Salz und Pfeffer würzen. Die Marinade über die Salatzutaten gießen und alles gut mischen. Mit Salz und Pfeffer abschmecken. Die Kürbiskerne darüberstreuen. Dazu passt frisches Bauernbrot.

Marinade für Grillfleisch

Zutaten für 4 Nackensteaks

1 EL Tomatenmark
1 Bund Thymian
2 EL Honig
2 EL Olivenöl
1 EL Erdnussbutter
1 EL Worcestershiresauce
1 TL Salz
4 Schweinenackensteaks

1 Am Vortag das Tomatenmark mit 100 ml kaltem Wasser glatt rühren. Den Thymian waschen und trocken schütteln, die Blätter abzupfen und fein hacken. Den Großteil des Thymians unter das Tomatenmark mischen, den Rest beiseitelegen. Nacheinander den Honig, das Olivenöl, die Erdnussbutter, die Worcestershiresauce und das Salz unterrühren.

2 Die Nackensteaks in die Marinade legen, den restlichen Thymian darüberstreuen und das Fleisch zugedeckt über Nacht kühl stellen und durchziehen lassen.

3 Am nächsten Tag die Marinade mit Küchenpapier etwas abtupfen und das Fleisch grillen. Je nach Dicke brauchen die Steaks kürzer oder länger auf dem Grill. Als Faustregel gilt: jede Seite etwa 4 Minuten auf dem Rost lassen.

Björns Tipp

» Mit geringem Aufwand lässt sich leicht eine eigene Marinade zubereiten. Dabei sind Ihrer Kreativität keine Grenzen gesetzt. Experimentieren Sie mit verschiedenen frischen Kräutern wie Rosmarin, Minze oder Thymian. Als Grundlage können Senf, Joghurt oder Sojasauce dienen. «

Huhn, Schwein & Rind

Mini-Strammer-Max vom Kasseler
mit Röstgemüsepüree

Zutaten für 4 Personen

1 Möhre
½ Sellerieknolle
1 Zwiebel
3 EL Butterschmalz
400 ml dunkler Bratenfond
Salz · Pfeffer aus der Mühle
frisch geriebene Muskatnuss
4 große Scheiben Pumpernickel
8 Wachteleier
1 EL Sojasauce
200 g kaltes Kasseler
(in Scheiben)

1 Den Backofen auf 180 °C vorheizen. Die Möhre und den Sellerie putzen, schälen und in Würfel schneiden. Die Zwiebel schälen und in grobe Würfel schneiden. In einem ofenfesten Topf 2 EL Butterschmalz erhitzen und das Gemüse darin anrösten. Den Fond angießen und das Gemüse zugedeckt im Ofen etwa 1 Stunde schmoren.

2 Das Röstgemüse in ein Sieb abgießen, den Fond in einem Topf auffangen und einkochen lassen. Das Gemüse mit dem Stabmixer fein pürieren, mit Salz, Pfeffer und Muskatnuss abschmecken und warm halten.

3 Die Pumpernickelscheiben in einer Pfanne ohne Fett rösten und mit einem Metallring aus jeder Scheibe jeweils 2 Kreise ausstechen. Das restliche Butterschmalz in einer Pfanne erhitzen und die Wachteleier darin zu Spiegeleiern braten.

4 Den Fond mit Sojasauce abschmecken. Aus dem Kasseler ebenfalls mit dem Metallring 8 Kreise ausstechen. Abwechselnd Pumpernickel, Röstgemüsepüree und Kasseler zu 4 Türmchen aufeinanderschichten. Dann mit je 1 Spiegelei garnieren und den Fond darum herumträufeln. Als Vorspeise servieren.

Björns Tipp

» Der Mini-Strammer-Max ist eine pfiffige Ableitung vom Bratenschnittchen – er lässt sich toll vorbereiten und kann als Vorspeise gereicht werden. Wachteleier sind kleiner als Hühnereier, eignen sich daher aber gerade zum Garnieren von Vorspeisen und sind nicht so sättigend. «

Huhn, Schwein & Rind

Klopse »Königsberger Art«
mit Mairüben und Zuckerschoten

Zutaten für 4 Personen

2 Mairüben
2 kleine Kohlrabi
20 Zuckerschoten
1,6 l Gemüsebrühe
2 Zwiebeln
6 EL Butter
600 g Schweinehackfleisch
(z.B. vom Angler Sattel-
schwein; siehe Tipp)
60 g Weißbrotbrösel
2 Eier
4 TL Dijon-Senf
Salz · Pfeffer aus der Mühle
2 EL Mehl
3–4 EL Schmand
4 EL Kapern
2 EL Kapernsud
3–4 EL Weißweinessig
Zucker
6 EL gehackte Petersilie

1 Die Mairüben und die Kohlrabi putzen, schälen und in grobe Stücke schneiden. Die Zuckerschoten putzen und waschen. Die Brühe in einem großen Topf aufkochen. Die Kohlrabi und die Mairüben dazugeben und bei schwacher Hitze etwa 5 Minuten bissfest garen. Die Zuckerschoten nach 3 Minuten hinzufügen und mitgaren.

2 Das Gemüse mit dem Schaumlöffel aus dem Topf heben und kalt abschrecken. Die Brühe warm halten.

3 Die Zwiebeln schälen und in feine Würfel schneiden. In einer Pfanne 2 EL Butter erhitzen und die Zwiebel darin andünsten.

4 Das Hackfleisch in einer großen Schüssel mit den Weißbrotbröseln, den Eiern, den gedünsteten Zwiebeln, 2 TL Senf, Salz und Pfeffer mischen. Mit angefeuchteten Händen etwa 16 Hackbällchen daraus formen und dabei gut zusammendrücken.

5 Die Klopse in der noch heißen, nicht mehr kochenden Gemüsebrühe 15 bis 20 Minuten gar ziehen lassen.

6 Die restliche Butter in einem Topf erhitzen, bis sie goldbraun ist. Das Mehl unterrühren und kurz anschwitzen. Mit 6 großen Suppenkellen Klopsbrühe (etwa 700 ml) ablöschen. Die Sauce aufkochen und nach Belieben noch etwas Brühe hinzufügen.

7 Den Schmand mit dem Schneebesen unterrühren. Die Kapern und den Kapernsud hinzufügen. Die Sauce mit dem übrigen Senf, Essig, 1 Prise Zucker, Salz und Pfeffer abschmecken. Die Petersilie unterrühren.

8 Die gegarten Klopse mit dem Schaumlöffel aus der Brühe heben. Mit dem Gemüse in die heiße Sauce geben und kurz darin ziehen lassen. Die Klopse »Königsberger Art« in tiefe Teller verteilen und servieren. Dazu schmecken Kartoffeln oder Reis.

Björns Tipp

» Das sind meine Klopse vom Angler Sattelschwein. Wenn Sie solche Schweine nicht in der Nähe wohnen haben, dann können Sie natürlich auch anderes Hackfleisch nehmen. Aber das hier ist was ganz Besonderes. Ich empfehle Ihnen, Gemüse der Saison mitzukochen. Viel Spaß dabei. «

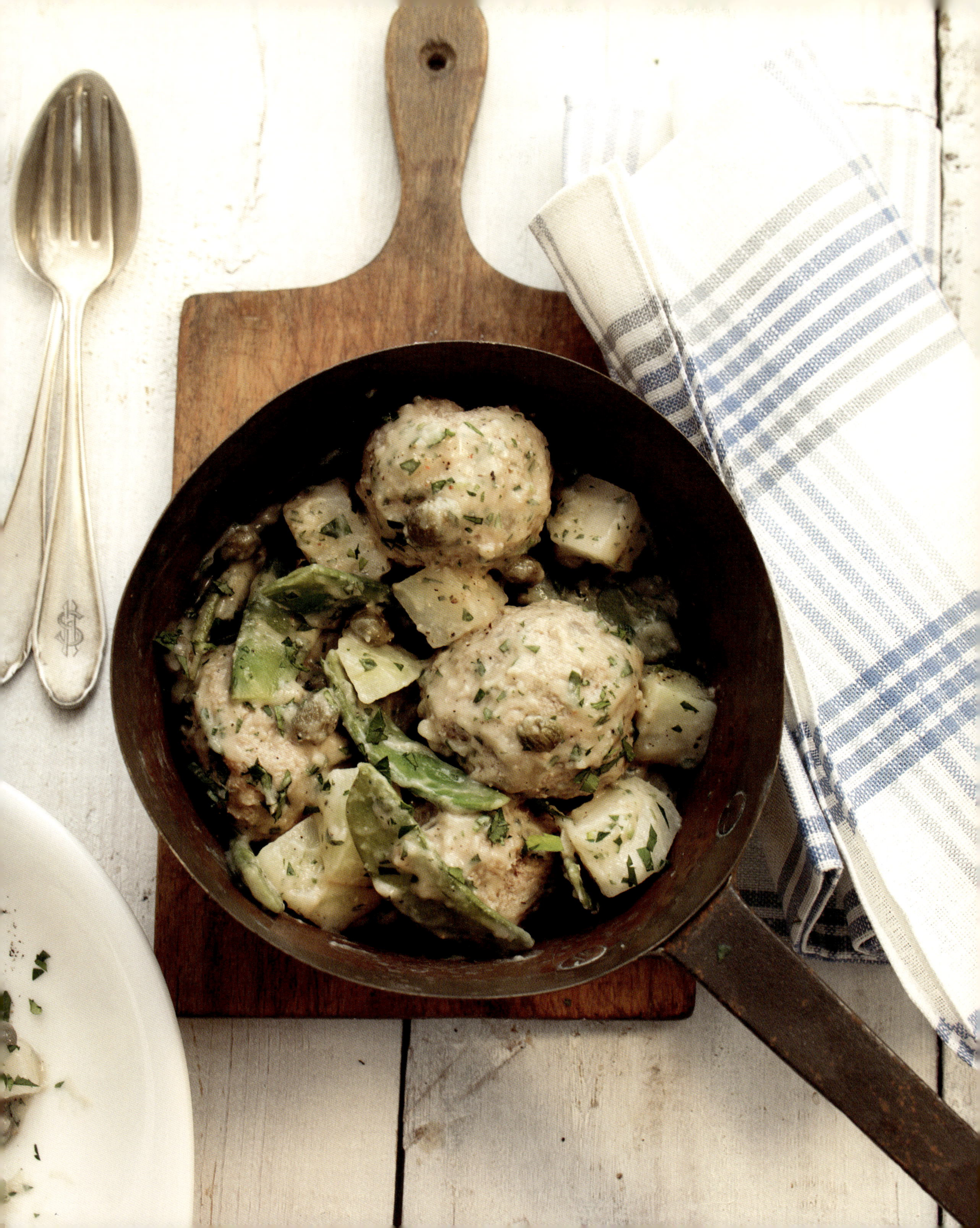

Huhn, Schwein & Rind

Schweinefilet in Parmesankruste
mit Spargel-Kohlrabi-Gemüse

Zutaten für 4 Personen

Für das Spargel-Kohlrabi-Gemüse:
16 Stangen weißer Spargel
2 Kohlrabi
Salz

Für das Schweinefilet und die Sauce:
600 g Schweinefilet
300 g Parmesan (am Stück)
ca. 100 g Mehl
3 Eier
50 g Butter
100 g Sahne
Salz · Pfeffer aus der Mühle
2 EL Öl
Saft von 1 Zitrone
½ Bund Schnittlauch
2 Stiele Petersilie
2 Stiele Zitronenmelisse

1 Für das Spargel-Kohlrabi-Gemüse den Spargel schälen, die holzigen Enden abschneiden und die Stangen schräg in kleine Stücke schneiden. Den Kohlrabi putzen, schälen, in Stücke schneiden und in kochendem Salzwasser etwa 2 Minuten blanchieren. Den Spargel dazugeben und weitere 4 Minuten garen. Die Gemüse mit dem Schaumlöffel herausheben und beiseitelegen, den Kochsud für die Sauce aufheben.

2 Für das Schweinefilet das Fleisch gegebenenfalls von Fett und Sehnen befreien. Das Filet in 8 Medaillons schneiden und diese mit dem Plattiereisen oder mit dem Stieltopf flach klopfen, bis sie etwa 1 cm dick sind.

3 Den Parmesan in eine Schüssel reiben und 2 gehäufte EL Mehl unterrühren. Die Eier dazugeben und alles zu einem sämigen Teig verrühren. Wenn der Teig zu fest sein sollte, 1 kleinen Schuss Wasser untermischen.

4 Für die Sauce die Butter in einem Topf zerlassen und erhitzen, bis sie goldbraun ist. 3 EL Mehl dazugeben und unter Rühren anschwitzen. Etwa 6 Suppenkellen vom beiseitegestellten Kochsud (etwa 400 ml) dazugießen und die Sauce dabei gut mit dem Schneebesen aufschlagen, damit keine Klümpchen entstehen. Die Sahne dazugeben und die Sauce unter Rühren kurz aufkochen lassen.

5 Das Fleisch mit wenig Salz und Pfeffer würzen. Das Öl in einer großen Pfanne erhitzen. Das restliche Mehl in einen tiefen Teller geben und das Fleisch darin wenden, überschüssiges Mehl abklopfen. Die Medaillons mit einer Gabel durch die Parmesanpanade ziehen und sofort in die Pfanne geben. Bei mittlerer Hitze auf beiden Seiten jeweils etwa 4 Minuten goldbraun braten.

6 Die Sauce mit Zitronensaft, Salz und Pfeffer abschmecken. Den Spargel und den Kohlrabi hinzufügen und kurz erwärmen. Die Kräuter waschen und trocken schütteln, den Schnittlauch in feine Röllchen schneiden, von der Petersilie und der Melisse die Blätter abzupfen und fein hacken. Die Kräuter unter das Gemüse mischen.

7 Das Spargel-Kohlrabi-Gemüse auf Teller verteilen. Die Schweinemedaillons jeweils halbieren und darauf anrichten.

Björns Tipp

» Die Medaillons sollten auf jeden Fall schön dünn sein, denn so garen sie schneller und die Panade verbrennt nicht. «

Huhn, Schwein & Rind

Sauerbraten vom Schweinefilet
mit Kirsch-Chutney

Zutaten für 4 Personen

Für die Marinade:
100 g Knollensellerie
100 g Möhre · 2 Zwiebeln
je 1 Zweig Rosmarin und Thymian
50 g Butterschmalz
1 EL Tomatenmark
2 Lorbeerblätter
1 EL Wacholderbeeren
1 EL Gewürznelken
100 ml Aceto balsamico
150 ml Rotwein
150 ml roter Portwein

Für den Sauerbraten:
800 g Schweinfilet
Salz · Pfeffer aus der Mühle
50 g kalte Butter · Zucker
3 EL Butterschmalz

Für das Kirsch-Chutney:
300 g Kirschen
2 EL brauner Zucker
1 EL Aceto balsamico
Pfeffer aus der Mühle

Für das Pastinakenpüree:
3 Pastinaken
Salz · Saft von 1 Zitrone
1 EL Butter · 50 g Sahne
Pfeffer aus der Mühle
frisch geriebene Muskatnuss

1 Am Vortag für die Marinade den Sellerie und die Möhre putzen, schälen und in Würfel schneiden. Die Zwiebeln schälen und in feine Würfel schneiden. Den Rosmarin und den Thymian waschen und trocken tupfen.

2 Das Butterschmalz in einem Topf erhitzen und Gemüse darin anrösten. Das Tomatenmark, Rosmarin, Thymian und die Gewürze hinzufügen und kurz mitrösten. Den Essig, den Rotwein und den Portwein hinzufügen und 10 Minuten köcheln lassen. Die Marinade abkühlen lassen.

3 Für den Sauerbraten das Filet gegebenenfalls von Fett und Sehnen befreien, in 4 Stücke schneiden und in die Marinade legen. In den Kühlschrank stellen und zugedeckt mindestens 12 Stunden marinieren.

4 Am nächsten Tag für das Kirsch-Chutney die Kirschen waschen und entsteinen. Den braunen Zucker in einem Topf bei mittlerer Hitze karamellisieren, die Kirschen und den Essig dazugeben und etwa 5 Minuten köcheln lassen. Mit Pfeffer würzen.

5 Das Schweinefilet aus der Marinade nehmen und mit Küchenpapier abtupfen. Das Fleisch mit Salz und Pfeffer würzen. Die Marinade in einem Topf auf ein Viertel einköcheln lassen und mit der kalten Butter binden. Mit 1 Prise Zucker abschmecken.

6 Den Backofen auf 90 °C vorheizen. Das Butterschmalz in einer Pfanne erhitzen und das Schweinefilet darin bei starker Hitze auf jeder Seite etwa 3 Minuten braten. Das Fleisch und die Sauce auf ein Backblech oder in eine große Auflaufform geben und im Ofen auf der mittleren Schiene etwa 15 Minuten ziehen lassen.

7 Für das Pastinakenpüree die Pastinaken putzen, schälen, in Würfel schneiden und in kochendem Salzwasser mit dem Zitronensaft etwa 10 Minuten garen. Die Pastinaken in ein Sieb abgießen und zurück in den Topf geben. Die Butter und die Sahne dazugeben und die Pastinaken mit dem Stabmixer pürieren. Mit Salz, Pfeffer und Muskatnuss abschmecken.

8 Das Schweinefilet aus dem Ofen nehmen und in Scheiben schneiden. Mit der Sauce und dem Pastinakenpüree auf Teller verteilen und das Kirsch-Chutney dazu servieren.

Huhn, Schwein & Rind

Gefülltes Schweinefilet
mit Frühlingskräutern und Kartoffelsalat

Zutaten für 4 Personen

Für das gefüllte Schweinefilet:
600 g Schweinefilet
2 EL Estragonsenf
je ½ Bund Estragon und Petersilie
3–4 frische Lorbeerblätter
4 Scheiben Lardo (ital. fetter Speck)
Salz · Pfeffer aus der Mühle
2 EL Öl

Für den Kartoffelsalat:
500 g kleine festkochende Kartoffeln
je 1 grüne und rote Spitzpaprika
1 Zwiebel
1 Knoblauchzehe
2 EL Olivenöl
2 EL Balsamico bianco
1 TL Kapern
1 EL Pommery-Senf (ersatzweise Dijon-Senf)
2 EL Crème fraîche
Salz · Pfeffer aus der Mühle
Zucker

1 Für das Schweinefilet den Backofen auf 160 °C vorheizen. Das Schweinefilet gegebenenfalls von Fett und Sehnen befreien und mit einem scharfen Messer der Länge nach eine Tasche einschneiden. Mit dem Senf ausstreichen.

2 Die Kräuter waschen und trocken schütteln. Vom Estragon und der Petersilie die Blätter abzupfen und mit den Lorbeerblättern fein hacken. Das Fleisch mit dem Lardo und den gehackten Kräutern füllen, mit Salz und Pfeffer würzen und die Öffnung mit Holzspießchen verschließen.

3 Das Öl in einer ofenfesten Pfanne erhitzen und das Filet darin auf jeder Seite etwa 4 Minuten braten. Das Fleisch im Ofen auf der mittleren Schiene etwa 20 Minuten weitergaren.

4 Für den Kartoffelsalat die Kartoffeln schälen, waschen und in Würfel schneiden. Die Paprikaschoten längs halbieren, entkernen, waschen und ebenfalls in Würfel schneiden. Die Zwiebel und den Knoblauch schälen und in feine Würfel schneiden.

5 Das Olivenöl in einer Pfanne erhitzen, die Kartoffeln und die Paprikaschoten darin anbraten. Dann bei mittlerer Hitze etwa 10 Minuten weitergaren. 3 EL warmes Wasser, den Essig, die Kapern und den Senf unterrühren. Die Crème fraîche kurz vor dem Anrichten untermischen und den Salat mit Salz, Pfeffer und 1 Prise Zucker abschmecken.

6 Das Fleisch aus dem Ofen nehmen und kurz ruhen lassen. In Scheiben schneiden und mit dem Kartoffelsalat anrichten.

Björns Tipp

» Bei diesem Salat handelt es sich um eine Art Bratkartoffelsalat, bei dem die Kartoffeln sehr intensiv schmecken, da sie nicht vorher gekocht wurden. Er hat eine schöne bunte Farbe und schmeckt durch die Zugabe von Crème fraîche sehr frisch. «

Huhn, Schwein & Rind

Filet von der Wildwutz
mit Schokoladenjus im Mohnflädlenest

Zutaten für 4 Personen

Für die Birnenkugeln:
2 Birnen · 2 EL Zucker
100 ml Birnensaft

Für die Mohnflädle:
½ l Milch
200 g Mehl · 1 Ei
50 g gemahlener Mohn
1 EL Zucker
Salz · Pfeffer aus der Mühle
frisch geriebene Muskatnuss
1–2 EL Öl

Für die Schokoladenjus
und das Wildschwein:
½ l dunkler Wildfond
50 g Zartbitterschokolade
2 EL Speisestärke · 50 g Butter
500 g Frischlingsfilet (beim Metzger vorbestellen; ersatzweise Wildschweinfilet)
Salz · Pfeffer aus der Mühle
2 EL Öl

1 Für die Birnenkugeln die Birnen halbieren, schälen und die Kerngehäuse entfernen. Mit einem Kugelausstecher Kugeln ausstechen. Den Zucker in einen Topf geben und karamellisieren. Die Birnenkugeln dazugeben. Den Birnensaft dazugießen und aufkochen. Den Topf vom Herd nehmen und die Birnen beiseitestellen.

2 Für die Mohnflädle die Milch, das Mehl, das Ei und den Mohn in eine Schüssel geben und alles zu einem glatten Pfannkuchenteig verrühren. Mit Zucker, Salz, Pfeffer und Muskatnuss würzen.

3 Den Backofen auf 100 °C vorheizen. Das Öl in einer Pfanne erhitzen und aus dem Teig nacheinander sehr dünne Pfannkuchen backen. Die Pfannkuchen aufrollen, quer in dünne Streifen schneiden und im Backofen warm halten.

4 Für die Schokoladenjus den Fond in einen Topf geben und auf die Hälfte einkochen lassen. Die Schokolade fein reiben. Die Speisestärke mit wenig kaltem Wasser glatt rühren und den Fond damit binden. Die Butter und die Schokolade einrühren.

5 Das Frischlingsfilet in 4 Steaks schneiden und mit Salz und Pfeffer würzen. Das Öl in einer Pfanne erhitzen und die Steaks darin auf beiden Seiten insgesamt etwa 5 Minuten rosa braten.

6 Das Fleisch mit den Mohnflädle, der Sauce und den Birnenkugeln auf vorgewärmten Tellern anrichten und servieren.

Björns Tipp

》 Das Frischlingsfleisch schmeckt mild, hat aber dennoch ein schönes Wildaroma, und das Filet ist superzart. Die Birne ist der klassische Begleiter zum Wild und harmoniert gut mit der Schokolade. 《

Huhn, Schwein & Rind

Wildschwein im Zimtduft
mit Feigenconfit und karamellisiertem Rosenkohl

Zutaten für 4 Personen

Für das Feigenconfit:
4 Feigen · 2 EL Zucker
2 TL Senfsamen
1 TL Senfpulver

Für das Wildschwein:
500 g Wildschweinrücken
Salz · Pfeffer aus der Mühle
2 Zimtstangen
100 ml Milch

Für den Rosenkohl:
300 g Rosenkohl · Salz
1 EL braune Butter
2 EL Puderzucker
frisch geriebene Muskatnuss

1 Für das Feigenconfit die Feigen waschen, die Stiele abschneiden und die Früchte vierteln. Den Zucker in einem kleinen Topf karamellisieren, die Feigen darin andünsten und etwas einkochen lassen. Die Senfsamen kurz in kochendem Wasser blanchieren und mit dem Senfpulver unter das Confit rühren.

2 Für das Wildschwein den Wildschweinrücken mit Salz und Pfeffer würzen. Mit den Zimtstangen und der Milch in einen Kunststoffbeutel geben und vakuumieren (siehe Tipp). In einem Topf reichlich Wasser auf 60 °C erhitzen und das Fleisch darin etwa 20 Minuten ziehen lassen.

3 Für den Rosenkohl die Röschen putzen, waschen und längs halbieren. Den Rosenkohl in kochendem Salzwasser etwa 4 Minuten garen, abgießen und auf kleine Holzspießchen stecken. Die braune Butter in einer Pfanne erhitzen und die Rosenkohlspieße darin wenden, dabei immer wieder mit etwas Puderzucker bestäuben. Den Rosenkohl mit Salz und Muskatnuss würzen.

4 Das Fleisch aus der Folie nehmen und mit Salz würzen. Die Oberfläche mit dem Flambierbrenner bräunen. Den Wildschweinrücken in Scheiben schneiden und mit dem Feigenconfit und den Rosenkohlspießchen auf vorgewärmten Tellern anrichten.

Björns Tipp

» Um das Fleisch einzuschweißen, benötigen Sie ein einfaches Folien-Schweißgerät – oder Sie fragen nett Ihren Metzger. Die Milch nimmt den Zimtgeschmack beim Garen toll auf und gibt sie anschließend an das Fleisch ab. Die Temperatur hält man, indem man ab und zu die Temperatur im Topf misst und entsprechend reguliert oder indem man das Fleisch bei einer Temperatur von 90 °C im Wasserbad im Ofen gart. «

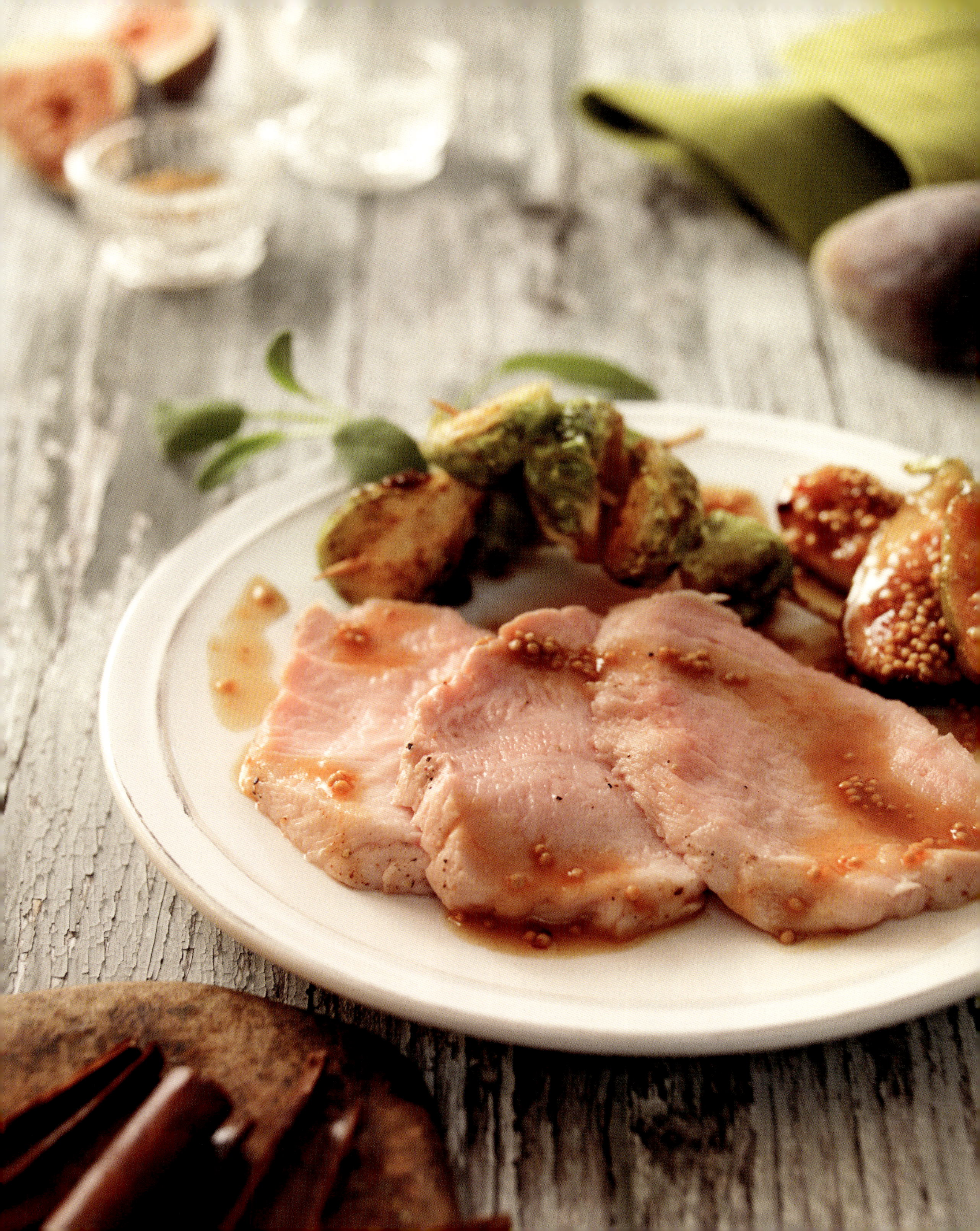

Huhn, Schwein & Rind

Kalbsbuletten
mit Pflaumen, Selleriepüree und Feldsalat

Zutaten für 4 Personen

Für die Kalbsbuletten:
1 Brötchen (vom Vortag)
ca. 12 Pflaumen
1 große Zwiebel
400 g Kalbshackfleisch
(aus der Oberschale)
2 Eier
ca. 200 g Weißbrotbrösel
1 EL Dijon-Senf
Salz · Pfeffer aus der Mühle
4 EL Öl

Für das Selleriepüree:
1 Knollensellerie
Saft von 1 Zitrone
Salz · 50 g Butter
1-2 Vanilleschoten
125 ml warme Milch
Pfeffer aus der Mühle

Für den Feldsalat:
250 g Magerjoghurt
2 EL Olivenöl
1 EL Dijon-Senf
4 EL Gartenkresse
Salz · Pfeffer aus der Mühle
ca. 1 TL Zucker
200 g Feldsalat

1 Für die Buletten das Brötchen in einer kleinen Schüssel in Wasser einweichen. Die Pflaumen waschen, entsteinen und in Würfel schneiden. Die Zwiebel schälen und in sehr feine Würfel schneiden. Das Kalbshackfleisch, die Zwiebel, die Eier, 100 g Weißbrotbrösel, den Senf und nach Belieben 1 Spritzer Chilisauce sowie Salz und Pfeffer in eine Schüssel geben. Das eingeweichte Brötchen ausdrücken und dazugeben. Die Masse – am besten mit den Händen – gut mischen, abschmecken und eventuell nachwürzen.

2 Aus dem Hackfleischteig mit angefeuchteten Händen 8 oder 12 mit Pflaumenwürfeln gefüllte Buletten herstellen. Dafür jeweils ein Bällchen formen, in die Mitte eine Mulde drücken, einige Pflaumenwürfel hineingeben und in das Fleisch einrollen. Die Hackfleischbällchen etwas flach drücken.

3 Für das Selleriepüree den Sellerie putzen, schälen und in grobe Würfel schneiden. In einem Topf etwa ½ l Salzwasser zum Kochen bringen und den Zitronensaft dazugeben. Die Selleriewürfel darin zugedeckt 15 bis 20 Minuten weich garen.

4 Die restlichen Weißbrotbrösel in einen tiefen Teller geben und die Buletten darin wenden. Das Öl in einer Pfanne erhitzen und die Buletten darin bei mittlerer Hitze auf jeder Seite 4 bis 5 Minuten braten.

5 Für den Feldsalat den Joghurt, das Olivenöl und den Senf verrühren. Die Kresse hinzufügen. Mit Salz, Pfeffer und Zucker abschmecken. Den Feldsalat verlesen, waschen und trocken schleudern.

6 Die Selleriewürfel in ein Sieb abgießen und wieder in den Topf geben. Die Butter hinzufügen und den Sellerie unter Rühren kurz anbraten. Die Vanilleschoten längs aufschneiden und das Mark mit einem spitzen Messer herauskratzen. Das Vanillemark unter den Sellerie mischen. Den Topf vom Herd nehmen, die Milch dazugießen und alles mit dem Stabmixer pürieren. Eventuell noch etwas Milch dazugeben. Das Selleriepüree mit Salz und Pfeffer abschmecken.

7 Den Feldsalat auf großen Tellern anrichten. Die Buletten aus der Pfanne nehmen und nach Belieben halbieren. Neben dem Feldsalat und dem Selleriepüree anrichten. Zuletzt das Dressing über den Salat geben.

Huhn, Schwein & Rind

Wirsingrouladen
mit Salzkartoffeln

Zutaten für 4-6 Personen

1 Brötchen (vom Vortag)
1 Wirsing · Salz
1 kg Kalbshackfleisch
2 EL Tomatenmark
2 EL Senf
2 EL Paprikapulver (edelsüß)
Pfeffer aus der Mühle
1 Knollensellerie
2 Pastinaken
2 Möhren
2 rote Zwiebeln
3 EL Öl
100 g Frühstücksspeck (in dünnen Scheiben)
2 Lorbeerblätter
½ l Rotwein
600 ml Bratenfond
500 g passierte Tomaten
800 g festkochende Kartoffeln

1 Das Brötchen in einer kleinen Schüssel in Wasser einweichen. Für 6 Rouladen vom Wirsing 12 große Blätter (je nach Größe auch mehr) ablösen und etwa 1 Minute in reichlich sprudelnd kochendem Salzwasser blanchieren. Herausnehmen und kalt abschrecken. Die Blätter abtropfen lassen und trocken tupfen. Die dicken Blattrippen flach schneiden.

2 Das Kalbshackfleisch in eine Schüssel geben. Das eingeweichte Brötchen ausdrücken und dazugeben. Das Tomatenmark, den Senf und das Paprikapulver hinzufügen. Mit Salz und Pfeffer würzen. Alle Zutaten mit den Händen gut durchkneten.

3 Für jede Roulade je nach Größe 2 (oder mehr) Wirsingblätter etwas überlappend aufeinanderlegen und etwas Hackfleischfüllung daraufgeben. Die Blätter seitlich einschlagen, aufrollen und mit Küchengarn umwickeln.

4 Den Sellerie, die Pastinaken und die Möhren putzen, schälen und in Würfel schneiden. Die Zwiebeln schälen und in feine Würfel schneiden.

5 In einem Bräter 2 EL Öl erhitzen und die Rouladen darin rundum hellbraun anbraten. Aus dem Bräter nehmen und beiseitestellen.

6 Das restliche Öl im Bräter erhitzen, die Gemüsewürfel und den Speck darin anbraten. Die Lorbeerblätter dazugeben. Mit dem Wein ablöschen und den Fond und die passierten Tomaten hinzufügen. Die Wirsingrouladen dazugeben. Mit Pfeffer würzen und etwa 30 Minuten schmoren.

7 Inzwischen die Kartoffeln schälen, waschen und in kochendem Salzwasser 20 bis 25 Minuten weich garen.

8 Die Wirsingrouladen vorsichtig aus dem Bräter heben. Die Lorbeerblätter und den Frühstücksspeck herausnehmen. Die Sauce mit dem Stabmixer pürieren und mit Salz und Pfeffer abschmecken. Das Garn von den Rouladen wickeln. Die Kartoffeln abgießen, ausdampfen lassen und mit den Rouladen, der Tomatensauce und nach Belieben mit dem Frühstücksspeck auf den Tellern anrichten.

Huhn, Schwein & Rind

Kalbstafelspitz
auf Steckrübengemüse mit Meerrettichsauce

Zutaten für 4 Personen

Für den Kalbstafelspitz:
1 kg Kalbstafelspitz
1 Bund Suppengemüse
1 Zweig Thymian
1 Lorbeerblatt

Für das Petersilienpesto:
1-2 Bund Petersilie
100 ml Olivenöl
½ TL abgeriebene
unbehandelte Zitronenschale
Salz · Pfeffer aus der Mühle

Für das Steckrübengemüse:
1 Steckrübe (ca. 400 g)
2 Möhren
400 g festkochende Kartoffeln
2 EL Butter
Zitronensaft
Salz · Pfeffer aus der Mühle

Für die Meerrettichsauce:
50 g Butter · 30 g Mehl
200 g Sahne
Salz · Pfeffer aus der Mühle
frisch geriebener Meerrettich

1 Für den Kalbstafelspitz das Fleisch in einen Topf mit siedendem Wasser geben und bei schwacher Hitze 1½ bis 2 Stunden ziehen lassen. Dabei ab und zu mit dem Schaumlöffel den aufsteigenden Schaum abschöpfen. Das Suppengemüse putzen, waschen bzw. schälen und in Stücke schneiden. Den Thymian waschen. Das Suppengemüse nach etwa 1 Stunde Garzeit mit dem Thymian und dem Lorbeerblatt zum Fleisch geben.

2 Für das Petersilienpesto die Petersilie waschen und trocken schütteln, die Blätter abzupfen und in einen hohen Rührbecher geben. Das Olivenöl und die Zitronenschale dazugeben und alle Zutaten mit dem Stabmixer zu einem feinen Pesto pürieren. Mit Salz und Pfeffer abschmecken.

3 Das Fleisch aus dem Topf nehmen und warm halten. Die Brühe durch ein feines Sieb gießen und auffangen. Das Suppengemüse entfernen.

4 Für das Steckrübengemüse die Steckrübe und die Möhren putzen und schälen. Die Kartoffeln schälen und waschen. Alles in gleich große Würfel schneiden. Die Butter in einem Topf erhitzen und das Gemüse darin andünsten. Etwa 200 ml Tafelspitzbrühe dazugießen und etwa 10 Minuten köcheln lassen. Das Gemüse mit Zitronensaft, Salz und Pfeffer abschmecken.

5 Für die Meerrettichsauce die Butter in einem Topf erhitzen, das Mehl dazugeben und unter Rühren darin anschwitzen. Nach und nach etwa 400 ml Tafelspitzbrühe unterrühren, die Sahne angießen und die Sauce kurz köcheln lassen. Mit Salz, Pfeffer und geriebenem Meerrettich abschmecken.

6 Den Tafelspitz in Scheiben schneiden und mit dem Steckrübengemüse und der Meerrettichsauce anrichten. Das Pesto dazu reichen.

Björns Tipp

» Der Kalbstafelspitz ist durch seine Beschaffenheit noch zarter als Rindertafelspitz und somit etwas ganz Besonderes. Sollte vom Braten etwas übrig bleiben, kann man es in den nächsten Tagen wunderbar aufwärmen. «

Huhn, Schwein & Rind

Westfälisches Zwiebelfleisch
mit Petersilienpüree und blauen Kartoffelchips

Zutaten für 4 Personen

Für das Zwiebelfleisch und die Sauce:
1 Bund Suppengemüse
1 Zwiebel
800 g Rindfleisch (Tafelspitz)
Salz · Pfeffer aus der Mühle
2 EL Öl
1 1/2 Liter Gemüse- oder Fleischbrühe
3 Lorbeerblätter
2 Gemüsezwiebeln
2 EL Butter
1 EL mittelscharfer Senf
1 EL Zucker
50 ml Weinessig
1 EL Mehl
2 EL Crème fraîche

Für das Petersilienpüree:
400-500 g Petersilie
Salz · 1 Zwiebel
2 EL Öl
Pfeffer aus der Mühle
frisch geriebene Muskatnuss

Für die Kartoffelchips:
4 blaue Kartoffeln (z.B. Truffe de Chine) · Öl zum Frittieren
Fleur de Sel

1 Für das Zwiebelfleisch das Suppengemüse putzen und waschen bzw. schälen und in grobe Würfel schneiden. Die Zwiebel schälen und ebenfalls in grobe Würfel schneiden. Das Rindfleisch mit Salz und Pfeffer würzen.

2 Das Öl in einem Bräter erhitzen und das Fleisch darin rundum hellbraun anbraten. Mit der Brühe ablöschen. Die Lorbeerblätter, das Gemüse und die Zwiebel dazugeben und das Fleisch zugedeckt bei schwacher Hitze mindestens 2 Stunden garen.

3 Inzwischen für das Petersilienpüree die Petersilie waschen und trocken schütteln, grobe Stiele entfernen. In kochendem Salzwasser etwa 8 Minuten blanchieren, herausnehmen und kalt abschrecken. Die Zwiebel schälen, in grobe Würfel schneiden und im Öl andünsten. Mit Salz, Pfeffer und Muskatnuss würzen und zusammen mit der Petersilie im Küchenmixer oder mit dem Stabmixer fein pürieren.

4 Das Fleisch aus der Brühe nehmen, in etwa 1 1/2 cm dicke Scheiben schneiden und beiseitestellen. Die Brühe durch ein Sieb gießen, auffangen und beiseitestellen. Das Gemüse und die Lorbeerblätter entfernen.

5 Für die Sauce die Gemüsezwiebeln schälen und in Streifen schneiden. Die Butter in einer Pfanne erhitzen und die Zwiebeln darin glasig dünsten. Den Senf, den Zucker, etwas Salz und den Essig dazugeben. Die Zwiebeln leicht mit dem Mehl bestäuben und dieses unterrühren. Die beiseitegestellte Fleischbrühe dazugießen und die Sauce etwa 20 Minuten köcheln lassen.

6 Für die Kartoffelchips die Kartoffeln schälen, waschen und auf der Aufschnittmaschine oder mit dem Gemüsehobel in dünne Scheiben schneiden oder hobeln. In einem großen Topf reichlich Öl erhitzen - es ist heiß genug, wenn sich an einem hineingehaltenen Holzlöffelstiel Blasen bilden - und die Kartoffelscheiben darin kurz frittieren. Mit dem Schaumlöffel herausheben, auf Küchenpapier abtropfen lassen und mit dem Fleur de Sel würzen.

7 Die Crème fraîche unter die Sauce rühren und nochmals mit Salz, Pfeffer, Essig und Zucker abschmecken. Die Fleischscheiben in die Sauce legen und erwärmen. Das Zwiebelfleisch mit etwas Sauce auf Teller verteilen. Das Petersilienpüree und die Kartoffelchips daneben anrichten.

Björns Tipp

» Bei den Kartoffelchips sollte man beachten, dass das Öl auf jeden Fall eine Temperatur von 160°C hat. Ist es zu kalt, werden die Kartoffeln matschig. Und nicht zu lange frittieren - sonst verlieren sie an Farbe! «

Huhn, Schwein & Rind

Lende vom Weideochsen
mit sautierten Pfefferkirschen und Sesam-Bandnudeln

Zutaten für 4 Personen

Für die Sesam-Bandnudeln:
3 Eigelb
1 EL Sesamöl
Salz
150 g Mehl und Mehl für die Arbeitsfläche
150 g Hartweizengrieß
1–2 EL Butter
5 EL Weißbrotbrösel
3 EL Sesamsamen

Für die Ochsenlende:
600 g Ochsen- oder Rinderfilet
Meersalz
1 EL Öl
250 g Kirschen
4 cl Crème de Cassis (Schwarzer Johannisbeerlikör)
100 ml dunkler Bratenfond
Pfeffer aus der Mühle

1 Für die Sesam-Bandnudeln die Eigelbe, Sesamöl, 1 TL Salz und 2 EL Wasser mit den Knethaken des Handrührgeräts gut mischen. Nach und nach das Mehl und den Grieß unterrühren und alles zu einem glatten Teig verkneten. Falls nötig, noch etwas Mehl einarbeiten. Den Teig zu einer Kugel formen, in Frischhaltefolie wickeln und 1 Stunde kühl stellen.

2 Den Nudelteig mit der Nudelmaschine oder mit dem Nudelholz auf der bemehlten Arbeitsfläche zu möglichst dünnen Bahnen ausrollen und anschließend aus den Bahnen 8 mm breite Bandnudeln schneiden. Diese auf einem Küchentuch auslegen und etwas antrocknen lassen.

3 Für die Ochsenlende den Backofen auf 160 °C vorheizen. Das Fleisch mit Meersalz würzen. Das Öl in einer ofenfesten Pfanne erhitzen und das Fleisch darin rundum etwa 5 Minuten anbraten. Das Fleisch im Ofen auf der mittleren Schiene 10 Minuten garen.

4 Für die Nudeln die Butter zerlassen und mit den Weißbrotbröseln und dem Sesam verrühren. Die Nudeln in reichlich kochendem Salzwasser etwa 2 Minuten garen, in ein Sieb abgießen, abtropfen lassen und anschließend in den noch warmen Butterbröseln schwenken.

5 Die Kirschen waschen, entsteinen und mit dem Cassis in einer Pfanne erhitzen. Den Fond angießen und die Sauce mit reichlich Pfeffer und 1 Prise Salz abschmecken.

6 Das Fleisch aus dem Ofen und in Scheiben schneiden. Mit den Sesam-Bandnudeln, den Pfefferkirschen und der Sauce auf Tellern anrichten.

Björns Tipp

» Der Ochse ist ein kastrierter Bulle, der ein Leben mit weniger Adrenalinausschüttung lebt. Das macht das Fleisch noch mürber und zarter. Da es kein Gericht für jeden Tag ist, sollte man auf die Qualität Wert legen und darauf achten, dass das Fleisch gut abgehangen und leicht mit Fett marmoriert ist. «

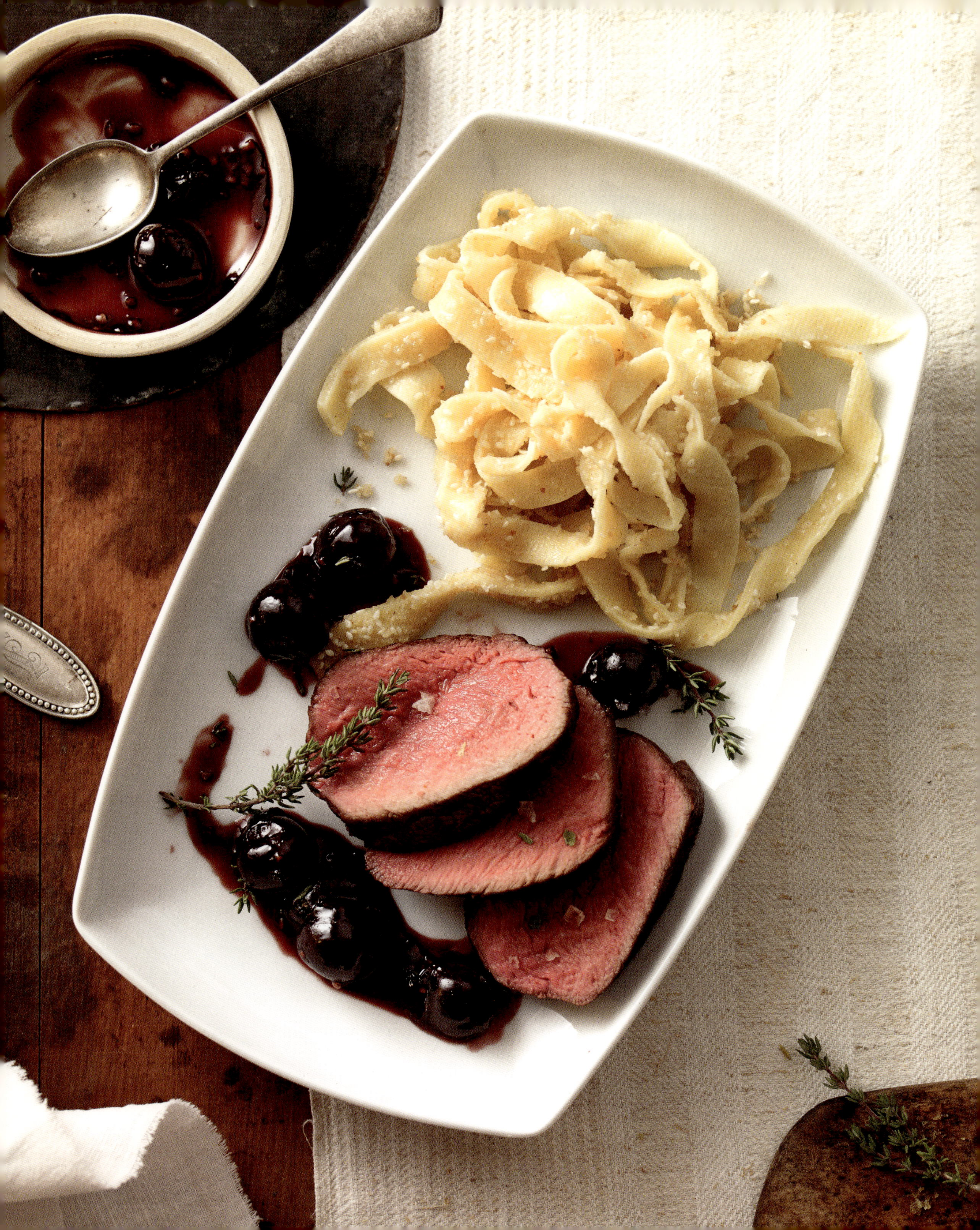

Möhre, Pastinake & Sellerie

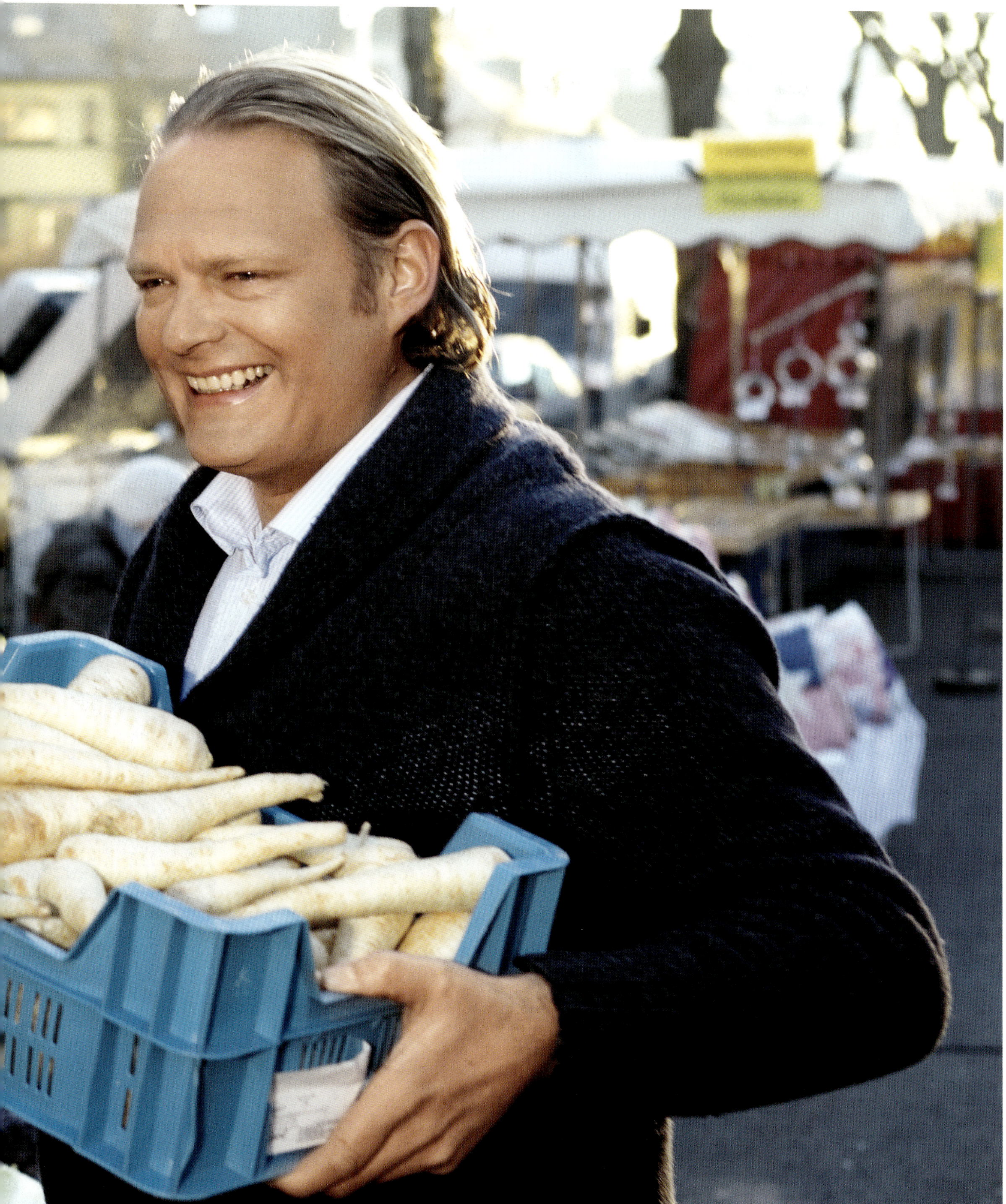

Möhre, Pastinake & Sellerie

Möhre

Möhren sind eigentlich immer da. In den meisten Kühlschränken der Nation liegen sie wie selbstverständlich herum. Völlig zu Recht. Nicht nur für Babybrei sind sie die erste Wahl, auch in der Sterneküche können sie durchaus mithalten. Ob es nun junge, feine Möhrchen sind, die schon im Frühjahr geerntet werden, oder die kräftigeren Sommer- und Spätmöhren – ich mag sie alle. Die orangefarbene Rübe wird hier und dort Karotte genannt, das ist zunächst abhängig von der Region. Allgemein sagt man aber auch, dass Karotten eher gedrungen sind und nach unten spitz zulaufen, Möhren dagegen haben eine längliche, walzenähnliche Form. Wie auch immer – ich mache da nicht den großen Unterschied.

Lagerung: Möhren kann man einigermaßen gut aufheben, obwohl sie dabei auch nicht besser werden. Aber im Gemüsefach des Kühlschranks halten sie in der Regel schon eine gute Woche durch. Dabei sollten sie locker liegen und nicht eng in Plastikfolie eingepackt sein. Immer mal nachsehen, ob ggf. das Kraut oder auch die Wurzeln selbst faulen. Kräftige Wintermöhren kann man in dunklen, kühlen, luftigen Räumen sogar wochenlang lagern.

Küche: Schälen oder nicht Schälen? Das ist immer wieder eine gute Frage. Ich finde, es kommt darauf an: Eine junge, knackige und feine Möhre wasche ich lediglich, wenn nötig, dann bürste ich sie leicht. Ist die Schale gröber und nicht so makellos, dann schabe ich die Wurzel mit einem Messer unter fließendem Wasser ab. Nur, wenn es sich um Lagermöhren handelt, greife ich zum Sparschäler. Immer daran denken: Einmal geschält, verliert sie schnell die schöne orange Farbe, daher immer sofort weiterverarbeiten, mit Zitronensaft beträufeln oder in Zitronenwasser legen.

Ob roh oder gekocht, geschmort, als Salat, Suppe, Gemüsebeilage oder Kuchen, die Möhre macht vor nichts halt. Eine gute Möhre schmeckt süßlich, nussig und mild. Daher passt auch so viel zu ihr. Klassiker sind Rezepte mit Estragon, Petersilie oder Kerbel. Exotisch wird es mit Koriander, Ingwer, Curry, Muskatnuss oder Minze.

Ernährungstipp von Anja Tanas

>> Rohe Möhren zu knabbern ist lecker und gesund. Da die Rüben aber sehr feste Zellstrukturen haben, kann es von Vorteil sein, wenn man sie hin und wieder auch als Saft oder leicht gegart genießt. Dann sind beispielsweise die gesundheitsfördernden Carotinoide besser vom Körper aufzunehmen. Da die gelb-orangen Pflanzenfarbstoffe fettlöslich sind, sollte man immer dafür sorgen, dass man gleichzeitig auch etwas Öl oder Fett zu sich nimmt. <<

Möhre, Pastinake & Sellerie

Pastinake

Pastinake, das klingt irgendwie verstaubt – aber nicht umsonst war das kegelförmige Gemüse einst bei uns ein wichtiges Grundnahrungsmittel. Doch dann kamen die südamerikanischen Kartoffeln und es war um die Pastinake geschehen. Verdient hat sie das nicht, daher ist die süßlich-nussig schmeckende Wurzel bei mir ein gern gesehener Gast in der Küche.

Einkauf & Lagerung: Ab Oktober kann man Pastinaken frisch geerntet kaufen, den ganzen Winter über gibt es Lagerware. Eine gute Pastinake ist hart, lässt sich nicht verbiegen und ist außen fest und glatt. So bleiben sie über Monate, wenn sie dunkel, kühl und luftig sowie trocken gelagert werden.

Küche: Pastinaken kurz waschen, dünn schälen und dann nach Belieben klein schneiden. Ganz einfach ist es, sie in Wasser zu garen. Aber es geht auch ungekocht, als geraspelter Rohkostsalat. Oder garen Sie sie wie eine Ofenkartoffel im Ganzen in Alufolie. Sie schmeckt als Püree, in deftigen Eintöpfen oder frittiert als knusprige Beilage zu Fleischgerichten.

Ernährungstipp von Anja Tanas

» Das Wurzelgemüse ist sehr sättigend und nahrhaft. Ätherische Öle wie das Myristicin fördern die Verdauung und lindern so Magen- und Darmbeschwerden. Eintöpfe werden durch Zugabe von Pastinaken besser verträglich. «

Sellerie

Lagerung: Sellerieknollen mit Blattgrün sollte man kühl und dunkel lagern und natürlich nicht wochenlang aufbewahren. Wie jedes andere frische Wurzelgemüse – etwa Möhren und Rote Bete – sollte auch Sellerie innerhalb der Zeit verspeist werden, in der das Blattgrün noch frisch ist. Zum Einlagern im Herbst wird von der Wurzelknolle der Blattschopf entfernt. Dann nämlich kann man sie gut überwintern, natürlich im klimatisierten, nicht zu trockenen Keller. Richtig aufbewahrt reicht der Vorrat bis in den frühen Sommer, wenn wieder Sellerie aus der neuen Ernte zur Verfügung steht.

Küche: Knollensellerie ist ja schon fast eher ein Gewürz als ein Gemüse. Sein herzhaftes Aroma verleiht so manch einem Gericht erst den richtigen Pfiff. Aber um ein Dasein als Bestandteil von Suppengemüse zu fristen, ist die Knolle doch viel zu schade. Bei mir ist das heimische Wintergemüse oft Hauptdarsteller, allen voran bei Pürees und Cremesuppen. Paniert als Gemüseschnitzel, betört es auch manch einen Fleischesser, ganz zu schweigen von seinen Talenten als rohe Zutat für Salate!

Ernährungstipp von Anja Tanas

» Knollen-, aber auch Stangensellerie, ist ausgesprochen gesund für unsere Zähne. Im Mund- und Rachenraum wirken die in Sellerie enthaltenen Naturstoffe unliebsamen Bakterien entgegen. Zudem wird die Speichelbildung angeregt, wodurch die Zähne gut umspült und schädliche Säuren neutralisiert werden. «

Möhre, Pastinake & Sellerie

Möhrenstampf
mit glasierten Mettendchen

Zutaten für 4 Personen

500 g Möhren
200 g mehligkochende Kartoffeln
1 EL Olivenöl
4 geräucherte Mettenden
(Kohlwürste)
300 ml Gemüsebrühe
(oder Geflügelfond)
1 TL geriebener Ingwer
frisch geriebene Muskatnuss
Salz
weißer Pfeffer aus der Mühle
2 EL Honig
2 TL Fenchelsamen
4 Stiele Petersilie
1 EL kalte Butter

1 Die Möhren putzen, schälen und in kleine Würfel schneiden. Die Kartoffeln schälen, waschen und ebenfalls in kleine Würfel schneiden.

2 Das Olivenöl in einem Topf erhitzen und das Gemüse darin andünsten. Die Mettenden mit einem Holzspieß mehrmals anpieksen und zum Gemüse geben. Die Brühe dazugießen.

3 Das Gemüse mit Ingwer, Muskatnuss, Salz und weißem Pfeffer würzen und zugedeckt bei schwacher Hitze 15 bis 20 Minuten weich garen.

4 Die Mettenden aus dem Topf nehmen und schräg in Scheiben schneiden. Den Honig in einer Pfanne erwärmen, die Fenchelsamen dazugeben und die Wurstscheiben darin schwenken.

5 Die Petersilie waschen und trocken schütteln. Die Blätter abzupfen und fein hacken. Das Gemüse mit dem Kartoffelstampfer nur grob zerdrücken, sodass noch Stückchen zu erkennen sind. Dann die kalte Butter und die Petersilie unterrühren.

6 Den Möhrenstampf auf Teller verteilen und die glasierten Mettendenscheiben darauf anrichten.

Björns Tipp

» Sie mögen asiatische Aromen nicht so gern? Dann lassen Sie einfach den Ingwer weg und erhöhen dafür die Petersilienmenge – und mit dem Pfeffer dürfen Sie dann auch etwas großzügiger umgehen. «

Möhre, Pastinake & Sellerie

Möhrengnocchi
mit Kalbsschnitzel und Orangenbutter

Zutaten für 4 Personen

Für die Möhrengnocchi:
300 g mehligkochende Kartoffeln
300 g Möhren
Salz
2 EL Zucker
50 g Ingwer
1 EL Öl
Salz · Pfeffer aus der Mühle
ca. 100 g Mehl und Mehl für die Arbeitsfläche

Für die Orangenbutter:
3 Orangen
½ Zitrone
80 g kalte Butter
Pfeffer aus der Mühle

Für die Kalbsschnitzel:
4 Kalbsschnitzel (à ca. 150 g; aus der Oberschale)
60 g Mehl
3 EL Butterschmalz
Salz · Pfeffer aus der Mühle

1 Für die Möhrengnocchi den Backofen auf 180 °C vorheizen. Die Kartoffeln gründlich waschen und mit der Schale und im Ofen etwa 40 Minuten backen. Herausnehmen, ausdampfen lassen und möglichst heiß pellen.

2 Die Möhren putzen, schälen, in Stücke schneiden und in Salzwasser mit dem Zucker sehr weich garen. Die Möhren in ein Sieb abgießen. Den Ingwer schälen, fein hacken und mit dem Öl mischen. Die Möhren und die Kartoffeln durch die Kartoffelpresse in eine Schüssel drücken und mit dem Ingweröl mischen. Mit Salz und Pfeffer würzen und nach und nach das Mehl einarbeiten, bis sich die Masse nicht mehr zu feucht anfühlt.

3 Aus der Kartoffel-Möhren-Masse auf der bemehlten Arbeitsfläche lange Rollen formen, kleine Nocken abstechen und mit einer Gabel etwas eindrücken.

4 Für die Orangenbutter die Orangen und die Zitrone auspressen. Die Säfte in einem Topf geben und auf die Hälfte einkochen. Die kalte Butter in Stücken unterrühren, bis der Saft bindet. Die Orangenbutter mit Pfeffer würzen.

5 Für die Kalbsschnitzel das Fleisch mit dem Plattiereisen oder mit dem Stieltopf sehr flach klopfen. Das Mehl in einen tiefen Teller geben die Schnitzel darin wenden. Das Butterschmalz in einer Pfanne erhitzen und die Schnitzel darin auf jeder Seite nur kurz braten. Mit Salz und Pfeffer würzen.

6 In einem großen Topf reichlich Salzwasser zum Kochen bringen und die Temperatur wieder reduzieren. Die Gnocchi in das siedende Wasser geben und gar ziehen lassen, bis sie an die Oberfläche steigen. Mit dem Schaumlöffel herausheben, abtropfen lassen und in der Orangenbutter schwenken.

7 Die Kalbsschnitzel auf vorgewärmte Teller verteilen und mit den Möhrengnocchi und der Orangenbutter anrichten.

Möhre, Pastinake & Sellerie

Möhren-Nuss-Kuchen

Zutaten für 4 Portionsförmchen (à ca. 200 ml)

100 g Butter
180 g Zucker
2 Eier
120 g Mehl
1 Vanilleschote
½ TL Zimtpulver
1 Sternanis
½ Tonkabohne
je 1 Handvoll Haselnüsse und Walnusskerne
200 g Möhren
Butter und Mehl für die Förmchen
Puderzucker zum Bestäuben

1 Den Backofen auf 180 °C vorheizen. Für den Teig die Butter und den Zucker leicht schaumig rühren. Die Eier und das Mehl unterrühren.

2 Die Vanilleschote längs aufschneiden und das Mark mit einem spitzen Messer herauskratzen. Unter den Teig mischen.

3 Den Zimt, den Sternanis und die Tonkabohne im Mörser fein zerreiben. Die Nüsse dazugeben und zerkleinern. Die Möhren putzen, schälen und auf der Gemüsereibe fein reiben. Die Gewürze und die Möhren unter den Teig rühren.

4 Vier ofenfeste Förmchen mit Butter einfetten und mit Mehl ausstreuen. Den Teig auf die Förmchen verteilen und im Ofen auf der mittleren Schiene 15 bis 20 Minuten backen.

5 Die Möhren-Nuss-Kuchen herausnehmen und aus den Förmchen auf Teller stürzen. Mit Puderzucker bestäuben und nach Belieben mit Orangenfilets servieren. Dafür 2 Orangen so großzügig schälen, dass auch die weiße Haut mit entfernt wird. Die Filets zwischen den einzelnen Trennhäuten herausschneiden und jeweils einige Orangenfilets neben den Möhren-Nuss-Kuchen anrichten.

Björns Tipp

» Um die Gewürze und die Nüsse zu mahlen, könnte man natürlich auch einen Mixer verwenden – aber ich bevorzuge den Mörser, denn so werden die ätherischen Öle viel besser herausgedrückt. «

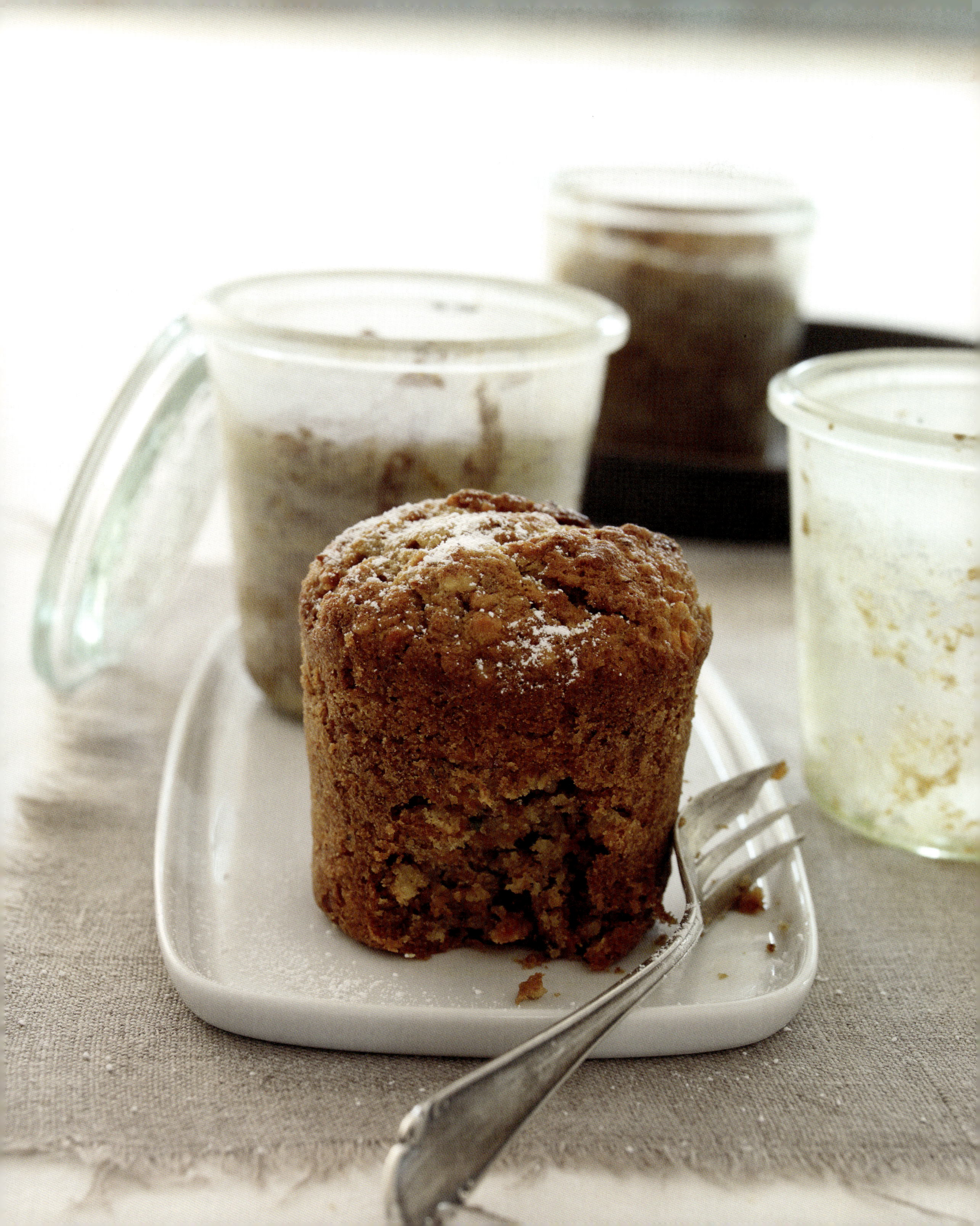

Möhre, Pastinake & Sellerie

Cappuccino von der Pastinake

Zutaten für 8 Personen

3-4 Pastinaken (ca. 500 g)
1 Zwiebel
2 Äpfel
2 EL Olivenöl
200 ml naturtrüber Apfelsaft
200 ml Gemüsebrühe
200 g Sahne
Salz · Pfeffer aus der Mühle

1 Die Pastinaken putzen, schälen und in Würfel schneiden. Die Zwiebel schälen und in feine Würfel schneiden. Die Äpfel waschen, schälen, vierteln und die Kerngehäuse entfernen. Die Äpfel ebenfalls in Würfel schneiden.

2 Das Olivenöl in einem großen Topf erhitzen. Die Pastinaken, die Zwiebel und die Äpfel dazugeben und andünsten. Mit dem Apfelsaft, der Brühe und 200 ml Wasser ablöschen. Die Sahne hinzufügen und alles etwa 15 Minuten köcheln lassen, bis die Pastinakenstücke weich sind.

3 Die Suppe mit dem Stabmixer pürieren und durch ein feines Sieb streichen. Mit Salz und Pfeffer abschmecken.

4 Kurz vor dem Servieren die Suppe einmal aufkochen und mit dem Stabmixer aufschäumen. In kleine Gläser füllen und sofort zum Trinken servieren.

Björns Tipp

» Wer gerne Pastinaken mag, kann aus dieser feinen Suppe auch ein Hauptgericht für vier Personen zaubern. Dann können Sie einfach noch als Topping Croûtons aus Vollkornbrot und Schinkenstreifen darüberstreuen. Der Cappuccino schmeckt beispielsweise auch mit Kürbis oder Möhren. «

Möhre, Pastinake & Sellerie

Björns Pastinaken-Bolognese

Zutaten für 4 Personen

2 Pastinaken · 1 Möhre
1 rote Zwiebel · 2 EL Olivenöl
200 g Rinderhackfleisch
200 g Schweinehackfleisch
1 EL Tomatenmark · 1 EL Zucker
300 ml Rotwein
300 ml passierte Tomaten
1 Knoblauchknolle · Salz
weißer Pfeffer aus der Mühle

1 Die Pastinaken und die Möhre putzen, schälen und in kleine Würfel schneiden. Die Zwiebel schälen und in feine Würfel schneiden.

2 Das Olivenöl in einem Topf erhitzen und beide Sorten Hackfleisch darin portionsweise krümelig anbraten. Die Gemüsewürfel dazugeben und kurz mitdünsten. Das Tomatenmark dazugeben und kurz anrösten. Den Zucker unterrühren.

3 Den Wein und die passierten Tomaten dazugießen. Die Knoblauchknolle quer halbieren und hinzufügen. Die Sauce zugedeckt etwa 2 Stunden köcheln lassen. Die Knoblauchknolle entfernen und die Pastinaken-Bolognese mit Salz und weißem Pfeffer abschmecken. Mit Nudeln (z.B. Spaghetti oder Bandnudeln) servieren.

Pastinakenauflauf

Zutaten für 4 Personen

300 g Kartoffeln
5 Pastinaken
200 ml Milch
100 g Sahne
gemahlener Kümmel
1 EL Senfkörner
Salz · Pfeffer aus der Mühle
frisch geriebene Muskatnuss

1 Die Kartoffeln schälen und waschen. Die Pastinaken putzen und schälen. Beides mit der Küchenmaschine oder mit dem Gemüsehobel in feine Scheiben hobeln.

2 Den Backofen auf 180 °C vorheizen. Die Milch und die Sahne mit 1 Prise gemahlenem Kümmel, den Senfkörnern, Salz, Pfeffer und Muskatnuss in einen großen Topf geben und aufkochen. Die Kartoffeln und die Pastinaken dazugeben und gut durchrühren, bis die Stärke der Kartoffeln bindet.

3 Die Gemüsemischung in eine Auflaufform geben und im Ofen auf der mittleren Schiene 25 Minuten backen (nach Belieben etwas geriebenen Emmentaler über den Auflauf streuen). Dazu passt ein grüner Salat.

Grüner Zartweizenrisotto
mit knusprig gebratenen Pastinakenscheiben

Zutaten für 4 Personen

Für den Zartweizenrisotto:
- 200 g Zartweizen
- 1 Zwiebel
- 2 EL Butter
- 100 ml Gemüsebrühe
- Salz · Pfeffer aus der Mühle
- 2 EL geriebener Parmesan
- 1 EL Crème fraîche

Für die Pastinakenscheiben:
- 3 Pastinaken · Salz
- 60 g Mehl
- 2 EL Dijon-Senf
- 2 EL mittelscharfer Senf
- 1 EL Butterschmalz

Für das Petersilienpüree:
- 400–500 g Petersilie
- Salz · 1 Zwiebel
- 2 EL Öl
- Pfeffer aus der Mühle
- frisch geriebene Muskatnuss

1 Für den Zartweizenrisotto den Zartweizen in sprudelnd kochendem Wasser etwa 10 Minuten garen, in ein Sieb abgießen und abtropfen lassen.

2 Inzwischen für die Pastinakenscheiben die Pastinaken putzen, schälen und in 1 cm dicke Scheiben schneiden. In kochendem Salzwasser etwa 3 Minuten bissfest garen, in ein Sieb abgießen und gut abtropfen lassen. Das Mehl in einen tiefen Teller geben. Die beiden Senfsorten mischen. Die Pastinakenscheiben auf einer Seite mit dem Senf bestreichen und in Mehl wenden.

3 Das Butterschmalz in einer Pfanne erhitzen und die Pastinakenscheiben darin portionsweise auf der Senfseite bei mittlerer Hitze braun braten. Die Pastinaken herausnehmen und warm halten.

4 Für das Petersilienpüree die Petersilie waschen und trocken schütteln, grobe Stiele entfernen. In kochendem Salzwasser etwa 8 Minuten blanchieren, herausnehmen und kalt abschrecken. Die Zwiebel schälen, in grobe Würfel schneiden und im Öl andünsten. Mit Salz, Pfeffer und Muskatnuss würzen und zusammen mit der Petersilie im Küchenmixer oder mit dem Stabmixer fein pürieren.

5 Für den Risotto die Zwiebel schälen und in feine Würfel schneiden. Die Butter in einem Topf erhitzen und die Zwiebel darin andünsten. Die Brühe angießen und etwas einköcheln lassen. Dann den Zartweizen dazugeben und mit Salz, Pfeffer, Parmesan und Crème fraîche abschmecken.

6 Kurz vor dem Servieren das lauwarme Petersilienpüree untermischen. Den Zartweizenrisotto in vorgewärmte tiefe Teller verteilen und mit den Pastinakenscheiben garnieren.

Björns Tipp

» Beim Petersilienpüree ist es wichtig, dass es nicht zu heiß gemacht wird, da es dann schnell eine graue Farbe bekommt. Ebenso sollte man bei diesem Gericht auf die Säure von Zitronen verzichten, die ähnlich wirkt. «

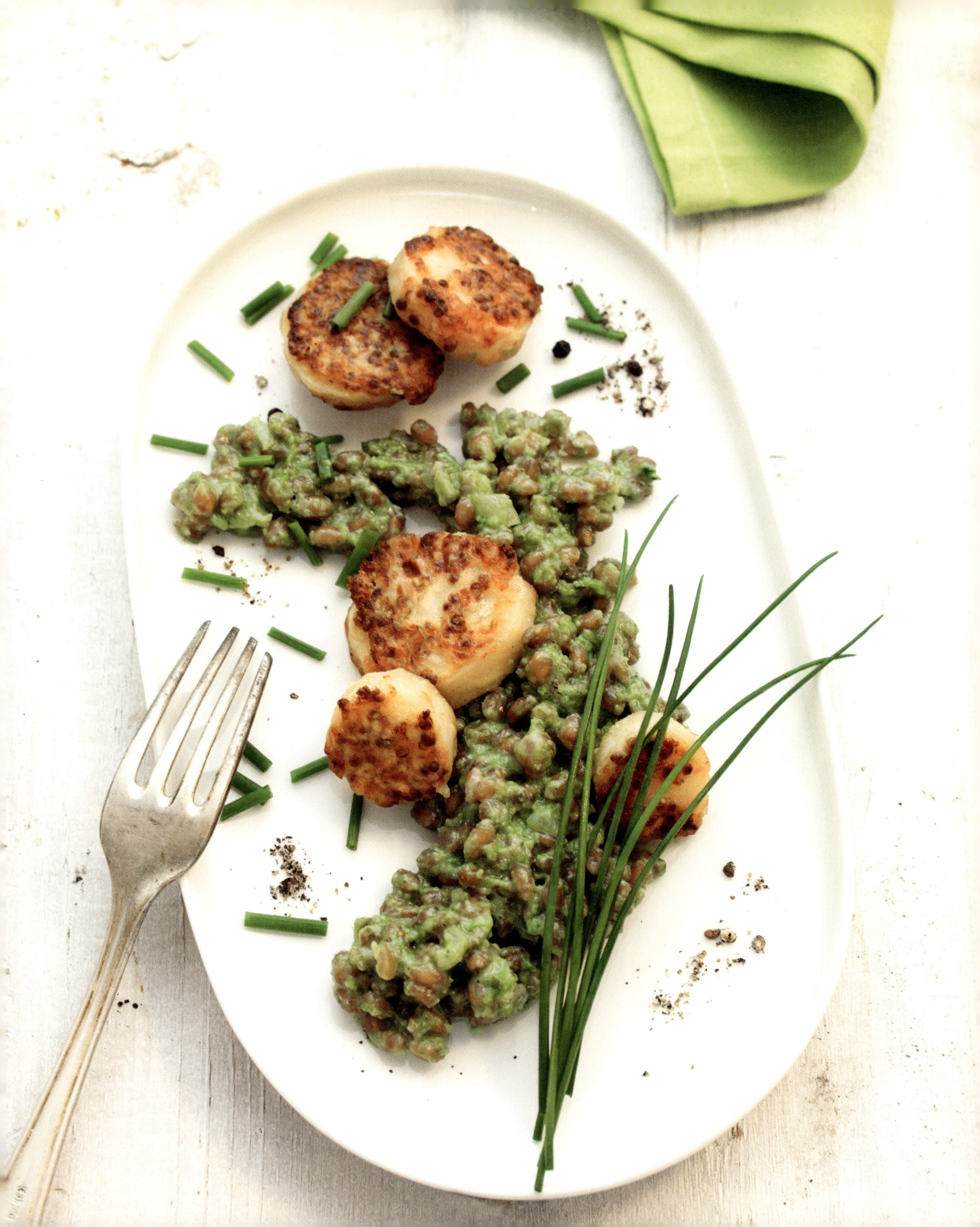

Möhre, Pastinake & Sellerie

Selleriesuppe
mit Steinpilzen

Zutaten für 4 Personen

Für die Brühe:
1 Bund Suppengemüse
1 Zwiebel
500 g Rindfleisch (Suppenfleisch oder Beinscheiben)
1 Lorbeerblatt
Salz · Pfeffer aus der Mühle
frisch geriebene Muskatnuss

Außerdem:
1 kleiner Knollensellerie (ca. 375 g)
2 Zwiebeln
3 EL Butter
200 g Sahne
Salz · Pfeffer aus der Mühle
50 g getrocknete Steinpilze
1/8 l Milch

1 Für die Brühe das Suppengemüse putzen, waschen bzw. schälen und in Stücke schneiden. Die Zwiebel schälen und halbieren. Das Rindfleisch, das Gemüse und die Zwiebel in einen großen Suppentopf oder einen Dampfdrucktopf geben. 1 1/2 l Wasser dazugießen und das Lorbeerblatt, Salz, Pfeffer und Muskatnuss hinzufügen. Das Fleisch etwa 2 Stunden köcheln lassen bzw. im Dampfdrucktopf nach Gebrauchsanleitung garen.

2 Den Sellerie putzen, schälen und in Würfel schneiden. Die Zwiebeln schälen und in feine Würfel schneiden. Die Butter in einem Topf erhitzen und den Sellerie und die Zwiebeln darin andünsten. Das Fleisch entfernen und nach Belieben anderweitig verwenden. Die Brühe durch ein Sieb gießen und 1 l abmessen. Die Fleischbrühe zum Gemüse gießen und köcheln lassen, bis der Sellerie weich ist.

3 Die Sahne dazugeben, die Suppe mit dem Stabmixer pürieren und durch ein Sieb passieren. Mit Salz und Pfeffer würzen.

4 Die getrockneten Steinpilze im Mixer sehr fein zerkleinern. Die Milch erhitzen und mit dem Milchschäumer aufschäumen. Die Selleriesuppe auf Teller verteilen, den Milchschaum daraufsetzen und mit Steinpilzpuder bestreuen.

Möhre, Pastinake & Sellerie

Selleriecappuccino
mit Erdnuss-Satéspießchen

Zutaten für 4 Personen

Für den Selleriecappuccino:
1 Knollensellerie (ca. 500 g)
1 Zwiebel
4 EL Butter
650 ml Gemüsebrühe
250 g Sahne
Salz · Pfeffer aus der Mühle
Saft von ½ Zitrone
Rosa Pfefferbeeren

Für die Satéspießchen:
1 Hähnchenbrustfilet (ca. 200 g)
Salz · Pfeffer aus der Mühle
100 g Erdnüsse
2 EL Erdnussöl

1 Für den Cappuccino den Sellerie putzen, schälen und in Würfel schneiden. Die Zwiebel schälen und in feine Würfel schneiden. Die Butter in einem Topf erhitzen und den Sellerie und die Zwiebel darin andünsten. Mit der Brühe auffüllen und köcheln lassen, bis der Sellerie weich ist.

2 Die Sahne und die Gewürze dazugeben und die Suppe mit Salz, Pfeffer und Zitronensaft würzen. Die Selleriesuppe mit dem Stabmixer pürieren und durch ein feines Sieb streichen.

3 Für die Satéspießchen das Hähnchenbrustfilet waschen und trocken tupfen und in 8 dünne Streifen schneiden. Die Hähnchenstreifen mit Salz und Pfeffer würzen und jeden Streifen ziehharmonikaartig auf einen Holzspieß stecken.

4 Die Erdnüsse im Blitzhacker fein mahlen und in einen tiefen Teller geben. Die Spieße rundum darin wälzen. Das Erdnussöl in einer Pfanne erhitzen und die Spieße darin bei mittlerer Hitze auf jeder Seite 3 bis 4 Minuten braten.

5 Die Suppe nochmals mit dem Stabmixer aufschäumen. Den Selleriecappuccino in Suppentassen oder -teller verteilen, mit Rosa Pfefferbeeren bestreuen und mit den Erdnuss-Satéspießen anrichten.

Björns Tipp

» Dieser Cappuccino ist auch eine perfekte Vorspeise für Gäste. Er lässt sich super vorbereiten und passt zu beinahe jedem Menü. Wer keine Satéspießchen zubereiten möchte, reicht dazu einfach Schinkenstreifen, Lachswürfel oder Krabbenfleisch. «

Möhre, Pastinake & Sellerie

Sellerie-Vanille-Ravioli
mit marinierten Belugalinsen

Für 4 Personen

Für die Füllung:
½ Knollensellerie (ca. 300 g)
Salz
Mark von 1 Vanilleschote
100 g Ricotta
Pfeffer aus der Mühle
½ TL frisch geriebene Muskatnuss

Für den Nudelteig:
1 Ei
Salz
150 g Weizenvollkornmehl
100 g Hartweizengrieß
1 Eigelb

Für die marinierten Linsen:
200 g Belugalinsen
½ l Gemüsebrühe
1 Möhre
1 Chilischote
2 Schalotten
3 EL Essig
4 EL Olivenöl
100 g Sahne
Salz · Pfeffer aus der Mühle

1 Für die Füllung den Sellerie putzen, schälen und in Würfel schneiden. In kochendem Salzwasser etwa 15 Minuten weich garen. Den Sellerie in ein Sieb abgießen und zurück in den Topf geben. Das Vanillemark und den Ricotta untermischen. Mit Salz, Pfeffer und Muskatnuss würzen und mit dem Stabmixer pürieren.

2 Für den Nudelteig das Ei, 1 Prise Salz und 2 EL Wasser mit den Knethaken des Handrührgeräts gut verquirlen. Nach und nach das Mehl und den Grieß unterrühren und alles zu einem glatten Teig verkneten. Falls nötig, noch etwas Mehl einarbeiten. Den Teig zu einer Kugel formen, in Frischhaltefolie wickeln und 1 Stunde in den Kühlschrank stellen.

3 Den Teig halbieren und jede Hälfte auf der bemehlten Arbeitsfläche mit dem Nudelholz oder mit der Nudelmaschine zu dünnen Bahnen ausrollen. In gleichmäßigen Abständen von etwa 8 cm jeweils etwas Selleriepüree auf eine Teigbahn setzen, die Ränder mit dem verquirlten Eigelb bestreichen und die andere Teigbahn darüberlegen. Dann die einzelnen Ravioli mit einem Raviolisausstecher (etwa 8 cm Durchmesser) oder mit einem Glas rund ausstechen und die Ränder fest andrücken.

4 Für die marinierten Linsen die Belugalinsen in einem Sieb abbrausen. Die Linsen mit der Brühe in einen Topf geben, die Brühe aufkochen und die Linsen etwa 10 Minuten garen.

5 Inzwischen die Möhre putzen, schälen und in sehr kleine Würfel schneiden. Die Chilischote längs halbieren, entkernen, waschen und in kleine Würfel schneiden. Die Schalotten schälen und in feine Würfel schneiden.

6 Die Linsen in ein Sieb abgießen, die Brühe auffangen. Die Linsen noch warm mit der Möhre, der Chilischote, den Schalotten, dem Essig und dem Olivenöl mischen. Etwas von der Brühe mit der Sahne verrühren. Mit Salz und Pfeffer würzen und mit dem Stabmixer aufschäumen.

7 Die Ravioli in siedendem Salzwasser 2 bis 3 Minuten garen, bis sie an die Oberfläche steigen. Die lauwarmen Linsen auf Teller verteilen. Die Nudeln mit dem Schaumlöffel herausheben, kurz abtropfen lassen und auf den Linsen anrichten. Den Sahneschaum darum herumträufeln.

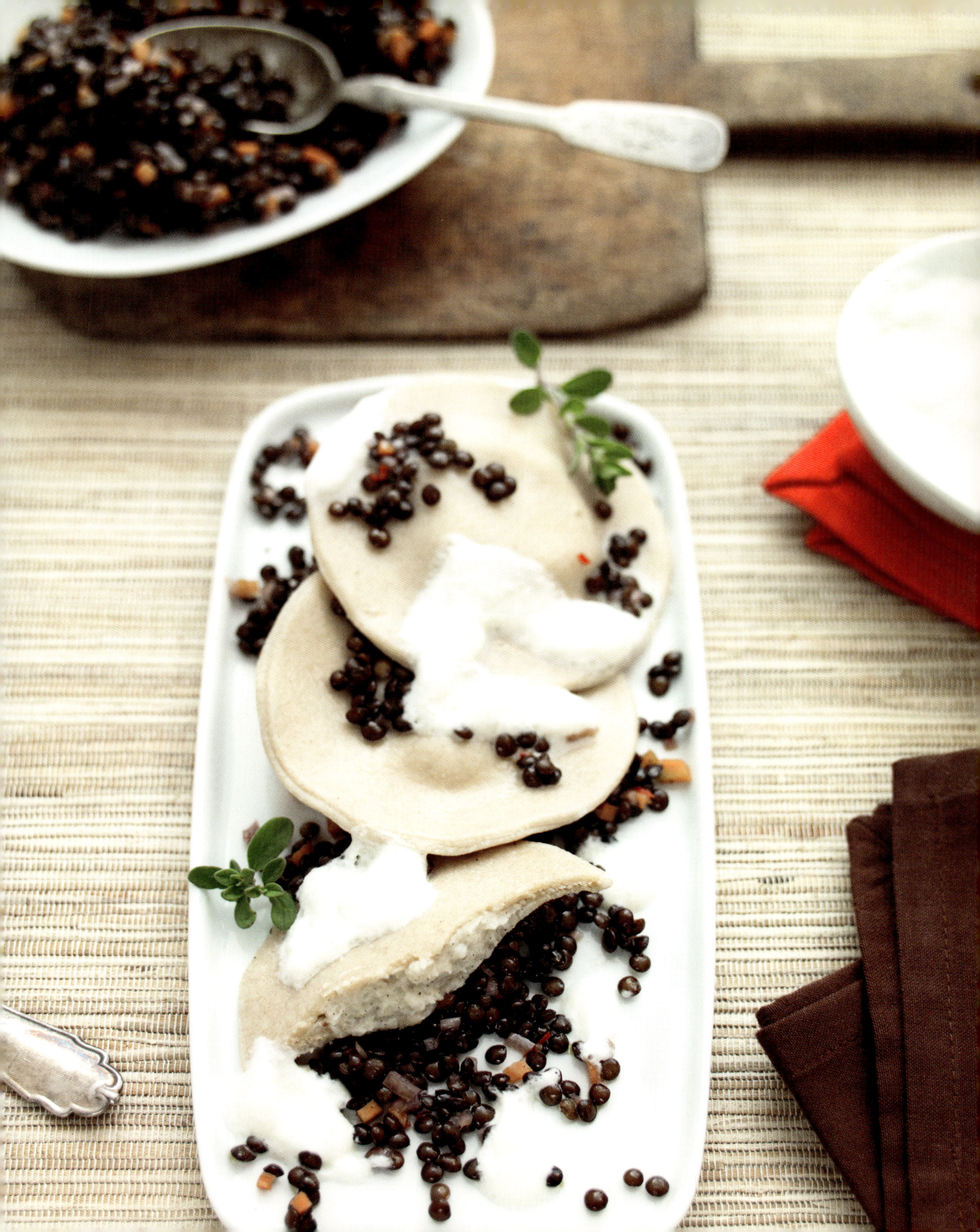

Möhre, Pastinake & Sellerie

Geschmorte Spanferkelbacken
mit Selleriepüree im Vanilleschaum

Zutaten für 4 Personen

Für das Selleriepüree:
1 Knollensellerie (ca. 600 g)
1 Zwiebel · 2 EL Butter
50 ml Gemüsebrühe
Salz · Pfeffer aus der Mühle
Zucker · 2 EL Crème fraîche

Für das Spanferkel:
16 Spanferkelbacken
(küchenfertig)
Salz · Pfeffer aus der Mühle
2 EL Öl

Für den Vanilleschaum:
1 Vanilleschote
100 ml Gemüsebrühe
1 EL Essig · 150 g Sahne
50 ml weißer Portwein
Salz · Pfeffer aus der Mühle
Zucker

1 Für das Selleriepüree den Sellerie putzen, schälen und in Würfel schneiden. Die Zwiebel schälen und in feine Würfel schneiden.

2 Die Butter in einem Topf erhitzen und die Zwiebel darin andünsten. Den Sellerie dazugeben, die Brühe angießen und den Sellerie zugedeckt etwa 40 Minuten bei schwacher Hitze garen.

3 Den Backofen auf 180 °C vorheizen. Für das Fleisch die Spanferkelbacken mit Salz und Pfeffer würzen. Das Öl in einem Bräter erhitzen und das Fleisch darin rundum anbraten. Die Spanferkelbacken im Ofen auf der mittleren Schiene etwa 20 Minuten schmoren.

4 Den Sellerie mit dem Stabmixer pürieren, mit Salz, Pfeffer und 1 Prise Zucker abschmecken und die Crème fraîche unterrühren.

5 Das Fleisch herausnehmen und warm halten. Für den Vanilleschaum die Vanilleschote längs halbieren und das Mark herauskratzen. Vanillemark, Brühe, Essig, Sahne und Portwein zum Bratsatz geben und aufkochen. Die Sauce mit Salz, Pfeffer und 1 Prise Zucker abschmecken und mit dem Stabmixer aufschäumen.

6 Die Spanferkelbacken auf vorgewärmte Teller verteilen. Den Vanilleschaum darüberträufeln und das Selleriepüree dazu anrichten.

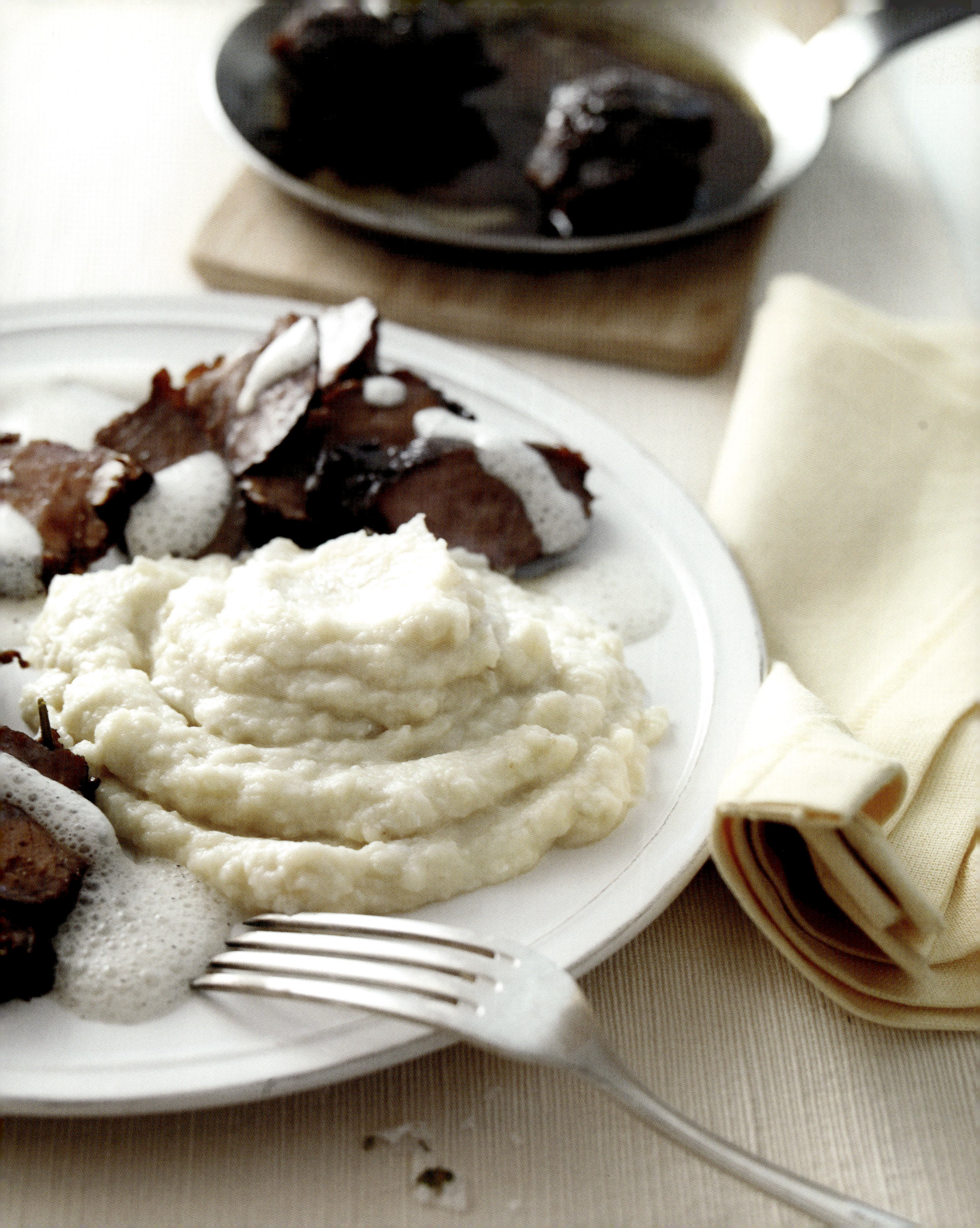

Apfel, Birne & Quitte

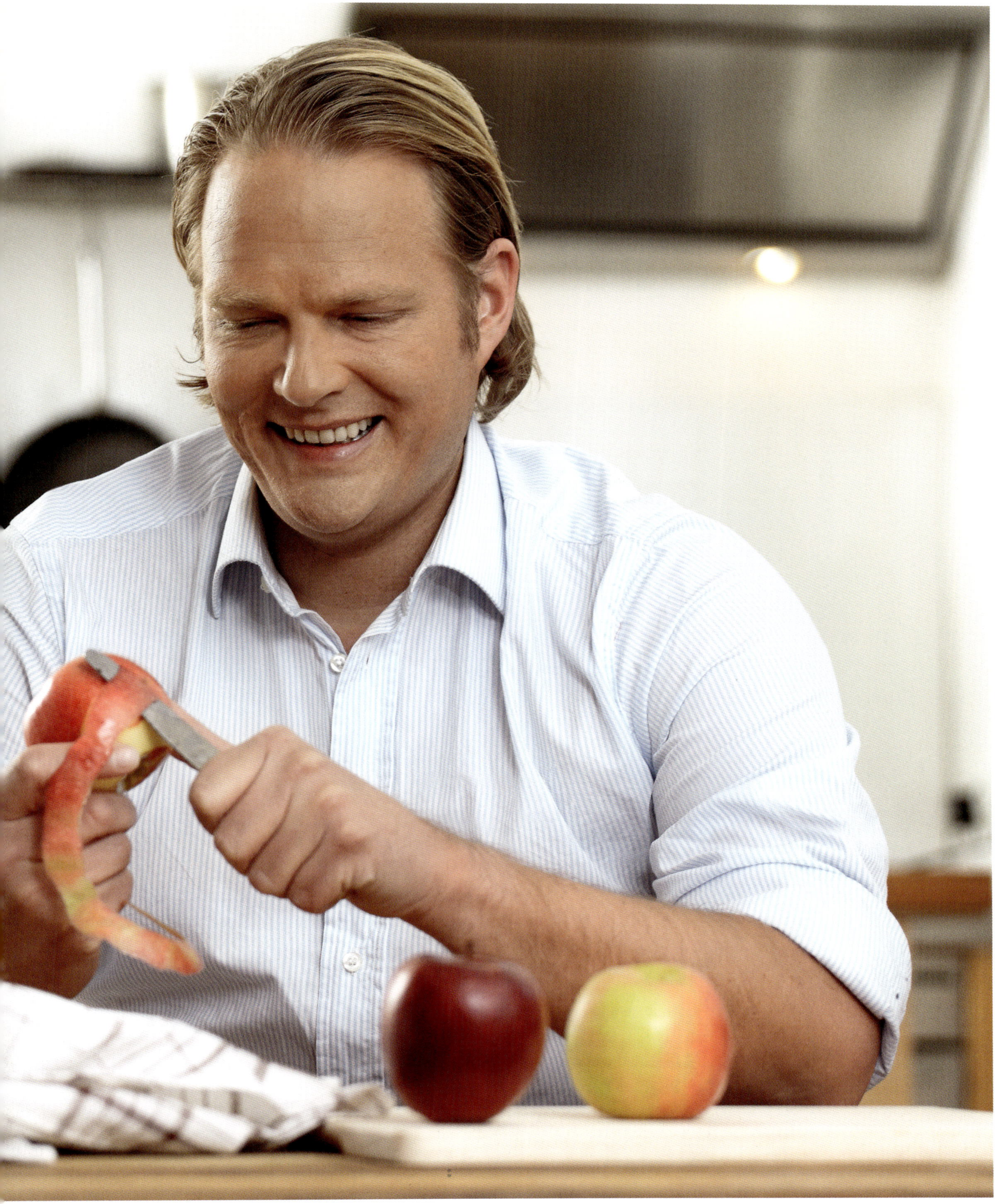

Apfel, Birne & Quitte

Apfel

Einkauf: Im Supermarkt findet man meist nur noch auf Perfektion gezüchtete Apfelsorten, darunter teure Clubsorten wie »Diwa« oder »Pink Lady«. Ich habe das Glück, in meinem Umfeld Obstbauern zu haben, die alte Sorten erhalten wollen und die knorrigen Bestände pflegen. Das unterstütze ich gern, denn es gibt tausende verschiedene Apfelsorten!

Lagerung: Äpfel reifen recht zügig nach. Kühl und gut verschlossen, z.B. in einem PET-Beutel, kann man sie aber einige Wochen lagern. Während der Reifung verströmen sie das Pflanzenhormon Ethylen. Dieses »Reifungsgas« lässt z.B. Bananen, Birnen und Avocados eher reifen. Nicht nachreifendes Obst oder Gemüse verdirbt in der Nähe von Äpfeln schneller.

Küche: Um meinen Gästen Abwechslung auf dem Teller zu bieten, verarbeite ich unter anderem alte wiederentdeckte Sorten zu einfachen, aber beeindruckenden Gerichten. In Rohkostsalate reibe ich säuerlich, erfrischende Sorten. Kombiniert mit Fleisch eignen sich eigenwillige, aromatische Apfelsorten wie Cox Orange oder Gravensteiner am besten.

Ernährungstipp von Anja Tanas

» Gute Nachricht für Apfelallergiker: Alte Sorten haben im Gegensatz zu den Neuzüchtungen oft ein geringeres allergenes Potential. Vor dem Genuss reicht ein kurzer Test: einfach ein Stück Apfel an die Lippen halten und eine Minute abwarten, ob sich ein Kribbeln einstellt. Falls nicht, kann man den Apfel rundum genießen. «

Birne

Einkauf: Eine Birne muss meiner Meinung nach nicht aussehen wie gemalt. Die Schale sollte aber insgesamt unbeschädigt sein. Kleine, dunkle, harte Stellen können weggeschnitten werden, Exemplare mit fauligen Abschnitten müssen bald verarbeitet werden.

Lagerung: Nicht ganz ausgereifte Birnen kann man gut lagern, kühl und dunkel, z.B. auch im Gemüsefach des Kühlschranks, für einen Zeitraum von bis zu zwei Wochen. Bei Zimmertemperatur reifen sie innerhalb weniger Tage nach, werden dann aber auch schnell überreif.

Küche: Birnen sind fein im Geschmack, geben Gerichten aber eine einzigartige Note. Mild in der Säure, kombiniere ich sie gern mit würzigen Zutaten wie Käse – ein Klassiker! Wenn die Schale sehr fest ist, sollte man sie zum Kochen entfernen. Sofort nach dem Schälen das Fruchtfleisch mit Zitronensaft beträufeln, es wird schnell braun! Mit Likörweinen, wie Portwein oder Sherry, eingelegt, geschmort oder flambiert, ein absolutes Highlight. Experimentierfreudige Köche wagen sich auch an eine Verbindung mit Ingwer, Minze oder Vanille.

Ernährungstipp von Anja Tanas

» Birnen enthalten wenig Fruchtsäure und werden daher auch von Menschen mit säureempfindlichem Magen gut vertragen. Die feste Schale mancher Sorten kann zu Blähungen führen, dann kann man die Früchte vor dem Genuss schälen. Allerdings entfernt man damit gleichzeitig viele gesunde Vitalstoffe. «

Quitte

Hätte ich selbst einen Garten, dann würde darin gewiss ein Quittenbaum wachsen. Wie prachtvoll sehen sie aus, wenn die leuchtend gelben Früchte reifen, und erst der wunderbare Duft, den die Quitten verströmen! Aber mal ganz ehrlich – wer verarbeitet heutzutage noch regelmäßig Quitten? Im Grunde führt das Kernobst ein Schattendasein, der erwerbsmäßige Anbau ist in Deutschland nicht besonders weit verbreitet. Ich glaube, dass viele davor zurückschrecken, die sehr harten Quitten zu schälen und kleinzuschneiden. Zugegeben, das ist schon etwas mühselig. Aber mit einem scharfen, großen und schweren Messer klappt es doch ganz gut, sie zu zerteilen und dann die Schale dünn abzuschneiden. Die Vorfreude auf die Geschmacksexplosion ist dabei meine Motivation. Die rundlicheren Apfelquitten haben ein starkes Aroma, das Fruchtfleisch ist jedoch sehr holzig. Birnenförmige Quitten schmecken nicht ganz so intensiv, sind aber durch ein weniger festes Fruchtfleisch besser zu verarbeiten.

Einkauf: Zum Glück kann ich Quitten aus dem Rheinland zur Saison von September bis November auf vielen Wochenmärkten und in Fachgeschäften kaufen. Quitten haben in der Regel eine schöne gelbe Farbe und duften aromatisch. Der Flaum auf der Schale muss beim Kauf möglichst noch intakt sein. Die empfindlichen Früchte sollten keine braunen Druckstellen haben, da sie dann schneller verderben.

Lagerung: Kaufen Sie ruhig eine größere Anzahl – kühl und dunkel kann man Quitten gut einen Monat aufheben und nach und nach verarbeiten. Die Früchte sollten am besten getrennt von anderen Lebensmitteln gelagert werden, da Quitten sehr stark duften und viele Lebensmittel leicht Gerüche aus der Umgebung annehmen.

Küche: Heimische Quitten kann man nicht roh essen. Sie schmecken aber nicht nur als Gelee oder Kompott, sondern auch in herzhaften Gerichten wie Suppen, Tartes oder Aufläufen. Besonders gern kombiniere ich das Quittenaroma mit Zimt, Nelke, Anis oder Zitrusfrüchten. Vergessen Sie nicht, die Quitten vor dem Schälen abzuwischen! Die pelzige Schicht ist unglaublich bitter und sie sollte nicht auf das Fruchtfleisch gelangen.

Ernährungstipp von Anja Tanas

» Quitten putzen den Darm. Sie enthalten im Vergleich zu anderen Obstsorten sehr viel Pektin, das zu den löslichen Ballaststoffen zählt. Die Verdauung wird durch Pektine positiv beeinflusst. Insgesamt regen sie die Darmbewegung an, da sie stark aufquellen. Bei Durchfall bindet Pektin überschüssiges Wasser im Darm und sorgt für Linderung. «

Apfel, Birne & Quitte

Apfelkompott
mit gratiniertem Ziegenkäse und Avocadocreme

Zutaten für 4 Personen

Für den Ziegenkäse:
6 Zweige Rosmarin
8 EL Honig
4 Scheiben Ziegenkäserolle
(mit Rinde; à 150 g)

Für das Apfelkompott:
4 Äpfel (z.B. Braeburn)
Saft von 1 Limette
4 EL Butter
40 g Zucker

Für die Avocadocreme:
2 reife Avocados (z.B. Hass)
Saft von 2 Limetten
4 EL Olivenöl
Chilisauce
Salz · Pfeffer aus der Mühle

1 Für den Ziegenkäse die Rosmarinzweige waschen und trocken schütteln. Den Honig in einer kleinen Pfanne erhitzen, 2 Zweige Rosmarin dazugeben und bei schwacher Hitze ziehen lassen.

2 Für das Apfelkompott die Äpfel achteln, schälen und die Kerngehäuse entfernen. Die Äpfel in wenig kochendem Wasser mit dem Limettensaft etwa 5 Minuten garen. Inzwischen die Butter in einem Topf zerlassen, den Zucker hinzufügen und karamellisieren. Die Apfelstücke mit dem Schaumlöffel aus dem Limettenwasser heben, gut in der Karamell-Butter schwenken und anschließend mit dem Stabmixer pürieren.

3 Für die Avocadocreme die Avocados halbieren und die Steine entfernen. Die Avocadohälften schälen, das Fruchtfleisch in grobe Stücke schneiden und in einen hohen Rührbecher geben. Sofort mit dem Limettensaft beträufeln. Das Olivenöl und 1 bis 2 Spritzer Chilisauce dazugeben und alles mit dem Stabmixer fein pürieren. Die Avocadocreme mit Salz und Pfeffer würzen.

4 Den Backofengrill einschalten. Den Ziegenkäsescheiben nebeneinander in eine ofenfeste Form legen und mit der Hälfte des Rosmarin-Honigs bestreichen. Im Ofen auf der mittleren Schiene 5 Minuten erwärmen. Herausnehmen, kurz abkühlen lassen und mit dem restlichen Honig bestreichen. Im Ofen auf der obersten Schiene weitere 4 bis 5 Minuten gratinieren, bis der Käse zerläuft.

5 Den Ziegenkäse herausnehmen und 1 Minute ruhen lassen. Inzwischen das Apfelkompott und die Avocadocreme auf Teller verteilen. Den Ziegenkäse mit einer Palette aus der Rinde heben und auf den Tellern anrichten. Mit den restlichen Rosmarinzweigen garnieren und servieren. Dazu passt frisches Weißbrot.

Apfel, Birne & Quitte

Polentapudding
mit Bratapfelsorbet

Zutaten für 4 Personen

Für das Bratapfelsorbet:
4 säuerliche Äpfel (z.B. Braeburn)
300 ml Läuterzucker (siehe Tipp)
5 cl Wodka
Saft von 1 Zitrone

Für den Polentapudding:
1/2 l Milch
5 Sternanis
4 EL Instant-Polenta (Maisgrieß; oder Weichweizengrieß)
Salz
3 Blatt Gelatine
300 g Sahne
3 Eigelb
1 Ei
80 g brauner Zucker
5 cl Orangenlikör

1 Für das Bratapfelsorbet den Backofen auf 160 °C vorheizen. Die Äpfel waschen, vierteln und die Kerngehäuse entfernen. Die Apfelviertel auf einem mit Backpapier belegten Backblech verteilen und im Ofen auf der mittleren Schiene 40 Minuten backen. Herausnehmen und abkühlen lassen.

2 Für den Polentapudding die Milch mit dem Sternanis in einen Topf geben, einmal aufkochen und bei schwacher Hitze 1 Stunde köcheln lassen.

3 Den Sternanis herausnehmen. Die Milch aufkochen und die Polenta und 1 Prise Salz mit dem Schneebesen einrühren, bis die Masse dicklich wird. Bei schwacher Hitze weitere 5 Minuten unter Rühren weiterkochen.

4 Die Gelatine in kaltem Wasser einweichen. Die Sahne steif schlagen. Die Eigelbe und das Ei mit dem braunen Zucker in einer Schüssel verquirlen und unter die Polentamasse rühren. Die Mischung etwas abkühlen lassen.

5 Den Orangenlikör erwärmen. Die Gelatine gut ausdrücken und darin auflösen. 2 EL Polentamasse dazugeben und unterrühren, dann die Gelatinemischung unter die übrige Polentamasse rühren. Die Sahne vorsichtig unterheben und den Pudding in tiefe Teller verteilen. Zugedeckt in den Kühlschrank stellen. Der Pudding wird wegen der geringen Gelatinemenge nicht ganz fest.

6 Die abgekühlten Äpfel mit dem Läuterzucker, dem Wodka und dem Zitronensaft im Küchenmixer oder mit dem Stabmixer sehr fein zerkleinern. Nach Belieben durch ein feines Sieb streichen.

7 Die Apfelmasse in der Eismaschine zu einem cremigen Sorbet gefrieren lassen. Oder in einer Metallschüssel im Tiefkühlschrank gefrieren lassen, dabei ab und zu mit einer Gabel durchrühren. Das Bratapfelsorbet auf dem Polentapudding anrichten und servieren.

Björns Tipp

》 Läuterzucker, also Zuckersirup, herzustellen ist ganz einfach: Dafür jeweils Wasser und Zucker zu gleichen Teilen in einem Topf aufkochen, bis der Läuterzucker klar bleibt (für oben genannte Menge je 200 Milliliter bzw. Gramm). Abkühlen lassen und bis zum Gebrauch kühl stellen. 《

Apfel, Birne & Quitte

Apfel-Steckrüben-Eintopf
mit Mettendchen

Zutaten für 4 Personen

800 g Steckrübe
200 g Äpfel
400 g Möhren
300 g Zwiebeln
4 EL Öl
2 TL Salz
2 TL gemahlener weißer Pfeffer
1 TL frisch geriebene Muskatnuss
600 g Mettenden (Kohlwürste)
100 g Butter
4 EL Balsamico bianco
4 EL gehackter Majoran

1 Die Steckrübe putzen, schälen und in 1½ bis 2 cm große Würfel schneiden. Die Äpfel vierteln, schälen und die Kerngehäuse entfernen. Die Apfelviertel in Würfel schneiden. Die Möhren putzen, schälen und in etwa 1½ cm große Würfel schneiden. Die Zwiebeln schälen und in grobe Würfel schneiden.

2 Das Öl in einem Topf erhitzen und das Gemüse und die Äpfel darin andünsten. Mit dem Salz, dem weißen Pfeffer und der Muskatnuss würzen. Mit 800 ml Wasser auffüllen und die Mettenden im Ganzen dazulegen.

3 Den Eintopf zugedeckt bei schwacher Hitze etwa 1½ Stunden köcheln lassen. Am Ende der Garzeit die Würste herausnehmen und in dünne Scheiben schneiden.

4 Die Butter, den Essig und den Majoran unterrühren und den Apfel-Steckrüben-Eintopf mit den Mettendchen in tiefen Tellern anrichten.

Björns Tipp

>> Steckrüben schmecken sowohl bissfest als auch weich gegart sehr gut, daher können Sie hier die Garzeit des Gemüses selber bestimmen – wenn Sie Steckrüben und Äpfel gerne noch etwas bissfester mögen, machen Sie einfach vorher schon eine ›Stichprobe‹. «

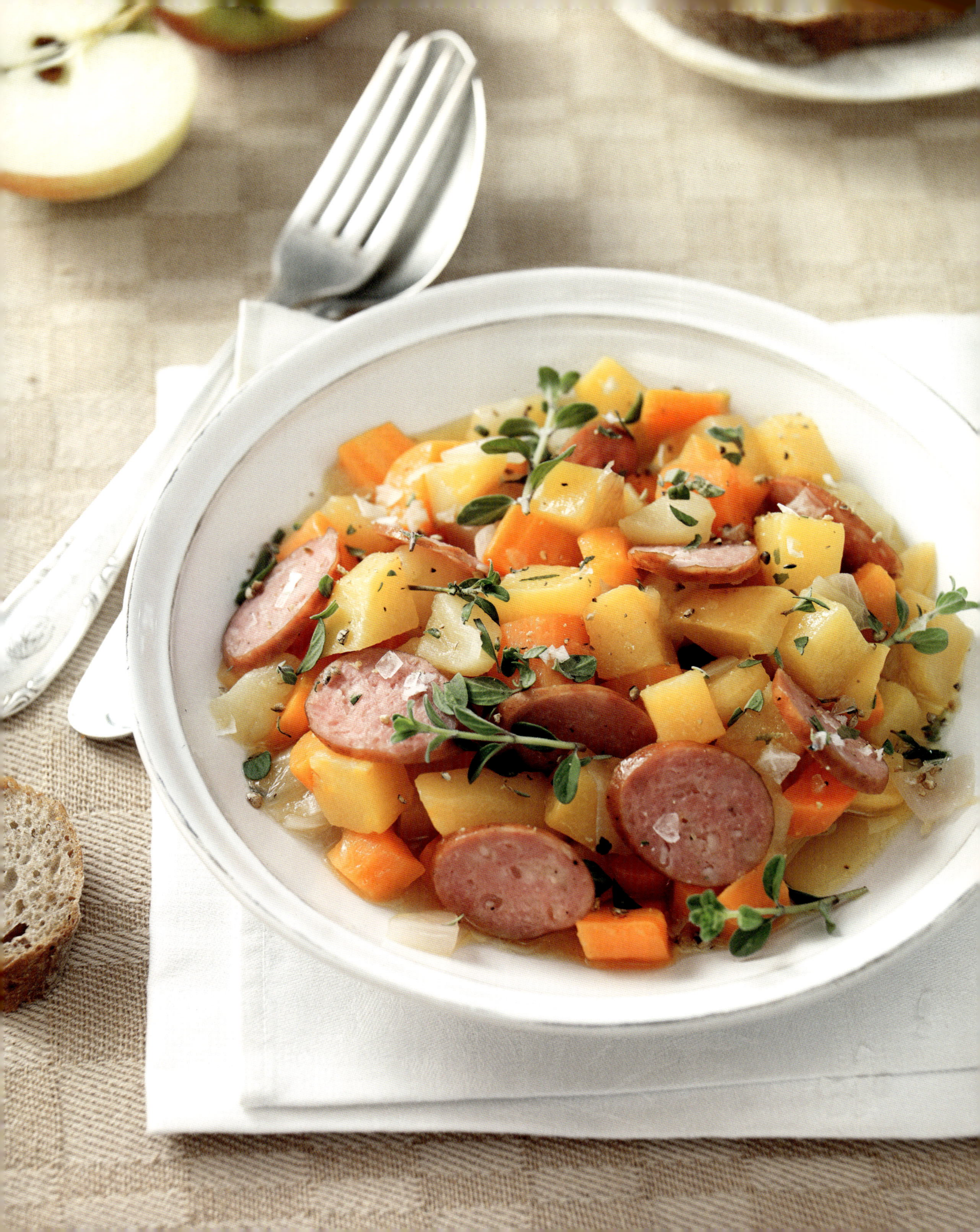

Apfel, Birne & Quitte

Himmel und Ääd

Zutaten für 4 Personen

500 g mehligkochende Kartoffeln
2 Eigelb
2 EL Speisestärke
Salz
2 Strudelteigblätter (aus dem Kühlregal; ersatzweise Filoteig)
300 g Äpfel
2 EL Olivenöl
1 Vanilleschote
4 EL Öl
3 Zwiebeln
1 Blutwurst (ca. 500 g)
4 EL Mehl
2 Zweige Thymian

1 Die Kartoffeln gründlich waschen und mit der Schale in kochendem Salzwasser 20 bis 25 Minuten weich garen. Abgießen, kurz ausdampfen lassen und noch heiß pellen. Die Kartoffeln durch die Kartoffelpresse in eine Schüssel drücken.

2 Die Eigelbe mit der Speisestärke unter die Kartoffelmasse rühren und mit Salz würzen. Die Strudelteigblätter auseinanderfalten, übereinanderlegen und die Kartoffelmasse zügig im unteren Drittel darauf verteilen, dabei an den Seiten einen Rand frei lassen. Die Ränder einschlagen, alles zu einem Strudel aufrollen und auskühlen lassen.

3 Die Äpfel vierteln, schälen und die Kerngehäuse entfernen. Das Fruchtfleisch in Würfel schneiden. Das Olivenöl in einem Topf erhitzen und die Apfelstücke darin andünsten. Die Vanilleschote längs aufschneiden, das Mark mit einem spitzen Messer herauskratzen und unter die Apfelstücke rühren.

4 Den Backofen auf 180 °C vorheizen. Den Strudel schräg in 2 bis 3 cm breite Scheiben schneiden. In einer ofenfesten Pfanne 2 EL Öl erhitzen und die Strudelscheiben darin auf einer Seite kurz anbraten. Wenden und im Ofen auf der mittleren Schiene etwa 6 Minuten weiterbacken.

5 Die Zwiebeln schälen und in Ringe schneiden. Die Blutwurst in Scheiben schneiden und, falls nötig, pellen. Das Mehl in einen tiefen Teller geben und die Blutwurstscheiben darin wenden. Den Thymian waschen und trocken tupfen.

6 Das restliche Öl in einer Pfanne erhitzen und die Wurstscheiben darin auf einer Seite 2 bis 3 Minuten kross braten. Wenden und die Zwiebeln sowie den Thymian hinzufügen. Die Wurstscheiben mit den Zwiebeln weitere 2 bis 3 Minuten braten.

7 Die Strudel aus dem Ofen nehmen. Die Blutwurst mit den Kartoffelstrudelscheiben und den Vanille-Äpfeln auf Tellern anrichten.

Björns Tipp

» Die ausgekratzte Vanilleschote müssen Sie nicht wegschmeißen – sie lässt sich zum Beispiel erneut noch wunderbar für eine Vanillesauce verwenden. Oder Sie machen Ihren eigenen Vanillezucker, indem Sie die Schote mit Zucker in ein Glas geben und dieses verschließen. «

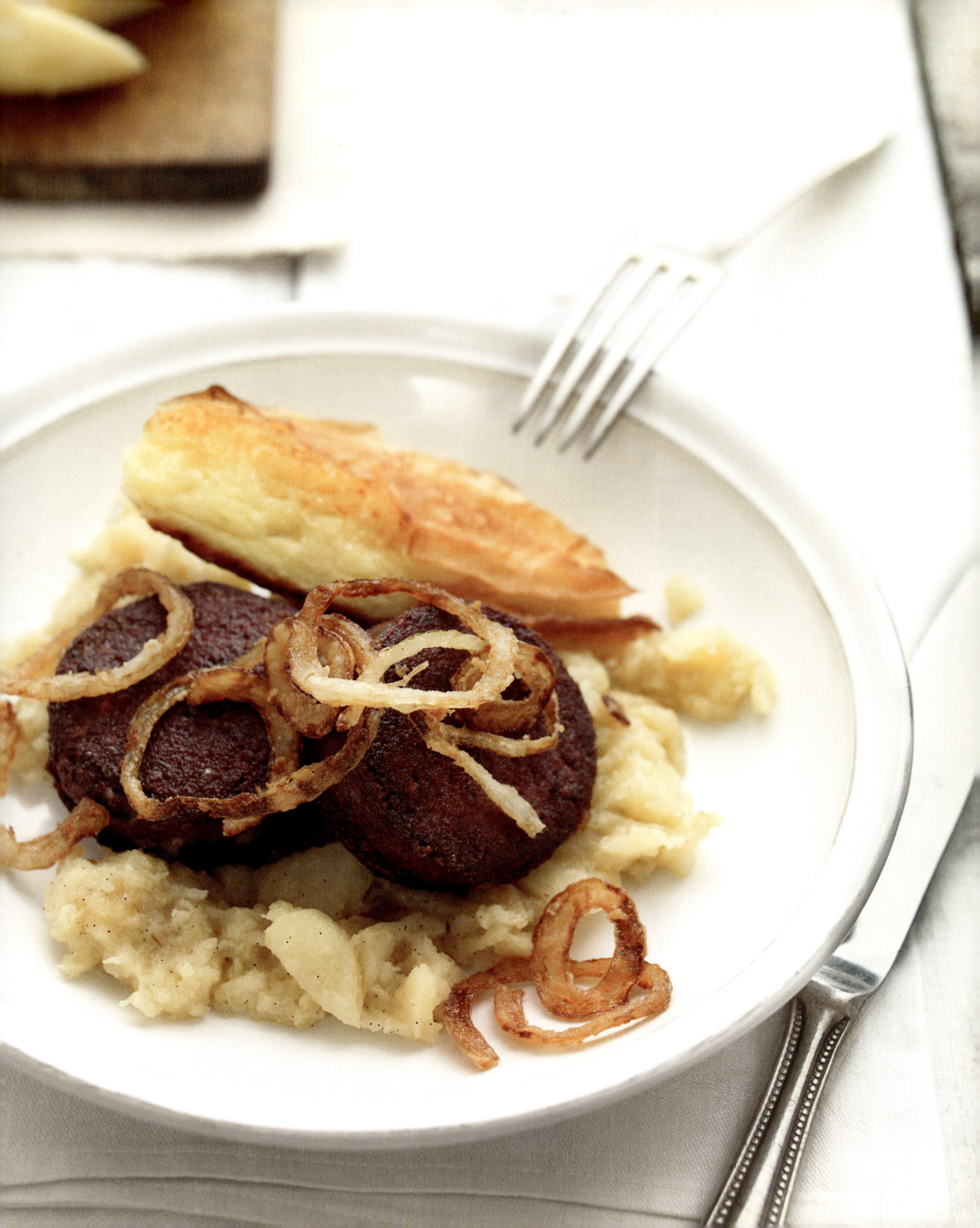

Apfel, Birne & Quitte

Warmes Törtchen von zweierlei Käse
mit Rotweinbirnen

Zutaten für 4 Personen

2 feste Birnen
100 ml lieblicher Rotwein
1 EL Zucker
1 Gewürznelke
1 Sternanis
200 g Blauschimmelkäse (z.B. Fourme d'ambert)
200 g Ziegenfrischkäse (z.B. Picandou oder St. Maure)
2 EL Birnen- oder Feigensenf
1 Bund Kerbel

1 Die Birnen waschen, schälen und halbieren, die Kerngehäuse entfernen. Mit einem Kugelausstecher kleine Kugeln ausstechen und in eine Schüssel geben.

2 Den Wein, mit dem Zucker, der Gewürznelke und dem Sternanis in einem kleinen Topf kurz aufkochen. Die Birnen mit dem gewürzten Wein übergießen und 3 Stunden ziehen lassen.

3 Den Backofen auf 120 °C vorheizen. Den Blauschimmelkäse und den Ziegenfrischkäse mit einem kleinen Metallring rund ausstechen bzw. in Scheiben schneiden, übereinander in Porzellanlöffeln anrichten und auf ein mit Backpapier belegtes Backblech setzen. Alternativ die Törtchen ohne Löffel auf das Backblech setzen. Die Törtchen mit dem Senf bestreichen und im Ofen 3 bis 5 Minuten erwärmen. Die Törtchen aus dem Ofen nehmen, kurz ausdampfen lassen und für weitere 5 Minuten in den Ofen geben. Danach diesen Vorgang noch einmal wiederholen.

4 Den Kerbel waschen und trocken schütteln, die Blätter abzupfen. Die Käsetörtchen aus dem Ofen nehmen und kurz vor dem Servieren mit den lauwarmen Birnenkugeln und Kerbelblättern garnieren.

Björns Tipp

» Diese Käsetörtchen sind nicht nur ideal als Fingerfood für eine Party, sondern eignen sich mit knusprig gebackenem Baguette auch super als raffinierte Vorspeise. «

> Apfel, Birne & Quitte

Birnen-Pfannkuchen
mit Radicchio und Gorgonzolasauce

Zutaten für 4 Personen

Für die Birnen-Pfannkuchen:
- 4 Eier
- Salz
- 2 EL Zucker
- 1/2 l Milch
- ca. 200 g Mehl
- 2 Zwiebeln
- 1 sehr reife Birne
- 1 feste Birne
- 2 EL Öl

Für die Gorgonzolasauce:
- 1/2 l Milch
- 4 EL Crème double
- 160 g Gorgonzola
- Salz · Pfeffer aus der Mühle

Außerdem:
- 1 Radicchio
- 6 EL gehackte Petersilie

1 Für die Birnen-Pfannkuchen die Eier trennen. Die Eiweiße mit 1 Prise Salz zu sehr steifem Schnee schlagen, dabei den Zucker einrieseln lassen. Die Milch mit den Eigelben und 1 TL Salz aufschlagen, dann nach und nach so viel Mehl unterrühren, bis ein sämiger Teig entstanden ist. Zum Schluss den Eischnee vorsichtig unterheben.

2 Die Zwiebeln schälen und in feine Würfel schneiden. Die Birnen vierteln, schälen und die Kerngehäuse entfernen. Die Birnen in Spalten schneiden.

3 In zwei Pfannen jeweils 1 EL Öl erhitzen, die Zwiebelwürfel auf die Pfannen verteilen und darin andünsten. Die Birnenspalten in die Pfannen geben und den Teig gleichmäßig darübergießen. Die Birnenpfannkuchen zugedeckt bei schwacher Hitze etwa 10 Minuten backen. Wenn die Oberfläche trocken und der Boden leicht gebräunt ist, den Pfannkuchen wenden. Dafür den Pfannkuchen vorsichtig auf einen großen Teller gleiten lassen, wieder in die Pfanne stürzen und auf der anderen Seite goldbraun backen.

4 Für die Gorgonzolasauce die Milch in einem Topf erhitzen. Die Crème double und den Gorgonzola hinzufügen und bei mittlerer Hitze cremig einkochen, dabei immer wieder mit dem Schneebesen umrühren. Die Sauce mit Salz und Pfeffer abschmecken.

5 Den Radicchio putzen, längs halbieren und den bitteren Strunk herausschneiden. Die Blätter ablösen, waschen, trocken schleudern und in feine Streifen schneiden.

6 Den Radicchio und die Petersilie auf den Pfannkuchen verteilen. Die Pfannkuchen mithilfe eines Pfannenwenders auf ein Schneidebrett geben, halbieren und auf Tellern anrichten. Die Gorgonzolasauce auf den Birnen-Pfannkuchen verteilen.

Apfel, Birne & Quitte

Birnen-Gorgonzola-Tartes
mit Knusperspeck

Zutaten für 4 Personen

4 Scheiben Frühstücksspeck
2 Blätterteigplatten (tiefgekühlt)
2 feste reife Birnen
200 g Gorgonzola
1 Eigelb
je 1 Zweig Rosmarin und Thymian
4 EL Honig
Pfeffer aus der Mühle

1 Den Backofen auf 100 °C vorheizen. Ein Backblech mit Backpapier belegen. Die Speckscheiben darauf verteilen und im Ofen auf der mittleren Schiene etwa 20 Minuten knusprig backen. Den Speck herausnehmen und die Backofentemperatur auf 180 °C erhöhen.

2 Den Blätterteig aus der Verpackung nehmen und aus den Platten 4 Kreise (8 bis 10 cm Durchmesser) ausstechen. Aus den Teigresten Ringe für die Ränder der Tartes formen. Die Birnen waschen, vierteln und die Kerngehäuse entfernen. Die Birnenviertel in dünne Spalten schneiden. Den Gorgonzola in kleine Würfel schneiden. Das Eigelb verquirlen.

3 Die Tartes mit den Birnenspalten und den Gorgonzolawürfeln belegen und die Teigränder mit dem Eigelb bestreichen. Die Tartes im Ofen auf der mittleren Schiene etwa 15 Minuten backen.

4 Den Rosmarin und den Thymian waschen und trocken tupfen. Mit dem Honig in einem kleinen Topf aufkochen und durch ein Sieb gießen.

5 Die Birnen-Gorgonzola-Tartes auf Tellern anrichten und den Kräuter-Honig darum herumträufeln. Etwas Pfeffer über die Tartes mahlen und mit den Speckscheiben garniert servieren. Dazu passt ein Friséesalat mit einer Vinaigrette.

Björns Tipp

» Dieses Gericht kann man gut vorbereiten, die fertig belegten Tartes lassen sich komplett einfrieren. Wir nehmen eher feste Birnen, weil sie nicht so schnell zerfallen, dafür aber auch weniger Süße haben. Die holen wir uns mit dem Kräuterhonig einfach wieder. «

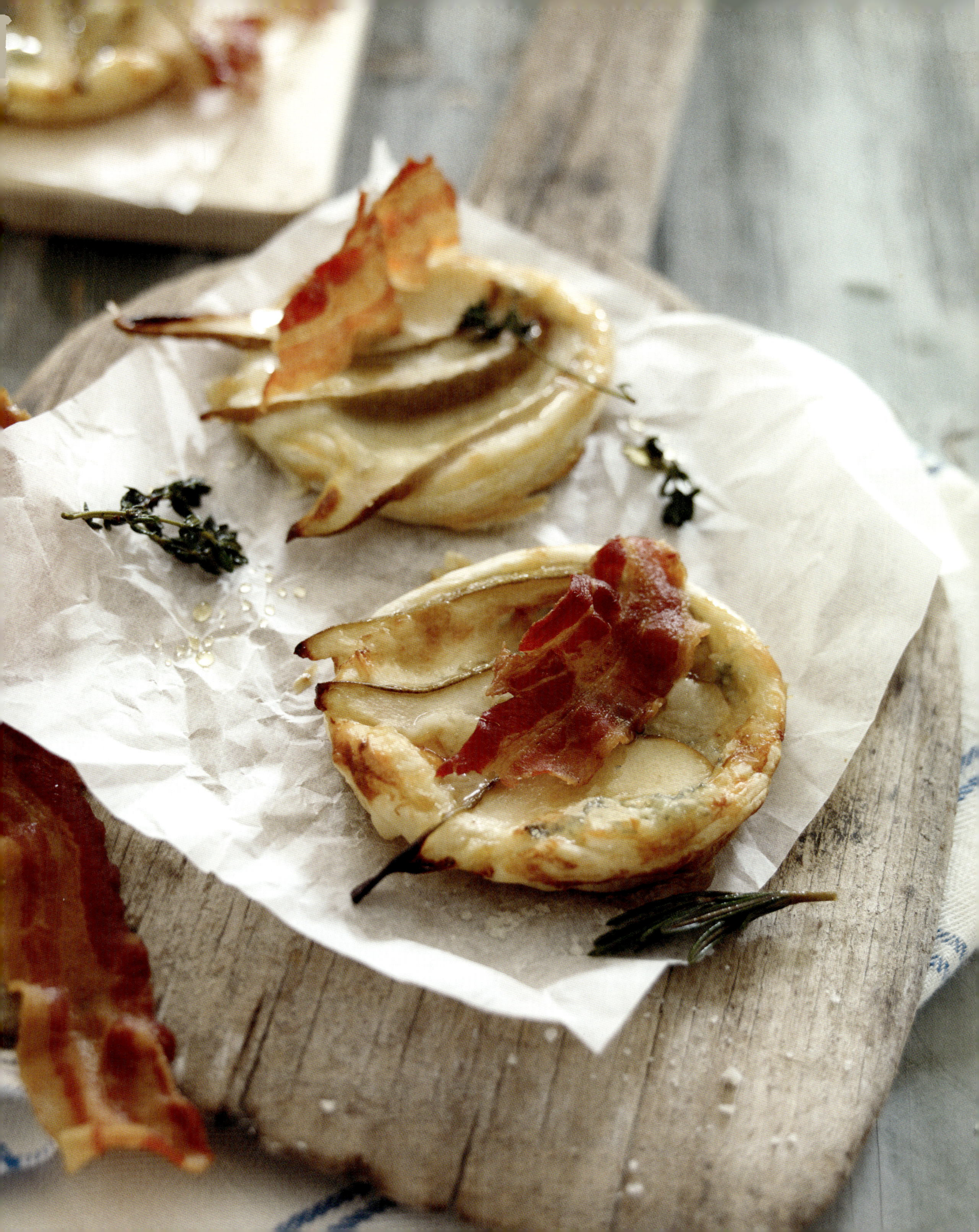

Apfel, Birne & Quitte

Birnen, Bohnen und Speck

Zutaten für 4 Personen

1 Rinderbeinscheibe (ca. 350 g)
1 Gemüsezwiebel
½ Sellerieknolle (ca. 300 g)
1 Möhre
1 Stange Lauch
1 Bund Petersilie
1 kg grüne Bohnen
100 g fetter Speck (am Stück)
1-3 EL Mehl
800 g vorwiegend festkochende Kartoffeln
4 Mettenden (Kohlwürste)
4 Birnen
1-2 EL Essig
3 EL Crème fraîche
1 TL ganzer Kümmel
1 Bund Bohnenkraut
Salz · Pfeffer aus der Mühle

1 Die Beinscheibe waschen und in einen mittelgroßen Topf legen. Die Zwiebel schälen und halbieren. Eine Hälfte in feine Würfel schneiden und beiseitelegen. Den Sellerie und die Möhre putzen, schälen und in Stücke schneiden. Den Lauch putzen, waschen und in Ringe schneiden. Die Petersilie waschen und trocken schütteln. Die halbe Zwiebel am Stück, den Sellerie, die Möhre, den Lauch und die Petersilie zur Beinscheibe geben und 2 bis 3 l kaltes Wasser dazugießen. Aufkochen und alles offen 2 Stunden leicht köcheln lassen.

2 Die Bohnen putzen, waschen und in kleine Stücke schneiden. Den Speck in Würfel schneiden und in einem Suppentopf bei mittlerer Hitze auslassen. Die beiseitegelegten Zwiebelwürfel dazugeben und im Speckfett andünsten.

3 Das Mehl zum Speck geben, unterrühren und kurz anschwitzen. Die Beinscheibe aus dem Eintopf nehmen. Die Fleischbrühe durch ein Sieb zum Speck und den Zwiebeln gießen.

4 Die Kartoffeln schälen, waschen und in kochendem Salzwasser 20 bis 25 Minuten weich garen. (Alternativ können Sie die Kartoffeln auch in Würfel schneiden und zusammen mit den anderen Zutaten in der Brühe garen.)

5 Die Kartoffeln abgießen, abtropfen lassen und in mundgerechte Stück schneiden. Die Bohnen und die Kartoffeln zur Brühe geben. Die Mettenden mit einem spitzen Messer einstechen und ebenfalls zur Brühe geben. Die Birnen vierteln, schälen und die Kerngehäuse entfernen. Das Birnenfruchtfleisch in Stücke schneiden und zum Eintopf geben. Umrühren und den Eintopf etwa 15 Minuten köcheln lassen.

6 Den Essig, die Crème fraîche und den Kümmel unter den Eintopf rühren. Das Bohnenkraut waschen und trocken schütteln, die Blätter abzupfen, fein hacken und darüberstreuen. Den Bohneneintopf mit Salz und Pfeffer abschmecken, in Suppenteller verteilen und servieren.

Björns Tipp

» Je mehr Mehl Sie nehmen und im Speckfett anschwitzen, desto sämiger wird später die Suppe. «

Apfel, Birne & Quitte

Quittengulasch
mit westfälischem Weideochsen und Fladenbrot

Zutaten für 4 Personen

Für das Quittengulasch:
600 g Weideochsenfleisch (aus der Keule; am besten direkt vom Hof)
3 Quitten
je 1 TL weiße Pfeffer- und Pimentkörner und Kreuzkümmelsamen
2 EL Öl
½ l Rinderfond
2 Lorbeerblätter
3 EL Granatapfelsirup (z.B. aus dem Bioladen)
1 TL Salz

Für das Fladenbrot:
½ Würfel frische Hefe (21 g)
300 g Mehl (Type 550) und Mehl für die Arbeitsfläche
1 TL feines Meersalz
1 EL Olivenöl
2 EL Öl

1 Für das Quittengulasch das Weideochsenfleisch in Würfel schneiden. Die Quitten mit einem Tuch gut abreiben, schälen, vierteln und die Kerngehäuse entfernen. Das Fruchtfleisch in Würfel schneiden. Die Pfeffer- und Pimentkörner mit den Kreuzkümmelsamen im Mörser zerstoßen.

2 Das Öl in einem Bräter erhitzen und das Fleisch darin rundum kräftig anbraten. Mit dem Fond ablöschen und die Quitten, die Gewürze, die Lorbeerblätter, den Granatapfelsirup und etwas Salz dazugeben. Das Gulasch zugedeckt 1 bis 1½ Stunden sanft köcheln lassen, bis das Fleisch zart ist.

3 Inzwischen für das Fladenbrot die Hefe zerbröckeln und mit 200 ml lauwarmem Wasser verrühren. Das Mehl und das Meersalz in einer großen Schüssel mischen, die Hefe und das Olivenöl dazugeben und alles mit den Knethaken des Handrührgeräts zu einem geschmeidigen Teig verkneten. Mit Mehl bestäuben und zugedeckt 15 bis 30 Minuten gehen lassen.

4 Den Teig in 4 Stücke teilen und auf der bemehlten Arbeitsfläche möglichst dünn und rund ausrollen. In einer Pfanne 1 TL Öl erhitzen und einen Teigfladen darin auf jeder Seite etwa 1 Minute goldbraun backen. Mit dem restlichen Brotteig ebenso verfahren.

5 Das Quittengulasch noch einmal abschmecken und in tiefen Tellern anrichten. Das Fladenbrot dazu servieren.

Apfel, Birne & Quitte

Rehrücken
mit Senf-Quitten und Schwarzwurzeln

Zutaten für 4 Personen

2 große Quitten
3 EL Zucker
¼ l Weißwein
1 TL Senfpulver
Salz
Zitronensaft
800 g Schwarzwurzeln
1 Rehrückenfilet (ca. 700 g)
Pfeffer aus der Mühle
1 EL Butterschmalz

1 Die Quitten mit einem Tuch gut abreiben, schälen, vierteln und die Kerngehäuse entfernen. Die Quitten in kleine Würfel schneiden. Den Zucker in einem Topf karamellisieren. Die Quittenwürfel, 100 ml Wasser, den Wein und das Senfpulver dazugeben und die Quitten zugedeckt bei mittlerer Hitze etwa 10 Minuten weich garen.

2 Inzwischen in einem Topf Salzwasser mit einem Spritzer Zitronensaft bereitstellen. Die Schwarzwurzeln unter fließendem kaltem Wasser gründlich abbürsten, dann schälen (dabei am besten Einweghandschuhe tragen), in 3 bis 4 cm lange Stücke schneiden und sofort in das Zitronenwasser legen, damit sie hell bleiben, bis alle geschält sind. Das Wasser aufkochen und die Schwarzwurzeln darin etwa 10 Minuten bissfest garen. In ein Sieb abgießen und abtropfen lassen.

3 Den Backofen auf 140 °C vorheizen. Ein Ofengitter auf die mittlere Schiene und darunter ein Abtropfblech schieben. Das Rehrückenfilet gegebenenfalls von Häuten und Sehnen befreien. Das Fleisch waschen, trocken tupfen, in etwa 5 cm lange Stücke schneiden und mit Pfeffer würzen.

4 Das Butterschmalz in einer Pfanne erhitzen und die Fleischstücke darin bei mittlerer Hitze auf jeder Seiten etwa 1 Minute anbraten. Auf das Ofengitter legen und im Ofen etwa 8 Minuten rosa garen.

5 Nach Belieben 2 Zweige Thymian waschen und trocken tupfen. In einer Pfanne 2 EL Olivenöl erhitzen und die Schwarzwurzeln und den Thymian darin schwenken. Mit Salz und Pfeffer würzen. Die Quitten mit dem Stabmixer grob pürieren. Den Rehrücken aus dem Ofen nehmen, in Scheiben schneiden und mit den Schwarzwurzeln und den Senf-Quitten auf vorgewärmten Tellern anrichten.

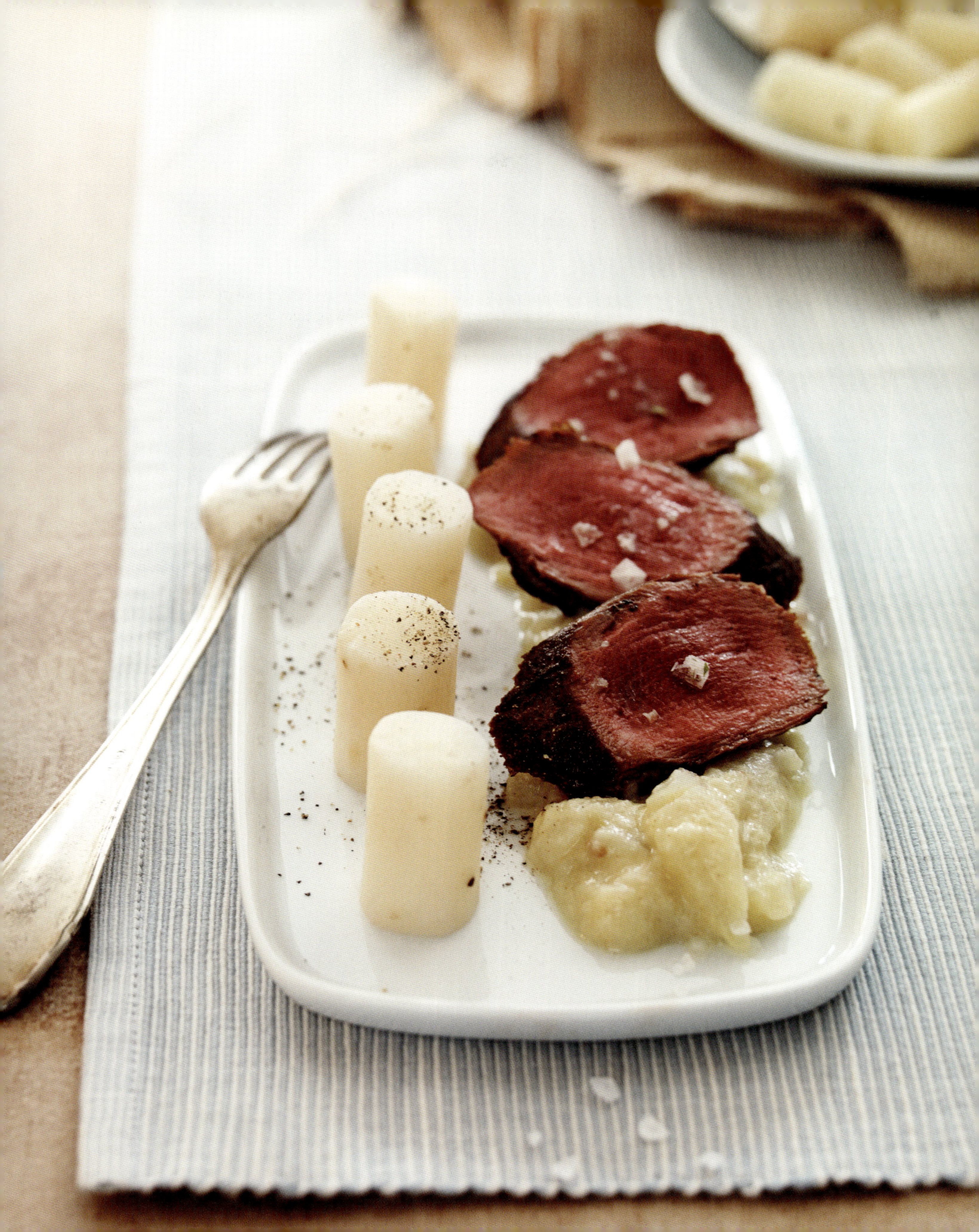

Apfel, Birne & Quitte

Gestürzte Quitten-Tarte
mit Granatapfel

Zutaten für 4 bis 6 Personen
(Zutaten für eine Tarteform mit 28 cm Durchmesser)

1 TL Butter
3-4 EL brauner Zucker
2-3 Quitten (ca. 800 g)
1 Granatapfel
275 g Blätterteig (ausgerollt; aus dem Kühlregal)

1 Eine Tarteform (oder eine Springform) mit der Butter einfetten, den braunen Zucker daraufstreuen und die Form rütteln, bis sich der Zucker gleichmäßig darin verteilt hat.

2 Die Quitten mit einem Tuch gut abreiben, schälen, vierteln und die Kerngehäuse entfernen. Das Fruchtfleisch in dünne Spalten schneiden. Den Granatapfel mit etwas Druck auf der Arbeitsfläche rollen, damit sich die Kerne lösen. Den Granatapfel halbieren und im Spülbecken (denn das spritzt!) mit einem Löffel von hinten daraufklopfen, die herausfallenden Kerne in einer Schüssel auffangen.

3 Den Backofen auf 200 °C vorheizen. Die Quittenspalten gleichmäßig in der Backform auslegen und ein paar Esslöffel Granatäpfelkerne darüber verteilen. Den Blätterteig über der Backform auslegen. Den Teig sanft in die Form drücken und den überstehenden Rand seitlich um die Quittenspalten herum festdrücken. Den Teig mit einer Gabel mehrmals einstechen, damit der Dampf beim Backen entweichen kann.

4 Die Tarte im Ofen auf der untersten Schiene 15 bis 20 Minuten backen, bis der Blätterteig aufgegangen und goldbraun geworden ist.

5 Die Tarte aus dem Ofen nehmen. Einen großen Teller oder ein großes Schneidebrett auf die Form legen und die Tarte herausstürzen. Kurz abkühlen lassen, in Stücke schneiden und servieren.

Björns Tipp

» Das Rezept schmeckt auch sehr gut mit eingemachten Quitten. Hierfür die Quittenstücke mit je einem Teil Weißwein und Läuterzucker (siehe S. 111) bedecken und aufkochen. Dann heiß in sterilisierte Einmachgläser füllen und an einem dunklen, kühlen Ort einlagern. «

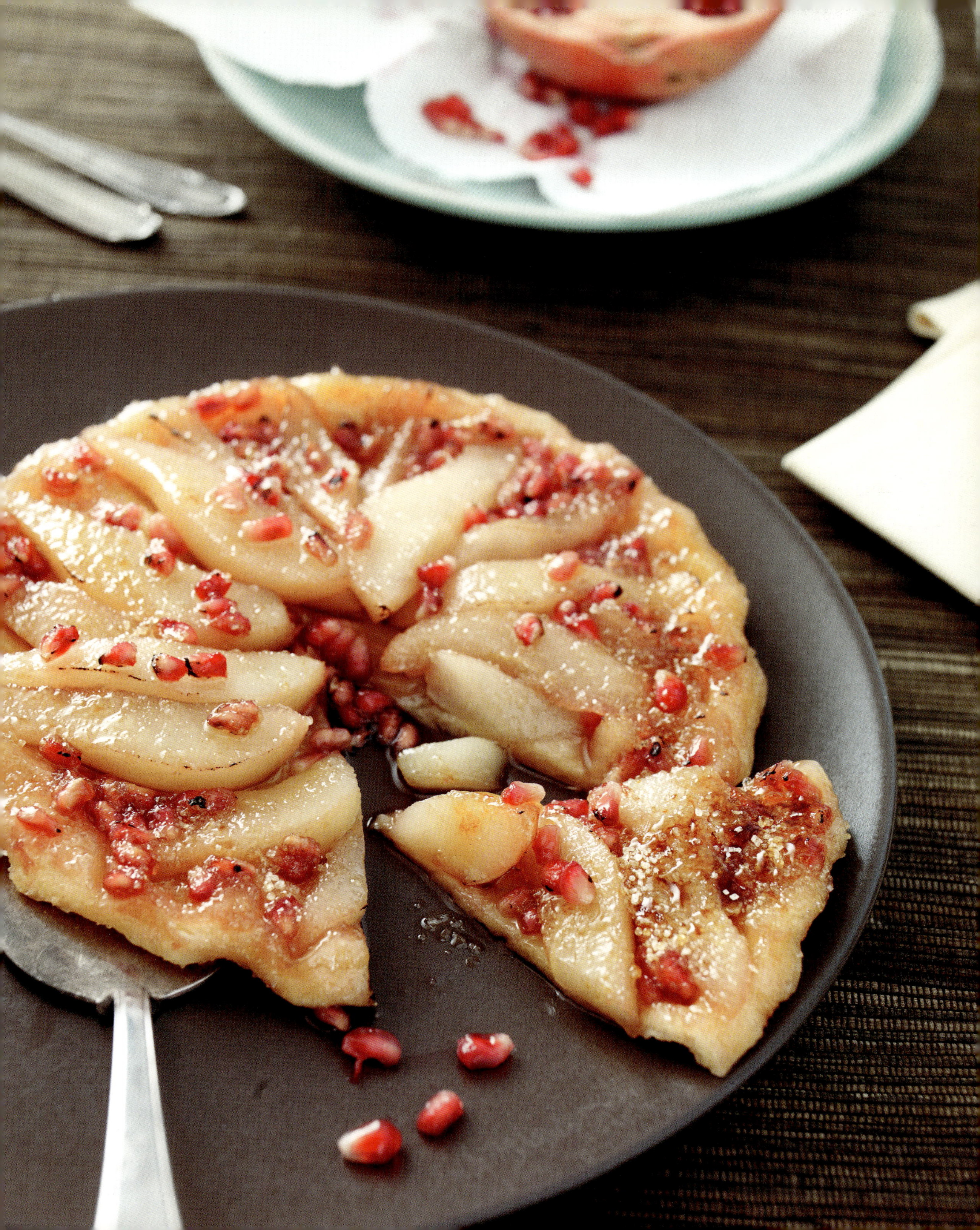

Kartoffel, Kürbis & Rote Bete

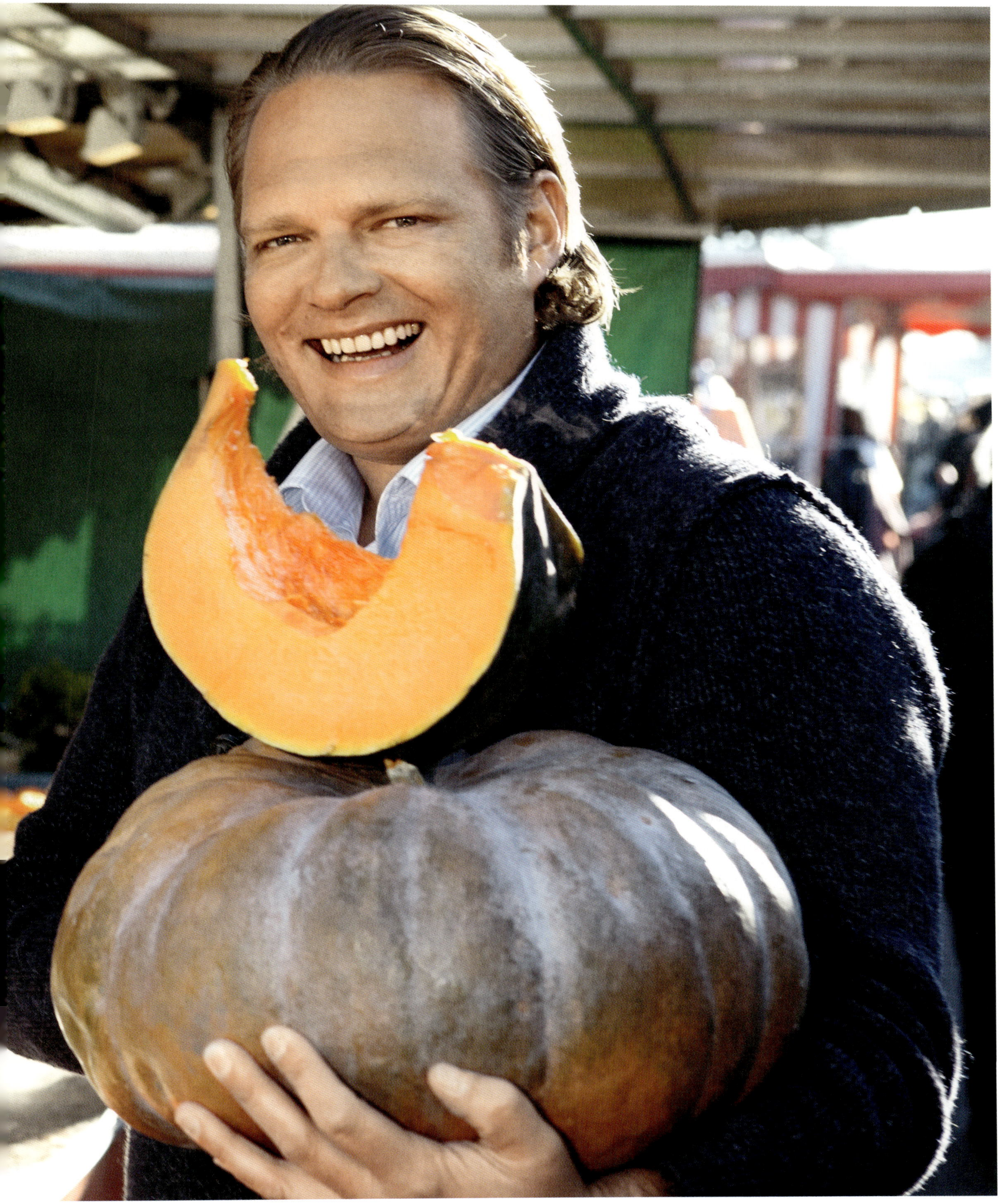

Kartoffel, Kürbis & Rote Bete

Kartoffel

Einkauf: Das Kartoffel-Einerlei im Handel ist oft deprimierend, wenn man bedenkt, wie viele interessante Sorten existieren! Die meisten von ihnen entsprechen nicht den gängigen Industrie- und Handelsnormen, scheinbar Grund genug, dass sie langsam aussterben. Ich kenne ein paar engagierte Bauern, die die Vielfalt erhalten wollen. Dort finde ich blaue, rote oder violette Erdäpfel, längliche, kugelige oder krumme. Das Saatgut ist selten und teuer, die Erträge gering, die Ernte verlangt den Landwirten einiges ab. Daher ist es wichtig, dass ich als Profikoch dieses Engagement unterstütze. Beziehen kann man diese Erdäpfel auf Wochenmärkten, in Hofläden, bei Biolandwirten, in Feinkostgeschäften oder über das Internet.

Küche: Je nach Sorte werden geschälte Kartoffeln an der Luft mehr oder weniger schnell braun. Das kann man vermeiden, indem man sie luftdicht in Folie verpackt oder mit Wasser bedeckt. Ich empfehle aber, geschälte Kartoffeln sofort weiterzuverarbeiten.

Ernährungstipp von Anja Tanas

» Haben Kartoffeln grüne Stellen, sollten diese großzügig weggeschnitten werden. In diesem Bereich befinden sich giftige Abwehrstoffe der Pflanze in hoher Konzentration. Durch Lichteinfall z.B. bei unsachgemäßer Lagerung wird die Bildung dieser sogenannten Alkaloide, darunter Solanin, gefördert. «

Kürbis

Einkauf: Bei Kürbissen kann ich mich schwer entscheiden. Am Ende lande ich auch oft bei den gängigen Sorten, wie Hokkaido oder Butternut. Hier und da traue ich mich an Exoten, wie den Spaghettikürbis mit seinen langen Fruchtfleischfäden oder den Hubbard. Winterkürbisse werden im späten Herbst vollreif geerntet. Beim Kauf muss die Schale unversehrt sein, ein Teil vom Stiel sollte noch in der Frucht stecken. Reife Kürbisse sind schwerer, als sie aussehen, und wenn man auf die Schale klopft, dann ertönt ein hohles Geräusch.

Lagerung: Einen unversehrten Winterkürbis kann man im kühlen Keller mehrere Wochen lagern. Angeschnittene Kürbisse lege ich in den Kühlschrank, ins Gemüsefach. Die Schnittstellen sollte man mit Frischhaltefolie abdecken. So kann man noch rund eine Woche von dem Kürbis essen. Ansonsten mein Tipp: Den rohen Kürbis kleinschneiden und einfrieren!

Küche: Kürbisse beflügeln die Kreativität, das mag ich so an ihnen. Sie lassen sich zu köstlichen Suppen, Reibekuchen, Aufläufen und Chutneys verarbeiten. Und sind die Messer scharf, dann geht auch das Schälen der kräftigen Schale wie von allein.

Ernährungstipp von Anja Tanas

» Reine Zierkürbisse sehen sehr verlockend aus, doch sollte man sie auf keinen Fall essen. Anders als Speisekürbisse enthalten sie den Bitterstoff Cucurbitacin in großen Mengen, was zu starken Magen- und Darmbeschwerden und sogar zu Vergiftungen führen kann. «

Kartoffel, Kürbis & Rote Bete

Rote Bete

Einkauf: Viele kennen Rote Beten nur geschält, gekocht und in Plastikfolie oder in Gläsern eingequetscht – so küchenfertig wird die Rote Bete im Supermarkt angeboten. Wenn es schnell gehen soll, ist das natürlich praktisch. Für Salate brauche ich die kugeligen Rüben jedoch roh.

Rote Bete ist ein gutes Lagergemüse und daher der Renner in der kalten Jahreszeit, wenn die Region ansonsten nicht viel zu bieten hat. Ab Mai kann man die jungen, noch kleinen Rübchen ernten und genießen, sie schmecken dann ganz besonders mild und lecker, sind knackig und saftig frisch. Sogar der grüne Blattschopf kann mitverarbeitet werden. In gut sortierten Gemüseläden bekommt man sie im Bund.

Küche: Gleich nach dem Abbürsten der Roten Bete unter fließendem Wasser ziehe ich mir Gummihandschuhe über, sonst würde ich noch tagelang mit roten Fingern herumlaufen. Die Rote Bete färbt so intensiv und kennt in dieser Hinsicht keine Gnade. Dann am besten raspeln, immer mit Tellern und Schalen aus Glas oder Porzellan arbeiten. Die Raspeln von anderen Zutaten getrennt lagern, sonst wird alles ein roter Einheitsbrei.

Für manche Gerichte benötigt man aber vorgegarte Beten. Dafür die rohe Rübe zunächst unter Wasser von Erde befreien. Darauf achten, dass die Schale völlig unverletzt ist und bleibt, auch den Blattstrunk nicht zu tief abschneiden, wir wollen ja nicht, dass die Rote Bete ausblutet. Dann je nach Größe bis zu eine Stunde lang kochen, danach auskühlen lassen und wie Kartoffeln pellen. Kinderleicht würde ich sagen!

Manch einer meint, die Beten schmecken dumpf und nach Erde. Zugegeben, das Aroma verträgt schon das ein oder andere Gewürz. Ich kombiniere Rote Bete gern mit frischem Liebstöckel. Auch Piment passt hervorragend, ganz zu schweigen von etwas Schärfe durch Chili oder Senf. Etwas Essig und eine Prise Zucker sind ein Muss, aber bei manchen Gerichten darf es auch mal mehr sein, ja, auch karamellisieren kann man die roten Knollen. Und Zitrusfrüchte harmonieren, sie werden staunen!

Ernährungstipp von Anja Tanas

》 Rote Beten liefern reichlich Folsäure und Eisen und tragen so zur Blutbildung bei, was insbesondere bei Vegetariern von Vorteil sein kann. Um die Verfügbarkeit des Eisens zu verbessern, sollte man Rote Bete am besten mit Vitamin-C-reichen Produkten wie Zitronen- oder Orangensaft kombinieren. 《

Kartoffel, Kürbis & Rote Bete

Kartoffelpüree

Zutaten für 4 Personen
1 kg mehligkochende Kartoffeln
Salz
300 ml Milch
4 EL Butter
frisch geriebene Muskatnuss

1 Die Kartoffeln schälen, waschen und in einen Topf mit kaltem Salzwasser legen. Das Salzwasser zum Kochen bringen und die Kartoffeln darin 20 bis 25 Minuten weich garen.

2 Die Milch in einem kleinen Topf erhitzen. Die Kartoffeln abgießen und durch die Kartoffelpresse in eine Schüssel drücken. Die heiße Milch, die Butter, etwas Salz und 1 Prise Muskatnuss mit einem Kochlöffel unterrühren.

Björns Tipp

» Im Winter lässt sich das Püree mit Piment, Anis, Zimt und gehackten Walnüssen verfeinern, im Frühling geben gehackter Bärlauch, Kresse, junger Löwenzahn, Frühlingszwiebeln oder Rucola dem Püree eine frische Note. «

Kartoffelstampf
mit Estragon und Senf

Zutaten für 4 Personen
6 große vorwiegend festkochende Kartoffeln
1 Bund Estragon
4 EL saure Sahne
4 EL Crème fraîche
4 EL Balsamico bianco
4 EL körniger Senf
Meersalz
4 EL Butter

1 Den Backofen auf 200 °C vorheizen. Die Kartoffeln gründlich waschen und mit der Schale einzeln in Alufolie wickeln und auf ein Backblech legen. Die Kartoffeln im Ofen auf der mittleren Schiene 45 bis 50 Minuten garen.

2 Den Estragon waschen und trocken schütteln. Die Blätter abzupfen und fein hacken. Die saure Sahne, die Crème fraîche, den Essig, den Estragon und den Senf verrühren. Mit Meersalz abschmecken.

3 Die Kartoffeln aus der Folie nehmen, pellen und in eine Schüssel geben. Die Butter dazugeben und die Kartoffeln mit dem Kartoffelstampfer zerdrücken. Die Estragon-Senf-Mischung unterrühren.

Björns Tipp

» Das Besondere am Stampf: Er schmeckt ähnlich sämig wie eine Ofenkartoffel mit Dip und lässt sich toll vorbereiten. «

Kartoffel, Kürbis & Rote Bete

Backkartoffeln
mit Lauch und Speck

Zutaten für 4 Personen
8 große festkochende Kartoffeln
2 kleine Stangen Lauch
6 Scheiben durchwachsener Räucherspeck
4 EL Olivenöl
Salz · Pfeffer aus der Mühle
1–2 EL Chilisauce

1 Den Holzkohlegrill vorheizen. Die Kartoffeln gründlich waschen, der Länge nach halbieren und aushöhlen. Dafür das Innere mit einem kleinen Küchenmesser oder Kugelausstecher entfernen, dabei einen etwa 1 cm breiten Rand stehen lassen.

2 Den Lauch putzen, waschen und längs halbieren. Den Lauch quer in feine Streifen schneiden. Den Speck in kleine Würfel schneiden.

3 Das Olivenöl in einer Pfanne erhitzen. Den Lauch und den Speck hinzufügen und unter Rühren anbraten. Die Lauch-Speck-Mischung mit Salz, Pfeffer und Chilisauce abschmecken.

4 Die Kartoffelhälften innen mit Salz würzen und die Lauch-Speck-Mischung darauf verteilen. Die Kartoffeln wieder zusammensetzen, jeweils auf ein Stück Alufolie legen und fest darin einwickeln.

5 Die gefüllten Kartoffeln in der Glut des Grills etwa 30 Minuten garen.

Björns Tipp

» Die mit Lauch und Speck gefüllten Kartoffeln können auch im Backofen bei 200 °C 40 bis 45 Minuten gegart werden, dabei zwischendurch wenden. Bevor Sie die Kartoffeln herausnehmen, machen Sie am besten eine Garprobe. Einfach mit einem spitzen Messer in die Mitte einer Kartoffel stechen. Lässt es sich mühelos herausziehen, ist sie gar. «

Kartoffelgratin

Zutaten für 4 Personen
1 kg festkochende Kartoffeln
1 EL Butter
Salz
frisch geriebene Muskatnuss
300 g Crème fraîche

1 Den Backofen auf 180 °C vorheizen. Die Kartoffeln schälen, waschen und in hauchdünne Scheiben schneiden oder hobeln.

2 Ein Backblech mit Backpapier belegen und mit Butter bestreichen. Etwas Salz und Muskatnuss auf die Butter streuen. Die Kartoffelscheiben dachziegelartig auf dem gesamten Blech auslegen und mit Salz würzen.

3 Die Crème fraîche mit einem Löffel gleichmäßig auf den Kartoffeln verstreichen. Das Gratin im Ofen auf der mittleren Schiene etwa 20 Minuten backen, bis sich Crème fraîche und Kartoffeln verbunden haben und die Oberfläche leicht gebräunt ist. Passt gut zu gebratenem Fischfilet oder Entenbrust.

Kartoffel, Kürbis & Rote Bete

Bratkartoffelsalat
mit Radieschen und Eifel-Forelle »Müllerin Art«

Zutaten für 4 Personen

Für die Mayonnaise und den Bratkartoffelsalat:
4 Eier
2 EL Dijon-Senf
300 ml Öl (z.B. Sonnenblumenöl)
100 ml Weißweinessig
Salz · Pfeffer aus der Mühle
2 TL Zucker
Paprikapulver (edelsüß)
800 g festkochende Kartoffeln
2 EL Olivenöl
2 Zwiebeln
1 große Knoblauchzehe
1 großes Bund Radieschen
1 grüner Salat (z.B. Kopfsalat oder 2 Römersalatherzen)
2 EL Crème fraîche
4 Stiele Petersilie

Für die Forelle:
2 Forellen (z.B. frisch aus der Eifel, à ca. 400 g; küchenfertig)
Salz
Mehl zum Wenden
2 EL Olivenöl

1 Für die Mayonnaise die Eier mit dem Senf in einen hohen Rührbecher geben. Das Öl dazugeben und die Mayonnaise mit dem Stabmixer zubereiten (siehe Tipp). Den Essig hinzufügen und gut unterrühren. Die Mayonnaise mit Salz, Pfeffer, Zucker und Paprikapulver abschmecken und kühl stellen.

2 Für den Salat die Kartoffeln schälen, waschen und in 1 bis 1½ cm große Würfel schneiden. Das Olivenöl in einer Pfanne erhitzen und die Kartoffeln darin bei mittlerer Hitze etwa 15 Minuten braten, dabei gelegentlich wenden.

3 Die Zwiebeln und den Knoblauch schälen. Die Zwiebeln in feine Würfel schneiden, zu den Kartoffeln geben und untermischen. Den Knoblauch längs halbieren. Die Bratkartoffeln und die Zwiebeln an den Pfannenrand schieben und die Pfanne mit dem Knoblauch ausreiben.

4 Die Radieschen putzen, waschen und achteln. In eine Salatschüssel geben. Vom Salat die äußeren Blätter entfernen. Den Salat in die einzelnen Blätter teilen, waschen, trocken schleudern, in mundgerechte Stücke zupfen und zu den Radieschen geben. Die Mayonnaise und die Crème fraîche unterrühren. Die Petersilie waschen und trocken schütteln, die Blätter abzupfen und fein hacken. Die Petersilie und die Bratkartoffeln unter den Salat mischen.

5 Für die Forelle die Fische innen und außen waschen, trocken tupfen und filetieren, die Haut dabei nicht entfernen. Die Filets mit Salz würzen, in Mehl wenden und das überschüssige Mehl abklopfen.

6 Das Olivenöl in einer Pfanne erhitzen und die Forellenfilets darin auf der Hautseite 3 bis 4 Minuten braten, wenden und kurz weiterbraten.

7 Auf große Teller mittig je 3 große Löffel Bratkartoffelsalat setzen und je 1 Fischfilet darüberlegen. Nach Belieben mit frischer Kresse garnieren und die Tellerränder mit etwas Paprikapulver bestäuben.

Björns Tipp

» Ich mache die Mayonnaise einfach mit Vollei. Dafür nehme ich 4 ganze Eier – sie sollten Zimmertemperatur haben – und gebe sie in einen hohen Rührbecher. Dann kommt Senf dazu, denn der ist bei der Mayonnaise unser natürlicher Emulgator. Jetzt nur noch mit dem Öl auffüllen und dann mixen. Ganz wichtig dabei ist, dass man mit dem Stabmixer langsam von ganz unten nach oben zieht, damit sich die Eier schon von unten mit dem Öl verbinden. Und fertig ist die Mayonnaise: ganz selbst gemacht und frei von jeglichen Zusatzstoffen. «

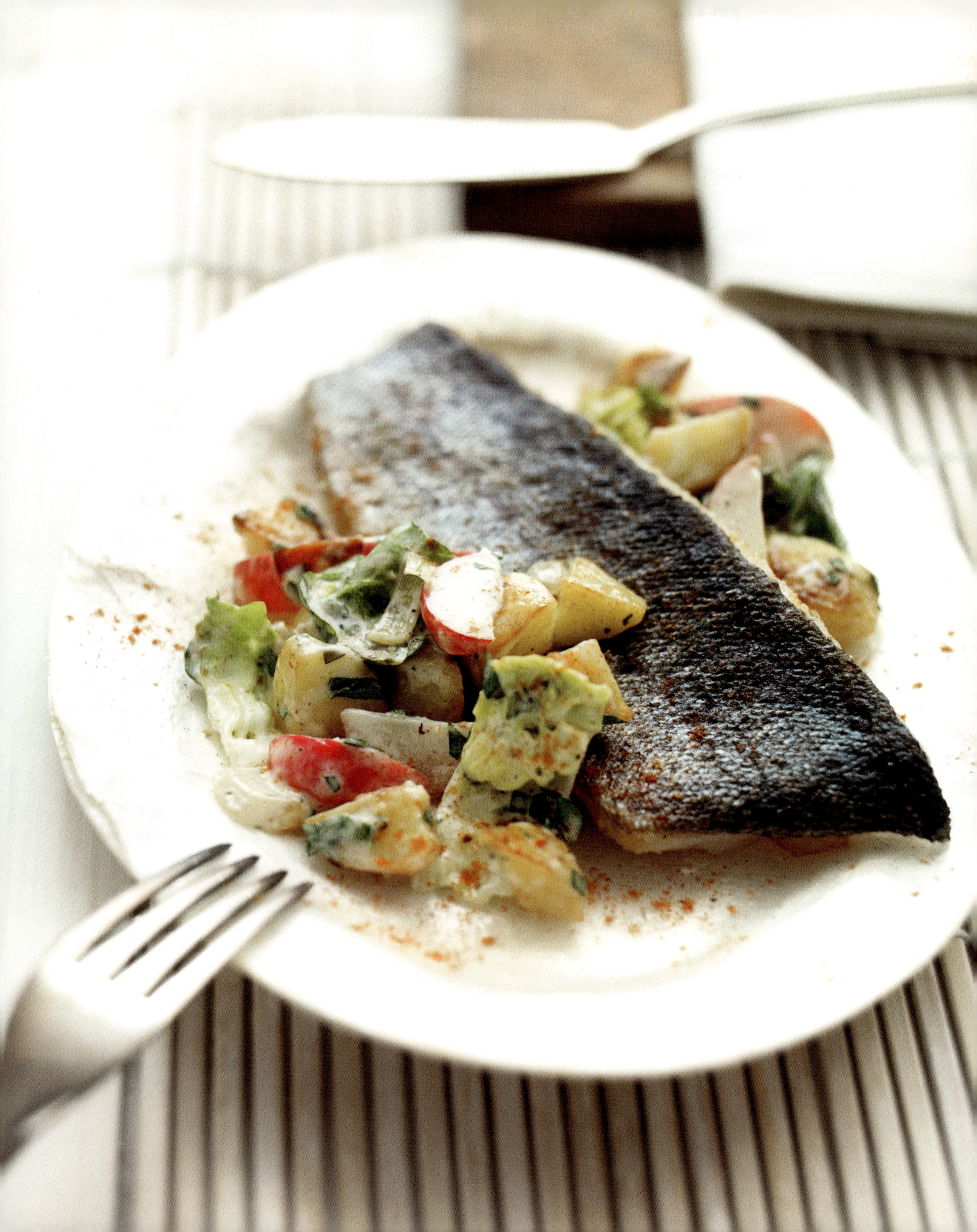

Kartoffel, Kürbis & Rote Bete

Kartoffelsuppe
mit Majoran

Zutaten für 4 Personen

1 kg vorwiegend festkochende Kartoffeln
1 Stange Lauch
2 EL Olivenöl
50 g durchwachsener Räucherspeck (am Stück)
Salz · Pfeffer aus der Mühle
½ l Geflügelfond
2 Lorbeerblätter
frisch geriebene Muskatnuss
½ Bund Majoran
1 Schuss Balsamico bianco
50 g saure Sahne

1 Die Kartoffeln schälen, waschen und in 1 bis 1½ cm große Würfel schneiden. Den Lauch putzen, längs halbieren und waschen. Die grüne Hälfte in quer in Streifen schneiden (die andere Hälfte anderweitig verwenden).

2 Das Olivenöl in einem Topf erhitzen und die Kartoffeln darin andünsten. Den Speck dazugeben und mitdünsten. Mit Salz und Pfeffer würzen. Mit dem Fond ablöschen, die Lorbeerblätter dazugeben und mit etwas Muskatnuss würzen. Die Kartoffeln mit dem Speck zugedeckt etwa 15 Minuten weich garen. Nach 5 Minuten Garzeit den Lauch unterrühren.

3 Den Majoran waschen und trocken schütteln, die Blätter abzupfen und grob hacken. Die Kartoffelsuppe vom Herd nehmen, die Lorbeerblätter und den Speck entfernen. Die Suppe mit Salz, Pfeffer und Essig abschmecken.

4 Die Suppe in tiefe Teller verteilen. Jeweils 1 Klecks saure Sahne in die Mitte geben und den Majoran darüberstreuen.

Variante:

Natürlich schmeckt eine Kartoffelsuppe auch vegetarisch ganz prima: Die Kartoffelsuppe einfach ohne den Speck mit Gemüsebrühe ansetzen. Wer der Suppe noch mehr Würze geben möchte, kann zudem die doppelte Menge an Majoran und zusätzlich 1 Bund Petersilie verwenden. Die gehackten Kräuter dann am Schluss unter die Suppe rühren.

Björns Tipp

» Natürlich kann man Brühen und Fonds, die man zur Zubereitung von Suppen braucht, fertig im Supermarkt kaufen – gekörnt oder im Glas. Am besten schmecken sie aber, wenn man sie selbst herstellt. Die beste Brühe bekommt man mit einem Dampfdrucktopf hin, da hier die Zutaten mit all ihren Aromen unter Druck ausgekocht werden. «

Kartoffel, Kürbis & Rote Bete

Röstzwiebel-Kroketten
mit verlorenen Eiern und Senf-Kräuter-Schaum

Zutaten für 4 Personen

Für die Röstzwiebel-Kroketten:
1 kg mehligkochende Kartoffeln
Salz
2 Zwiebeln
1 EL Butterschmalz
2 EL Speisestärke
frisch geriebene Muskatnuss
ca. 100 g Weißbrotbrösel
Öl zum Ausbacken

Für den Senf-Kräuter-Schaum:
¼ l Gemüsebrühe oder Rinderfond
1 EL mittelscharfer Senf
1 EL Honigsenf
2 TL Zucker
80 g Sahne
Salz · Pfeffer aus der Mühle

Für die Eier:
ca. 50 ml Weißweinessig
Salz
4 sehr frische Eier

Außerdem:
je 1 Stiel Estragon und Petersilie

1 Für die Röstzwiebel-Kroketten die Kartoffeln schälen, waschen und in kochendem Salzwasser etwa 30 Minuten sehr weich garen. Die Zwiebeln schälen und in feine Würfel schneiden. Das Butterschmalz in einem kleinen Topf erhitzen und die Zwiebelwürfel darin andünsten.

2 Die Kartoffeln abgießen, ausdampfen und auskühlen lassen. Dann mit dem Kartoffelstampfer fein zerdrücken. Die Speisestärke und die Hälfte der Zwiebeln untermischen und mit Salz und Muskatnuss würzen. Den Teig gut durchkneten und zu dicken, langen Rollen (etwa 3 cm Durchmesser) formen. Jede Rolle in etwa 6 cm lange Stücke schneiden und rundum in den Weißbrotbröseln wenden.

3 Für den Senf-Kräuter-Schaum die Brühe zu den restlichen Zwiebeln in den Topf geben und bei mittlerer Hitze etwa 10 Minuten einkochen lassen. Beide Senfsorten, den Zucker und die Sahne zur Sauce geben und alles gut verrühren. Mit Salz und Pfeffer abschmecken und ein paar Minuten köcheln lassen.

4 Reichlich Öl in einer Pfanne stark erhitzen – es sollte etwa 1 cm hoch stehen und ist heiß genug, wenn sich an einem hineingehaltenen Holzlöffelstiel Blasen bilden. Die Kroketten darin portionsweise rundum kross anbraten. Dabei immer wieder wenden, bis sie goldbraun sind.

5 Für die Eier in einem großen Topf reichlich Wasser zum Kochen bringen und die Temperatur wieder reduzieren. Den Essig und etwas Salz dazugeben. Ein Ei aufschlagen, in eine große Suppenkelle geben und vorsichtig in das knapp siedende (etwa 90 °C heiße) Essigwasser gleiten lassen. Das Ei mit zwei Löffeln in Form bringen und 4 Minuten ziehen lassen. Mit den anderen Eiern ebenso verfahren.

6 Die Kroketten aus der Pfanne nehmen und auf Küchenpapier abtropfen lassen. Die Senfsauce mit dem Stabmixer aufschäumen. Die Kräuter waschen und trocken tupfen, die Blätter abzupfen und grob hacken.

7 Die Sauce auf den Tellern verteilen. Die Eier mit dem Schaumlöffel aus dem Wasser heben, abtropfen lassen und mittig auf die Sauce setzen. Je 3 bis 4 Röstzwiebel-Kroketten neben den verlorenen Eiern anrichten und mit Kräutern bestreuen.

Kartoffel, Kürbis & Rote Bete

Wachteln
mit Lavendelhonig und Kartoffel-Blätterteig-Tarte

Zutaten für 4 Personen

Für die Kartoffel-Blätterteig-Tarte:
600 g gegarte mehligkochende Kartoffeln (mit Schale; vom Vortag)
Salz · Pfeffer aus der Mühle
frisch geriebene Muskatnuss
100 g Butter
2 Packungen Blätterteig (à 275 g; ausgerollt; aus dem Kühlregal)
2 Eigelb

Für die Wachteln und die Sauce:
4 Wachteln (küchenfertig)
Salz · Pfeffer aus der Mühle
2 EL Öl
400 ml dunkler Bratenfond
2 EL Crème de Cassis (Schwarzer Johannisbeerlikör)
2 EL kalte Butter
2 EL Lavendelhonig
20 g getrocknete Lavendelblüten

1 Für die Kartoffel-Blätterteig-Tarte den Backofen auf 180 °C vorheizen. Die Kartoffeln pellen, durch die Kartoffelpresse in eine Schüssel drücken, mit Salz, Pfeffer und Muskatnuss würzen und mit der Butter verkneten. Aus dem Blätterteig 2 Kreise mit einem Durchmesser von etwa 30 cm ausschneiden.

2 Eine Tarteform (oder Springform; ca. 28 cm Durchmesser) mit 1 Blätterteigkreis auslegen und die Kartoffelmasse daraufstreichen. Mit dem zweiten Blätterteigkreis bedecken und den überstehenden Rand abschneiden. Die Eigelbe verquirlen. Die Kartoffeltarte damit bestreichen und im Ofen auf der mittleren Schiene etwa 20 Minuten backen.

3 Für die Wachteln die Wachteln halbieren, waschen, trocken tupfen und innen und außen mit Salz und Pfeffer würzen. Das Öl in einer Pfanne erhitzen und die Wachteln darin bei mittlerer Hitze rundum etwa 10 Minuten braten. Die Pfanne beiseitestellen und die Wachteln 5 Minuten ruhen lassen.

4 Für die Sauce den Fond mit dem Cassis etwas einkochen lassen. Die kalte Butter in Stücke schneiden und mit dem Schneebesen unterrühren.

5 Den Honig mit den Lavendelblüten verrühren. Die Wachteln in eine ofenfeste Form legen, auf der Hautseite mit dem Lavendelhonig bestreichen. Die Tarte aus dem Ofen nehmen und den Backofengrill einschalten. Die Wachteln unter dem Grill etwa 5 Minuten karamellisieren.

6 Die Kartoffel-Blätterteig-Tarte in Stücke schneiden und mit den Wachtelhälften auf vorgewärmten Tellern anrichten. Die Sauce über die Wachteln träufeln.

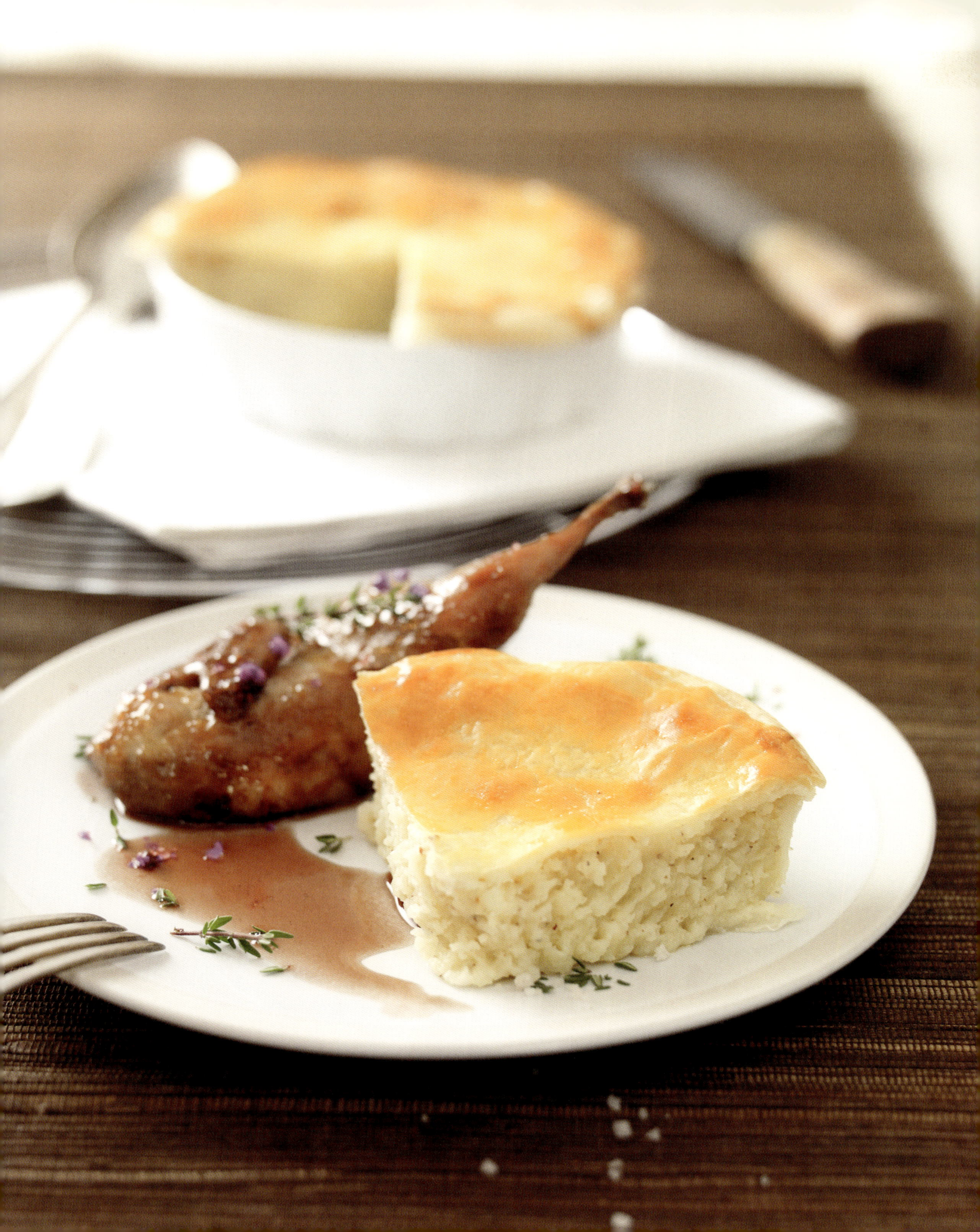

> Kartoffel, Kürbis & Rote Bete

Gegrillte Kürbisstifte mit Ingwer

Zutaten für 4 Personen

ca. 1 kg Kürbis (z.B. Muskatkürbis, Butternusskürbis)
1 Zitrone
200 ml Olivenöl
100 ml Essig · 1 TL Salz
1 großes Stück Ingwer (ca. 80 g)

1 Den Grill vorheizen. Den Kürbis halbieren, schälen, entkernen und in 1 bis 2 cm dicke Stifte schneiden. Die Zitrone halbieren und den Saft auspressen. Die Kürbisstifte mit Olivenöl, Essig, Zitronensaft und Salz in einer Schüssel mischen.

2 Den Ingwer schälen, zuerst in feine Scheiben, dann in feine Würfel schneiden und unter die Kürbisstifte mischen. Alles in einer Alu-Grillschale verteilen und auf dem Grill etwa 20 Minuten garen. Die Kürbisstifte sollten innen weich und außen leicht gebräunt sein. Sie sind eine perfekte Beilage für Steaks und Geflügel.

Björns Tipp

» Den Kürbis kann man auch im Backofen zubereiten. Dann den Backofen auf 200 °C vorheizen, die Kürbisstifte auf dem Backblech verteilen und etwa 15 Minuten backen. Zwischendurch umrühren. «

Süßsauer eingekochte Kürbisperlen

Zutaten für 4 Personen

½ Muskatkürbis
1 Ingwerknolle (ca. 80 g)
300 g Zucker
400 ml Weißwein
4 EL Chilisauce
2 TL Salz

1 Den Muskatkürbis schälen, entkernen und mit dem Kugelausstecher aus dem Fruchtfleisch kleine Kugeln ausstechen. Den Ingwer schälen.

2 Die Kürbiskugeln mit dem Zucker, dem Wein, 400 ml Wasser, dem Ingwer, der Chilisauce und dem Salz in einen Topf geben. Aufkochen, die Hitze reduzieren und die Kürbiskugeln etwa 10 Minuten ziehen lassen.

Björns Tipp

» Zu den Kürbisperlen passt sehr gut Spanferkeltempura. Dafür einen Tempurateig aus 8 EL kaltem Wasser und je 80 g Speisestärke und Mehl zubereiten. Der Teig sollte glatt und zäh sein. 500 g Spanferkelfilet in 16 Stücke schneiden, mit Salz und Pfeffer würzen und jeweils in 1 blanchiertes Spinatblatt wickeln. In Mehl wenden und dann durch den Tempurateig ziehen. In reichlich heißem Öl 3 bis 5 Minuten frittieren. Mit dem Schaumlöffel herausnehmen und kurz auf Küchenpapier abtropfen lassen. «

Kartoffel, Kürbis & Rote Bete

Kürbissuppe

Zutaten für 4 Personen

300 g Hokkaidokürbisfruchtfleisch
1 Möhre
1 Zwiebel
30 g Ingwer
2 EL Butter
Salz · Pfeffer aus der Mühle
800 ml Hühnerbrühe (Instant oder selbst gemacht, siehe S. 67; ersatzweise Gemüsebrühe)
2 EL Kürbiskernöl
150 g Crème fraîche
4 EL weißer Balsamicoessig
2 EL Zucker

1 Das Kürbisfruchtfleisch in kleine Stücke schneiden. Die Möhre putzen, schälen und in kleine Würfel schneiden. Die Zwiebel und den Ingwer schälen und in feine Würfel schneiden.

2 Die Butter in einem Topf erhitzen und die vorbereiteten Zutaten darin andünsten. Mit Salz und Pfeffer würzen. Die Brühe angießen und zugedeckt etwa 20 Minuten köcheln lassen, bis das Kürbisfruchtfleisch weich ist.

3 Die Suppe mit dem Stabmixer pürieren und durch ein feines Sieb streichen. Das Kürbiskernöl und die Crème fraîche unterrühren und die Suppe mit Essig, Zucker, Salz und Pfeffer abschmecken.

Variante:

Für eine asiatische Kürbissuppe 300 g gewürfeltes Kürbisfruchtfleisch in einem Topf mit je 1 gewürfelten Zwiebel und Apfel in 2 EL Öl andünsten. Mit je 200 ml Apfelsaft, Orangensaft und Brühe ablöschen. Köcheln lassen und mit 200 g Sahne auffüllen. Die Suppe mit Salz, Pfeffer, Chili- und Currypulver würzen, durch ein Sieb streichen und mit dem Stabmixer aufschäumen. Mit 4 EL weißem Balsamicoessig und 2 EL Zucker abschmecken.

Jeweils 200 g Mehl und Speisestärke mit 100 ml eiskaltem Wasser verrühren. Auf vier Holzspieße abwechselnd je 3 küchenfertige Garnelen und Apfelstücke stecken. Die Spieße durch den Teig ziehen und in einer tiefen Pfanne in reichlich heißem Fett kross frittieren. Herausnehmen, auf Küchenpapier abtropfen lassen und mit etwas süßer Chilisauce beträufeln. Die Suppe in Suppentassen verteilen und je 1 Spieß darauf anrichten.

Kartoffel, Kürbis & Rote Bete

Kürbispuffer
mit Quitten-Apfel-Kompott und Hähnchenbrust

Zutaten für 4 Personen

Für das Quitten-Apfel-Kompott:
2 Quitten
2 Äpfel (z.B. Cox Orange)
½ l Apfelsaft
6 EL Zucker
4 Sternanis
2 Zimtstangen

Für die Kürbispuffer:
500 g Kürbisfruchtfleisch
(z.B. Butternut)
2 rote Zwiebeln
4 Eier
4-6 EL Speisestärke
Salz · Pfeffer aus der Mühle
2 Msp. Paprikapulver
(rosenscharf)
3 EL Öl
2 EL gehackte Petersilie

Für die Hähnchenbrust:
4 Hähnchenbrustfilets
(à ca. 150 g)
2 Zweige Rosmarin
1 EL Öl
Salz · Pfeffer aus der Mühle

1 Für das Quitten-Apfel-Kompott die Quitten mit einem Tuch gut abreiben. Die Quitten und die Äpfel vierteln, schälen und jeweils die Kerngehäuse entfernen. Das Fruchtfleisch in Würfel schneiden oder mit dem Kugelausstecher Kugeln ausstechen. Die Quitten- und Apfelwürfel oder -kugeln mit dem Apfelsaft, dem Zucker, dem Sternanis und dem Zimt in einen kleinen Topf geben und bei mittlerer Hitze etwa 15 Minuten köcheln lassen. Beiseitestellen.

2 Inzwischen für die Kürbispuffer das Kürbisfruchtfleisch auf der Gemüsereibe grob raspeln und in eine Schüssel geben. Die Zwiebeln schälen, in feine Würfel schneiden und zu den Raspeln geben. Die Eier und gegebenenfalls etwas Speisestärke hinzufügen und alle Zutaten gut mischen. Den Teig mit Salz, Pfeffer und Paprikapulver würzen.

3 Das Öl in zwei großen Pfannen erhitzen. Den Kürbisteig in 8 Portionen in die Pfannen geben und flach streichen. Die Kürbispuffer bei mittlerer Hitze auf jeder Seite etwa 4 Minuten goldbraun braten.

4 Für die Hähnchenbrust die Hähnchenbrustfilets waschen und trocken tupfen. Den Rosmarin waschen und trocken tupfen. Das Öl in einer Pfanne erhitzen und das Fleisch darin auf beiden Seiten bei starker Hitze anbraten. Den Rosmarin dazugeben und die Filets bei schwacher Hitze 8 Minuten garen. Mit Salz und Pfeffer würzen.

5 Die Kürbispuffer auf Teller verteilen. Die Hähnchenbrustfilets in feine Scheiben schneiden und fächerförmig auf den Puffern anrichten. Das Apfel-Quitten-Kompott daraufgeben und alles mit etwas Kompottsauce beträufeln. Die Petersilie darüberstreuen und sofort servieren.

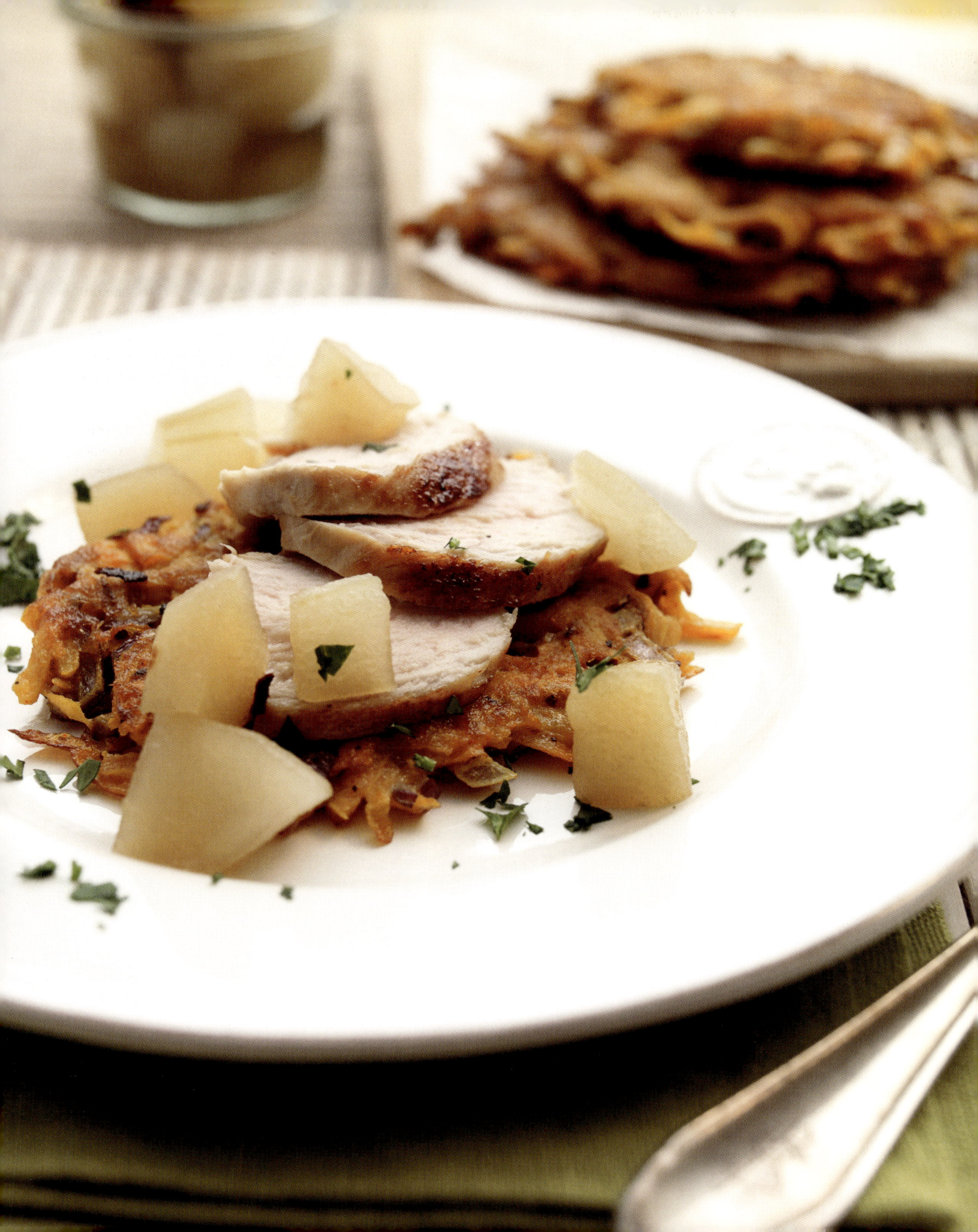

Kartoffel, Kürbis & Rote Bete

Pillekuchen
mit Kürbis und Rote-Bete-Salat

Zutaten für 4 Personen

Für den Pillekuchen:
400 g Muskatkürbis (ersatzweise Hokkaidokürbis)
2 rote Zwiebeln
6 Scheiben Westfälischer Knochenschinken (oder anderer roher Schinken)
2 EL Olivenöl
4 Eier
ca. 300 ml Milch
200 g Mehl
Salz · Pfeffer aus der Mühle
4 Stiele Petersilie

Für den Rote-Bete-Salat:
4–5 EL Senfkörner
2 Rote Beten (vorgegart und vakuumiert)
4 EL Essig
200 g Crème fraîche
2 TL Senf
Salz · Pfeffer aus der Mühle

1 Für den Pillekuchen den Kürbis schälen, entkernen und in feine Scheiben schneiden. Die Zwiebeln schälen und in feine Würfel schneiden. Den Schinken in Streifen schneiden.

2 Das Olivenöl in einer großen Pfanne erhitzen und den Kürbis und die Zwiebel darin bei schwacher Hitze andünsten.

3 Für den Pfannkuchenteig die Eier trennen. Die Eigelbe und die Milch mit den Quirlen des Handrührgeräts verrühren. Dann das Mehl einrieseln lassen und weiterrühren, bis ein sämiger Teig ohne Klümpchen entstanden ist.

4 Die Pfanne mit Kürbis und Zwiebeln vom Herd nehmen. Die Eiweiße zu steifem Schnee schlagen. Den Eischnee unter den Pfannkuchenteig heben und mit Salz und Pfeffer würzen. Die Pfanne wieder auf den Herd stellen, den Schinken zu den Kürbisscheiben und den Zwiebeln geben und den Pfannkuchenteig gleichmäßig darübergießen. Den Pillekuchen bei schwacher Hitze stocken lassen.

5 Für den Rote-Bete-Salat etwas Wasser in einem kleinen Topf zum Kochen bringen. Die Senfkörner darin 1 bis 2 Minuten blanchieren und in ein feines Sieb abgießen. Die Roten Beten in grobe Würfel schneiden, in einem kleinen Topf kurz erhitzen und vom Herd nehmen. Den Essig mit Crème fraîche, Senfkörnern und Senf verrühren, mit Salz und Pfeffer abschmecken. Das Dressing zu den Roten Beten geben und untermischen.

6 Die Petersilie waschen und trocken tupfen, die Blätter abzupfen und fein hacken. Den gegarten Pillekuchen mit dem Pfannenwender umdrehen oder in eine zweite gleichgroße Pfanne stürzen. Den Pillekuchen ein paar Minuten auf der anderen Seite erwärmen, gegebenenfalls noch etwas Olivenöl dazugeben.

7 Den fertigen Pillekuchen mit der gehackten Petersilie bestreuen. Wie eine Torte in Stücke schneiden und auf vier Tellern verteilen. Den lauwarmen Rote-Bete-Salat daneben anrichten und sofort servieren.

Björns Tipp

» Wenn man die Senfkörner vorab in kochendem Salzwasser blanchiert, bevor sie in den Salat kommen, haben sie eine super Konsistenz und einen Biss, der an Kaviar erinnert. «

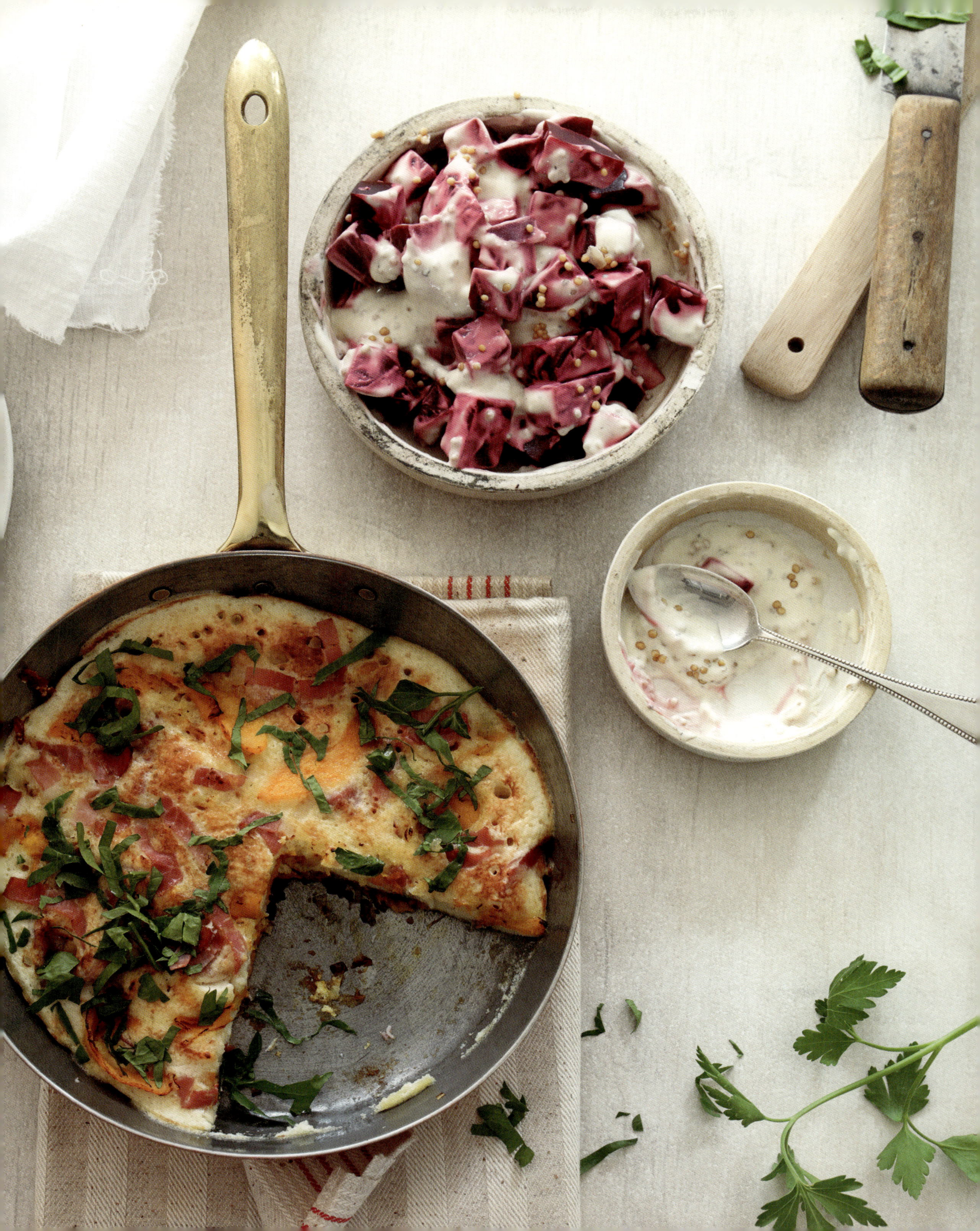

Kartoffel, Kürbis & Rote Bete

Winterliche Currywurst
mit Kürbiscurrysauce

Zutaten für 4 Flaschen (à 1/2 l)

Für die Kürbiscurrysauce:

1/2 Hokkaidokürbis
5 rote Zwiebeln
75 ml Öl
200 g Tomatenmark
(3-fach konzentriert)
75 g Currypulver
2 TL Zimtpulver
Salz · Pfeffer aus der Mühle
1/2 l Orangensaft
Zucker

Außerdem:
4 Bratwürste

1 Die 4 Einmachflaschen und die Deckel etwa 5 Minuten in kochendes Wasser tauchen und mit einer Zange herausnehmen. Die ausgekochten Flaschen und Deckel auf einem sauberen Küchentuch abtropfen lassen.

2 Den Kürbis waschen, halbieren und entkernen. Das Kürbisfruchtfleisch in grobe Stücke schneiden. Die Zwiebeln schälen und ebenfalls in grobe Stücke schneiden. Das Öl in einem großen Topf erhitzen und die Zwiebeln darin andünsten. Den Kürbis dazugeben und mitdünsten.

3 Das Tomatenmark, das Curry- und das Zimtpulver, reichlich Salz und Pfeffer dazugeben. Alles gut verrühren und ein paar Minuten unter Rühren anrösten.

4 Den Orangensaft und 1 1/2 bis 2 l Wasser dazugießen. Alles so lange köcheln lassen, bis der Kürbis weich ist. Dann mit dem Stabmixer pürieren, abschmecken und nach Belieben mit etwas Zucker, Currypulver und Zimt nachwürzen.

5 Ist die Sauce zu flüssig, gegebenenfalls etwas Speisestärke mit wenig kaltem Wasser glatt rühren und nach und nach unter Rühren in die köchelnde Sauce rühren, bis diese die gewünschte Konsistenz erreicht hat. Etwas Currysauce für die Bratwürste beiseitestellen. Die restliche Sauce in die vorbereiteten Flaschen füllen, gut verschließen und abkühlen lassen. Sie sind etwa 2 Monate haltbar. Angebrochene Flaschen im Kühlschrank aufbewahren und innerhalb von 4 Tagen verbrauchen.

6 Die Bratwürste grillen oder braten, in mundgerechte Stücke schneiden und jeweils in eine Schale geben. Etwas warme Kürbiscurrysauce darüber verteilen und mit etwas Currypulver bestäuben. Sofort servieren.

Björns Tipp

» Wer möchte, kann die Sauce auch mit scharfem Pfeffer, scharfem Paprikapulver oder Chilisauce noch würziger zubereiten. «

Kartoffel, Kürbis & Rote Bete

Kürbisravioli in Nussbutter
mit Pinienkernen

Zutaten für 4 Personen

Für den Nudelteig:
1 Ei · Salz
2 EL Olivenöl
150 g Mehl
100 g Hartweizengrieß
1 Eigelb

Für die Füllung:
300 g Hokkaidokürbis
50 g Butter
4 EL Crema di balsamico
2 EL Ricotta
2 EL süße Chilisauce
Salz · weißer Pfeffer aus der Mühle
frisch geriebene Muskatnuss

Für die Salbeibutter:
100 g Butter
8 Salbeiblätter
2 EL Pinienkerne

Außerdem:
Mehl für die Arbeitsfläche

1 Den Backofen auf 180 °C vorheizen. Für den Nudelteig das Ei, 1 Prise Salz, das Olivenöl und und 2 EL Wasser mit den Knethaken des Handrührgeräts gut verquirlen. Nach und nach das Mehl und den Grieß unterrühren und alles zu einem glatten Teig verkneten. Falls nötig, noch etwas Mehl einarbeiten. Den Teig zu einer Kugel formen, in Frischhaltefolie wickeln und 1 Stunde kühl stellen.

2 Für die Füllung den Kürbis waschen, entkernen und in vier Spalten schneiden. Die Kürbisspalten in Alufolie wickeln und auf dem Backblech im Ofen auf der mittleren Schiene etwa 45 Minuten garen. Das Kürbisfleisch auswickeln, in Stücke schneiden, in eine Schüssel geben und mit dem Stabmixer pürieren. Die Butter, die Balsamicocreme, den Ricotta und die Chilisauce dazugeben und untermischen. Mit Salz, weißem Pfeffer und Muskatnuss abschmecken.

3 Den Nudelteig auf der bemehlten Arbeitsfläche mit dem Nudelholz oder mit der Nudelmaschine zu 8 cm breiten Bahnen ausrollen. Im Abstand von 4 cm mit einem Teelöffel jeweils etwas Füllung in die Mitte setzen. Die Ränder mit dem verquirlten Eigelb bestreichen. Den Teig über die Füllung klappen und mit den Fingern rund um die Füllung herum andrücken. Mit einem runden Ausstecher halbmondförmige Ravioli ausstechen und die Ränder ohne Luftblasen verschließen.

4 Für die Salbeibutter die Butter in einer Pfanne langsam zu Nussbutter bräunen, die Salbeiblätter und die Pinienkerne dazugeben.

5 In einem großen Topf reichlich Salzwasser zum Kochen bringen. Die Ravioli hineingeben und etwa 3 Minuten garen, bis sie an die Oberfläche steigen. Die Ravioli mit dem Schaumlöffel herausnehmen und kurz abtropfen lassen. In die Pfanne zur Butter geben und kurz darin schwenken. Die Kürbisravioli auf Teller verteilen und mit der Salbei-Nussbutter beträufeln.

Björns Tipp

» Die Ravioli lassen sich sehr gut vorbereiten. Dafür die gefüllten Ravioli nebeneinander auf ein bemehltes Backblech legen und baldmöglichst einfrieren. Liegen sie zu lange, dann werden sie sehr weich. «

Kartoffel, Kürbis & Rote Bete

Rote-Bete-Carpaccio
mit warmem Ziegenkäse und Wildkräutersalat

Zutaten für 4 Personen

Für das Rote-Bete-Carpaccio:
- 2 Rote Beten (vorgegart und vakuumiert)
- 1 Schalotte
- 1 EL Kräuteressig
- 2 EL Olivenöl
- 2 EL Gemüsebrühe
- 1 TL Dijon-Senf
- Salz · Pfeffer aus der Mühle
- Zucker

Für den Ziegenkäse:
- 4 Ziegenfrischkäsetaler (à 40 g; z.B. Picandou)
- 4 TL Honig

Außerdem:
- 1 Handvoll Wildkräuter
- 1 Stück Meerrettich (ca. 20–40 g)

1 Für das Rote-Bete-Carpaccio die Roten Beten auf der Aufschnittmaschine oder mit einem scharfen Messer in sehr dünne Scheiben schneiden (siehe Tipp). Die Rote-Bete-Scheiben dachziegelartig auf vier Tellern auslegen.

2 Die Schalotte schälen und in feine Würfel schneiden. Essig, Olivenöl, Brühe, Senf, Salz, Pfeffer und 1 Prise Zucker zu einer Vinaigrette verrühren, die Schalottenwürfel unterrühren und die Rote-Bete-Scheiben mit dem Pinsel damit bestreichen. Die restliche Vinaigrette beiseitestellen.

3 Für den Ziegenkäse den Backofen auf 100 °C vorheizen. Ein Backblech mit Backpapier belegen. Die Käsetaler auf das Blech setzen, mit der Hälfte des Honigs beträufeln und im Ofen auf der mittleren Schiene etwa 3 Minuten erwärmen. Aus dem Ofen nehmen und 1 Minute ruhen lassen. Mit dem restlichen Honig beträufeln und wieder 3 Minuten erwärmen.

4 Die Wildkräuter waschen und trocken schleudern. Den Meerrettich schälen und grob raspeln. Die Kräuter mit der restlichen Vinaigrette marinieren und auf dem Carpaccio anrichten. Je 1 Ziegenkäsetaler daraufsetzen. Mit dem Meerrettich und nach Belieben mit Croûtons bestreuen und servieren.

Björns Tipp

» Sollten Sie keine Aufschnittmaschine haben, dann legen Sie die Roten Beten vor dem Schneiden etwa 20 Minuten ins Tiefkühlfach. Leicht angefroren lassen sie sich viel leichter mit dem Messer in sehr dünne Scheiben schneiden. «

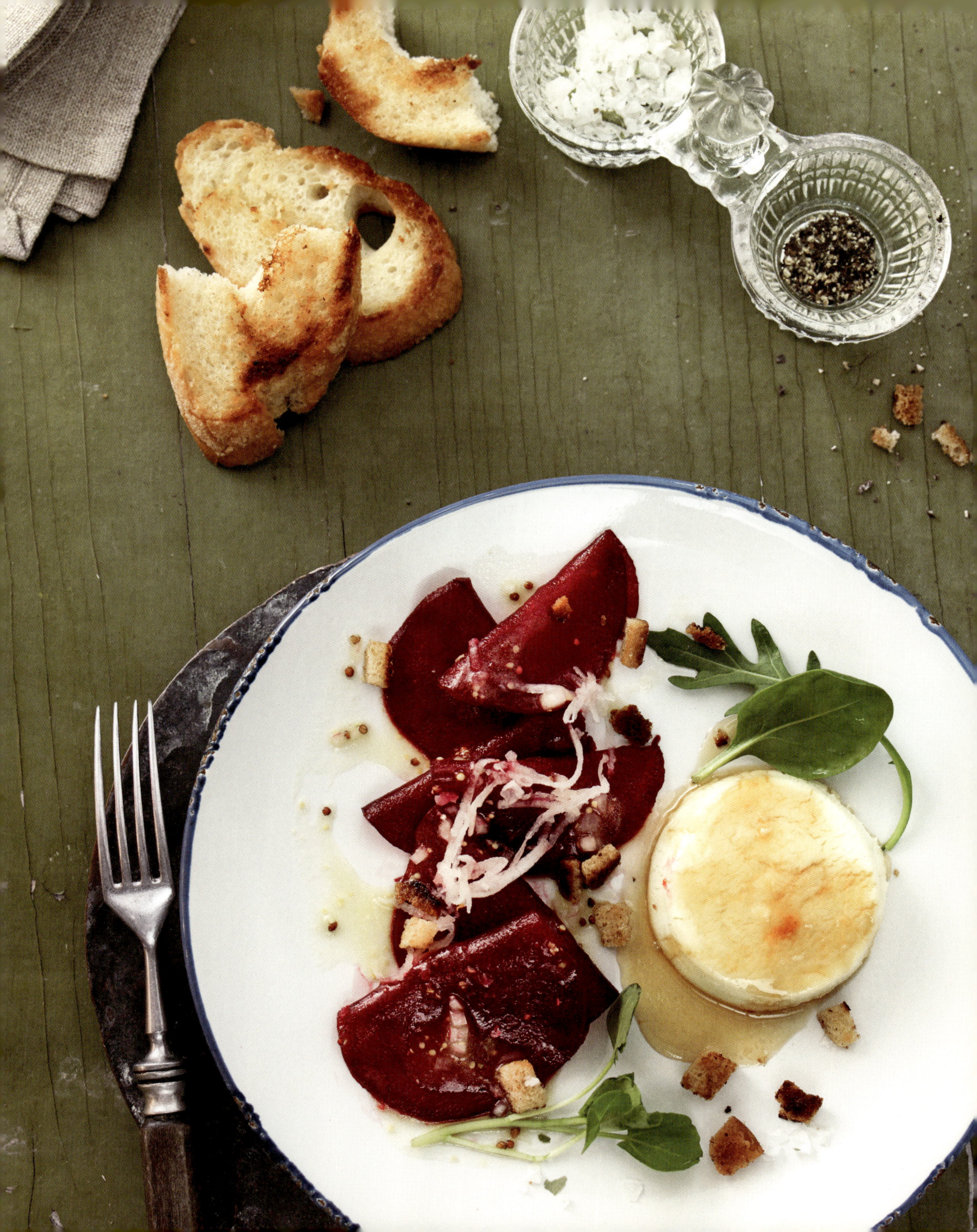

Kartoffel, Kürbis & Rote Bete

Rote-Bete-Reibeplätzchen
mit Vanilleäpfeln

Zutaten für 4 Personen

2 Gemüsezwiebeln
600 g mehligkochende Kartoffeln
2 Rote Beten
4 Eier
300 g Crème fraîche
4-5 EL Essig
Salz · Pfeffer aus der Mühle
frisch geriebene Muskatnuss
4 Äpfel (z.B. Elstar oder Boskop)
1 Zitrone
4-5 EL Öl
2 Vanilleschoten
4-5 EL Olivenöl
4 EL Zucker
1 Chicorée

1 Die Zwiebeln schälen und in feine Würfel schneiden. Ein Sieb mit einem Küchentuch auslegen und die Zwiebelwürfel hineingeben. Die Kartoffeln schälen, waschen und zu den Zwiebeln ins Tuch raspeln.

2 Die Roten Beten schälen (dabei am besten Einweghandschuhe tragen) und ebenfalls zu der Masse raspeln. Das Gemüse im Tuch gut auswringen. Die Gemüseraspel in eine Schüssel geben und mit den Eiern, der Crème fraîche, Essig, 1 Prise Salz, Pfeffer und Muskatnuss mischen.

3 Die Äpfel vierteln und schälen, die Kerngehäuse entfernen und das Fruchtfleisch in Stücke schneiden. Etwa 200 ml Wasser aufkochen. Die Zitrone auspressen und den Saft mit den Apfelstücken dazugeben. Die Äpfel zugedeckt bei schwacher Hitze 5 bis 8 Minuten ziehen lassen.

4 Etwas Öl in einer Pfanne erhitzen. Mit einem Esslöffel die Reibeplätzchenmasse portionsweise in das Öl geben und flach streichen. Die Reibeplätzchen bei mittlerer Hitze anbraten. Zwischendurch die Unterseite kontrollieren. Nach etwa 3 Minuten wenden und die andere Seite braten.

5 Die Äpfel in ein feines Sieb abgießen und abtropfen lassen. Die Vanilleschoten längs halbieren und das Mark herauskratzen. Das Olivenöl in einem Topf bei schwacher Hitze erwärmen. Die Äpfel, den Zucker und das Vanillemark dazugeben und 5 Minuten ziehen lassen.

6 Inzwischen den Chicorée putzen und waschen und die Blätter vom Strunk lösen. Die Reibeplätzchen auf vorgewärmte Teller verteilen und die Vanilleäpfel daneben anrichten. Mit den Chicoréeblättern garnieren.

Björns Tipp

» Nicht nur eingelegt harmoniert Rote Bete sehr gut mit der Säure des Essigs, auch in allen anderen Gerichten veredelt er den Geschmack und unterstützt die prächtige Farbwirkung der rotlilafarbenen Knolle. «

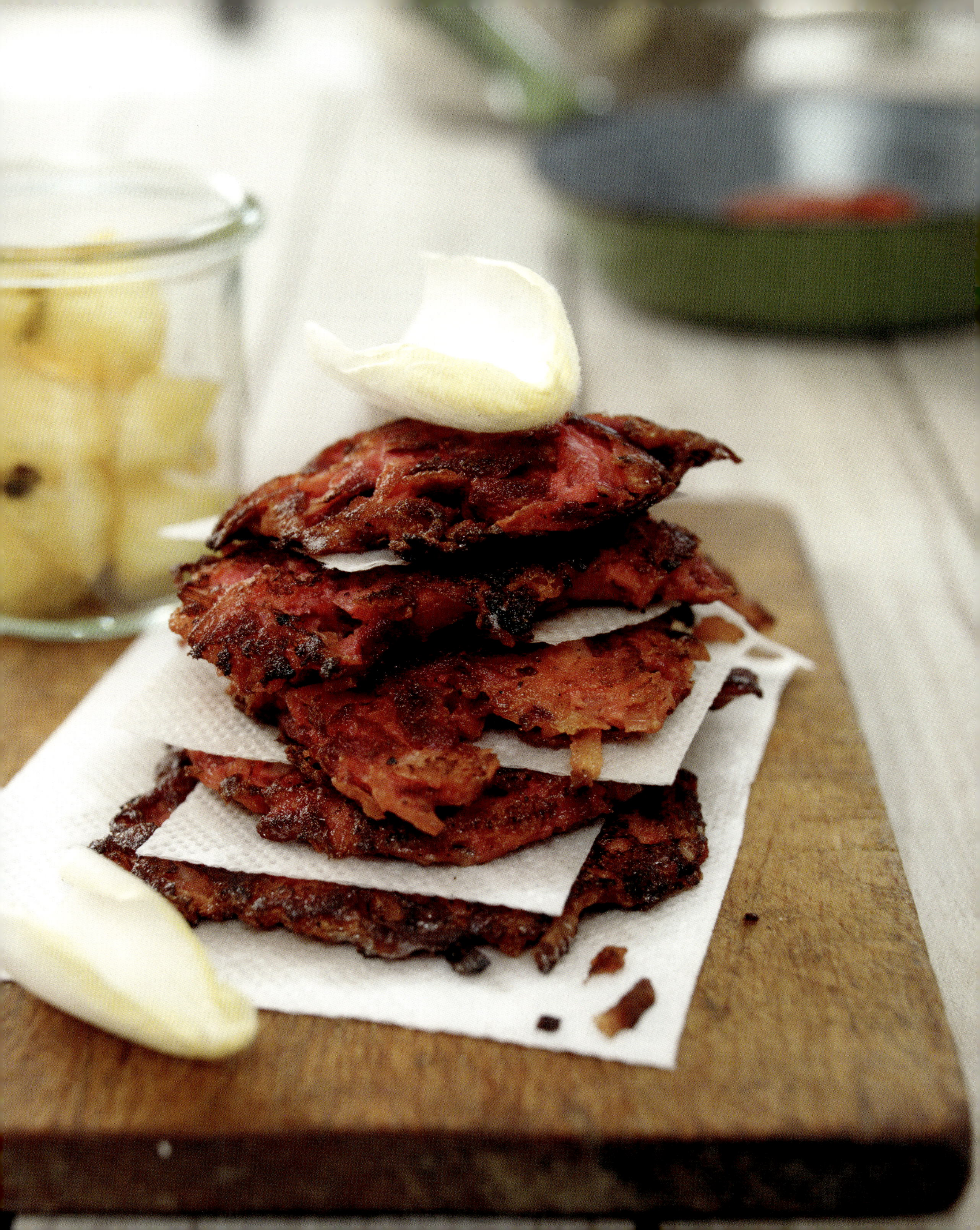

Kartoffel, Kürbis & Rote Bete

Fischterrine
mit Roter Bete

Zutaten für 4-6 Personen

800 g Kabeljaufilet
3-4 Eiswürfel
1 Eiweiß
Salz
200 g eiskalte Sahne
2 dicke Stangen Lauch
1 Rote Bete (vorgegart und vakuumiert)
Pfeffer aus der Mühle
2 Stiele Petersilie

1 Die Kabeljaufilets waschen und trocken tupfen. Die Hälfte grob in Stücke schneiden und im Küchenmixer fein pürieren. Die Eiswürfel, das Eiweiß, Salz und die Sahne dazugeben und weitermixen, bis eine Farce entstanden ist.

2 Den Lauch putzen und quer halbieren. Die vier Stücke längs bis zum Inneren einritzen, sodass man die Blätter auseinanderklappen kann. Die äußeren Blätter abnehmen. Diese sollten aufgeklappt etwa eine Größe von 12 x 8 cm haben. Die Lauchblätter waschen und in kochendem Salzwasser etwa 2 Minuten blanchieren, abgießen und kalt abschrecken.

3 Ein Küchentuch auf die Arbeitsfläche legen und die Lauchblätter darauf, mit der rauen Seite nach oben, überlappend zu einem Rechteck von etwa 25 x 40 cm auslegen.

4 Die Lauchplatte mit einem weiteren Küchentuch bedecken und mit dem Nudelholz mehrmals darüberrollen, sodass sie trocken wird. Das obere Küchentuch abnehmen und die Lauchplatte mit etwas Fischfarce bestreichen.

5 Die restlichen Fischfilets der Länge nach in 3 cm breite Streifen schneiden. 2 bis 3 Streifen hintereinander entlang der langen Seite auf das untere Drittel der Lauchplatte legen.

6 Die Rote Bete erst in Scheiben, dann in Stifte schneiden. Die Hälfte davon neben die Fischfiletstreifen legen und mit Salz und Pfeffer würzen. Die Fisch- und Rote-Bete-Streifen mit Fischfarce bestreichen und eine weitere Schicht Fisch und Rote Bete so darauf verteilen, dass die zweite Schicht Rote Bete über der ersten Schicht Fischfilet liegt. Nochmals mit Salz und Pfeffer würzen.

7 Die Petersilie waschen und trocken schütteln, die Blätter abzupfen und auf dem Fischfilet verteilen.

8 Die belegte Lauchplatte mithilfe des Küchentuchs aufrollen. Die Rolle vorsichtig halbieren und zuerst fest in Frischhaltefolie, dann in Alufolie wickeln.

9 Die Lauch-Fisch-Rollen in einen Dämpfeinsatz geben. In einem großen Topf wenig Wasser zum Kochen bringen, den Dämpfeinsatz hineinstellen und die Rollen bei mittlerer Hitze etwa 45 Minuten gar dämpfen (alternativ die Rollen im Backofen mit Dampfgarfunktion bei 55 °C garen). Die Rollen herausnehmen und auskühlen lassen. Die Lauch-Fisch-Rollen auswickeln und vorsichtig in 1 bis 2 cm dicke Scheiben schneiden. Kalt servieren. Dazu passt sehr gut ein Frisée-Salat mit einem Senfdressing.

Kartoffel, Kürbis & Rote Bete

Kalbsrückensteak
mit Rote-Bete-Gemüse im Meerrettichschaum

Zutaten für 4 Personen

Für das Rote-Bete-Gemüse:
2 große Rote Beten (ca. 300 g)
Salz · 40 ml Balsamico bianco
50 ml Fleischbrühe
1 EL körniger Senf
1 EL Crème fraîche
2 EL Senfkörner
Pfeffer aus der Mühle

Für den Meerrettichschaum:
2 EL Meerrettich (aus dem Glas)
100 ml Fleischbrühe
2 EL Balsamico bianco
50 g Sahne
Salz · Pfeffer aus der Mühle
frisch geriebener Meerrettich

Für die Kalbsrückensteaks:
500 g Kalbsrücken (ausgelöst)
1 Bund Thymian
2 EL Butterschmalz
Salz · Pfeffer aus der Mühle
2 EL Butter
2 EL Aceto balsamico

1 Für das Rote-Bete-Gemüse die Roten Beten in kochendem Salzwasser mit dem Essig etwa 45 Minuten garen.

2 Die Roten Beten abgießen, schälen (dabei am besten Einweghandschuhe tragen) und in feine Würfel schneiden. Die Roten Beten, die Brühe, den Senf und die Crème fraîche in einen kleinen Topf geben, aufkochen und etwas einköcheln lassen.

3 Etwas Wasser in einem kleinen Topf zum Kochen bringen. Die Senfkörner darin 1 bis 2 Minuten blanchieren, in ein feines Sieb abgießen und zu den Roten Beten geben. Mit Salz und Pfeffer abschmecken.

4 Für den Meerrettichschaum den Meerrettich, die Brühe, den Essig und die Sahne in einem Topf aufkochen. Mit Salz und Pfeffer würzen und je nach Geschmack noch frischen Meerrettich hineinreiben. Die Sauce mit dem Stabmixer aufschäumen.

5 Für die Kalbsrückensteaks den Kalbsrücken gegebenenfalls von Haut und Sehnen befreien und in etwa 10 dünne Steaks schneiden. Den Thymian waschen und trocken tupfen.

6 Das Butterschmalz in einer Pfanne erhitzen, das Fleisch mit Salz würzen und darin bei starker Hitze anbraten. Die Hitze reduzieren und das Fleisch mit Pfeffer würzen. Die Butter, die Thymianzweige und den Essig dazugeben und die Steaks mehrmals darin wenden.

7 Die Kalbsrückensteaks herausnehmen und auf Teller verteilen. Mit dem Rote-Bete-Gemüse anrichten und den Meerrettichschaum darüberträufeln.

Björns Tipp

» Der Meerrettich unterscheidet sich im Geschmack, je nachdem ob er aus dem Glas kommt oder frisch ist. Wenn man nur frischen verwendet, besteht die Gefahr, dass die Sauce zu einfältig wird und eventuell auch zu scharf ist. Deshalb sollte man die Sauce erst probieren und dann noch mit frischem Meerrettich nachwürzen. Übrigens, frischen Meerrettich sollte man schnell verbrauchen, da er leicht sein Aroma verliert. «

Weißkohl, Rotkohl & Grünkohl

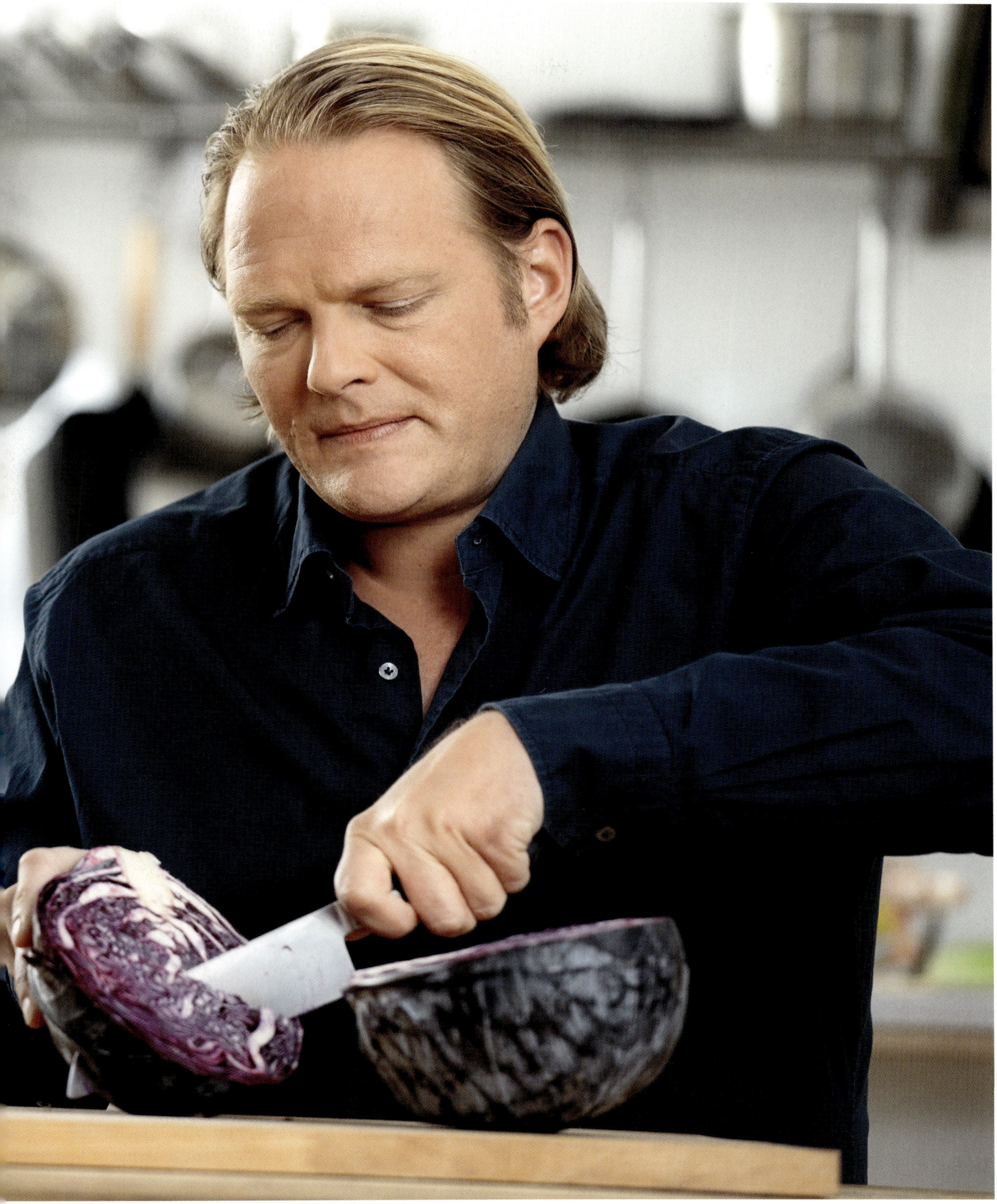

Weißkohl, Rotkohl & Grünkohl

Weißkohl

Einkauf: Gute Qualität erkennt man beim Weißkohl daran, dass die äußeren Blätter hellgrün und knackig sind. Sind sie weich, gelblich verfärbt und rollen sich ein, dann liegt der Kohl schon länger bei ungünstigen Bedingungen – im Licht und zu warm. Der ganze Kopf muss aber nicht entsorgt werden, man kann einfach nur die äußeren Blätter entfernen.

Lagerung: Kohlköpfe kann man in dunklen und kühlen Kellerräumen gut einige Wochen aufbewahren. Dabei sollen sie luftig liegen und nicht in Folie eingepackt sein.

Küche: Weißkohl schmeckt wie fast alle Kohlköpfe als Rohkostsalat, gedünstet oder geschmort. Auch Suppen sind sein Revier und Rezepte zum Einlegen gibt es so einige. Bevor man den Kohl verarbeitet, müssen die äußeren Blätter und der Strunk entfernt werden. Waschen ist nicht nötig, da während des Wachsens keine Erde eindringt.

Ernährungstipp von Anja Tanas

» Weißkohl lässt sich leicht zu gesundem Sauerkraut verarbeiten. Es enthält nützliche Milchsäurebakterien, die die Darmgesundheit fördern. Es ist zudem reich an Vitaminen, Mineral- und Ballaststoffen. Sauerkrautkonserven wurden erhitzt, dabei sterben die gesunden Bakterien ab. Rohes Sauerkraut bekommt man im Biohandel und oft auch in Metzgereifachgeschäften. «

Rotkohl

Einkauf & Lagerung: Hier gilt natürlich das Gleiche wie für den Weißkohl: Auf feste Außenblätter achten, bzw. welke Außenblätter entfernen. Den Kohl kühl und dunkel lagern.

Küche: Es gibt nicht viele Gerichte, die aufgewärmt besser schmecken als frisch gekocht – geschmorter Rotkohl gehört aber sicher dazu. Man kann ihn auch sehr gut roh essen, genauso wie seinen weißen Bruder. Einfach mit reichlich Salz würzen, mit Öl und Essig anmachen, vielleicht ein paar Fruchtstückchen dazugeben, gut 1 Stunde ziehen lassen und ein gesunder und leckerer Rohkostsalat ist fertig! Damit Sie nicht ihre besten Schneidebretter mit dem dunklen Farbstoff aus dem Rotkohl ruinieren, nehmen Sie lieber ein altes Exemplar, um das es nicht schade ist. Hände beim Schneiden in Gummihandschuhe stecken oder zumindest gut nass machen. Beim Reinigen kann Zitronensaft helfen. Klassische Zutaten für Schmorkohl sind Äpfel, Zwiebeln und Nelken. Versuchen Sie es doch einmal mit Orangen, Ananas, Feigen oder Datteln. Es passen auch Trockenfrüchte jeder Art. Mit Zimt, Rosinen und Nüssen bekommt der Rotkohl eine orientalische Note.

Ernährungstipp von Anja Tanas

» Kohl regt den Darm an und bei der Verdauung bilden sich Gase. Kräuter und Gewürze können Blähungen lindern, als direkte Beigaben zum Kohlgericht oder als Tee. Empfehlenswert sind Kamillenblüten, Fenchel, Anis, Pfefferminz oder Kümmel. Die enthaltenen ätherischen Öle sorgen für eine Entkrampfung des Darms. Gleichzeitig wirken sie antimikrobiell und vermindern so die Produktion von Gärungsgasen durch Darmbakterien. «

Weißkohl, Rotkohl & Grünkohl

Grünkohl

Einkauf: Am besten schmeckt Grünkohl, wenn er einige Wochen bei guter Kälte auf dem Feld gestanden hat. Daher kauft man ihn am besten von Dezember bis Februar ein. Durch Kälte wird der Stoffwechsel des Grünkohls langsamer und der Abbau von Zucker verlangsamt sich. Gleichzeitig lebt die Pflanze ja auf dem Feld und damit geht die Photosynthese weiter, wodurch Traubenzucker entsteht. Bedeutet: Der Kohl wird milder und süßlicher im Geschmack, je länger er auf dem Acker bei Kälte ausgeharrt hat. Außerdem sind die modernen Sorten so gezüchtet, dass von vornherein weniger Bitterstoffe und dafür mehr Zucker enthalten sind – die vermeintliche Bitterkeit ist also kein Argument dafür, am Grünkohl vorüberzugehen.

Außerdem gibt es ihn im Supermarkt sogar küchenfertig in Plastikbeuteln verpackt. Sehr praktisch, allerdings kann man hier nicht genau sehen, ob die Blätter im Inneren auch noch frisch oder schon faulig oder trocken aussehen. Ich kaufe Grünkohl daher gern am Stück, auch wenn ich damit rechnen muss, rund die Hälfte des Einkaufs – nämlich die dicken Strünke – beim Putzen wegzuwerfen.

Lagerung: Er wirkt zwar robust, aber länger als eine Woche würde ich meinen Grünkohl nicht lagern, auch nicht im Kühlschrank. Man kann natürlich eine größere Menge kaufen, die Blätter gut waschen und putzen, grob kleinschneiden, blanchieren, in Gefrierbeutel füllen und dann einfrieren.

Küche: Roher Grünkohl mit Obst und anderen Gemüsesorten zu grünen Smoothies zusammengemixt? Man glaubt es kaum, aber es schmeckt! Auch Grünkohlsalat mit würzigen oder süß-sauren Dressings und gerösteten Nüssen ist eine Wucht. Das ist keine Erfindung von mir, sondern einer der größten Gesundheitstrends der letzten Jahre im US-Sonnenstaat Kalifornien. Grünkohl heißt hier ‚Kale' und wird besonders von jüngeren, gesundheitsbewussten Menschen heiß, also vielmehr, kalt und roh geliebt. Für ungegarten Genuss verwendet man nur die zarten Blattteile, kräftige Stile und Strünke werden entfernt. Grünkohl muss also nicht zwingend in Breiform als Braunkohl serviert werden. Bei mir finden Sie beispielsweise ein Rezept für eine elegante Cremesuppe.

Ernährungstipp von Anja Tanas

>> Kaum ein Gemüse wird in der traditionellen Küche ähnlich stark verkocht wie Grünkohl. Man sollte sich im Klaren darüber sein, dass umso mehr wertvolle Inhaltsstoffe verloren gehen, je länger man Gemüse gart. Beim Dünsten entstehen weniger Verluste, ebenso, wenn man das Gemüse nur kurz in der heißen Pfanne schwenkt, wie in der asiatischen Küche üblich. Bereitet man Kohl schonend zu, dann hat er hinterher sogar mehr Vitamin C als im rohen Zustand, da die Vorstufe Ascorbigen erst bei kurzem Erhitzen umgewandelt wird. <<

Weißkohl, Rotkohl & Grünkohl

Krautsalat

Zutaten für 4-6 Personen

½ Weißkohl (ca. 750 g)
1 TL Salz
¼ l Essig
75 g Zucker
Pfeffer aus der Mühle
10 Scheiben Serranoschinken
⅛ l Olivenöl
Chilisauce

1 Am Vortag vom Weißkohl die äußeren Blätter entfernen, den Kohl nochmals halbieren und den harten Strunk entfernen. Die Kohlstücke am besten mit einer Aufschnittmaschine oder auf dem Gemüsehobel in feine Streifen schneiden oder hobeln und diese in eine große Schüssel geben.

2 Das Salz, den Essig, den Zucker und etwas Pfeffer hinzufügen und alles gut mit den Händen mischen. Das Kraut mit Frischhaltefolie abdecken und diese festdrücken, damit möglichst wenig Luft an den Salat kommt. Den Krautsalat über Nacht in den Kühlschrank stellen.

3 Am nächsten Tag den Backofen auf 100 °C Umluft vorheizen. Den Serranoschinken auf dem Gitter im Ofen etwa 30 Minuten knusprig backen.

4 Den Schinken herausnehmen und mit einem sehr scharfen Messer in grobe Streifen schneiden. Das Olivenöl unter den Salat mischen, die Schinkenstreifen dazugeben und den Krautsalat mit Chilisauce, Salz und Pfeffer abschmecken.

Björns Tipp

» Der Salat schmeckt besonders gut zu Hot Dogs. Dafür die Hot-Dog-Brötchen einschneiden und im Backofen anrösten. Grobe Bratwürstchen grillen oder in der Pfanne braten und mit dem Krautsalat in die Brötchen füllen. Nach Belieben mit Senf würzen. «

Weißkohl, Rotkohl & Grünkohl

Sauerkrautwickel
mit Mango und Chicoréesalat

Zutaten für 4 Personen

Für den Chicoréesalat:
1 Orange
6 EL Öl
2 TL Dijon-Senf
2 TL Honig
Salz · Pfeffer aus der Mühle
2 Chicorée
4 Stiele Petersilie

Für den Sauerkrautwickel:
1 reife Mango
500 g rohes Sauerkraut (gut abgetropft)
400–500 g Flammkuchenteig (siehe S. 50; oder aus dem Kühlregal)
4 Scheiben Kasseler (à 200 g)
3 EL Öl
8 EL Mehl

1 Für den Chicoréesalat die Orange halbieren und den Saft auspressen. Den Orangensaft in einen hohen Rührbecher geben, das Öl, den Senf, den Honig, 1 gute Prise Salz und Pfeffer dazugeben und alle Zutaten mit dem Stabmixer mixen. Das Dressing abschmecken.

2 Den Chicorée putzen, waschen, der Länge nach halbieren, den Strunk herausschneiden und die Blätter ablösen.

3 Für den Sauerkrautwickel die Mango schälen, das Fruchtfleisch auf den flachen Seiten vom Stein schneiden und in kleine Würfel schneiden. Die Mangowürfel in eine Schüssel geben, das Sauerkraut hinzufügen und mit der Mango mischen.

4 Den Flammkuchenteig auf der Arbeitsfläche ausbreiten. Sauerkraut und Mango gleichmäßig darauf verteilen, dabei an einem Ende ein Rand frei lassen. Den Teig aufrollen und den Rand andrücken. Das Kasseler in grobe Würfel schneiden.

5 Das Öl in einer großen Pfanne erhitzen. Das Mehl auf einen Teller geben. Den Sauerkrautwickel mit einem sehr scharfen Messer in etwa 3 cm dicke Scheiben schneiden. Die Schnittstellen vorsichtig in das Mehl tauchen, dabei die Wickel gut zusammendrücken, damit sie nicht auseinanderfallen. Die Wickel sofort in das Öl legen und auf einer Seite goldbraun anbraten.

6 Das Kasseler zu den Sauerkrautwickeln in die Pfanne legen. Die Hitze etwas reduzieren und einen Deckel auflegen. Die Wickel zugedeckt 8 bis 10 Minuten braten, dann wenden und auf der zweiten Seite ebenfalls goldbraun braten.

7 Die Petersilie waschen und trocken schütteln, die Blätter abzupfen und fein hacken. Die Chicoréeblätter auf großen Tellern anrichten und mit der Petersilie bestreuen. Das Dressing über den Salat träufeln. Die Krautwickel mit dem Kasseler auf den Salat setzen, mit Pfeffer würzen und sofort servieren.

Weißkohl, Rotkohl & Grünkohl

Krosser Zander im Rieslingschaum
mit Sauerkrautpuffern

Zutaten für 4 Personen

Für die Sauerkrautpuffer:
400 g festkochende Kartoffeln
2 EL Crème fraîche
200 g Sauerkraut (aus der Dose)
2 Eigelb
Salz · Pfeffer aus der Mühle
frisch geriebene Muskatnuss
3 EL Butterschmalz

Für den Zander und den Rieslingschaum:
1 Zander (ca. 800 g; küchenfertig)
Salz
1 EL Butterschmalz
200 ml Fischfond
150 g Sahne
150 ml Riesling
Pfeffer aus der Mühle
Zitronensaft

1 Für die Sauerkrautpuffer die Kartoffeln schälen, waschen und fein reiben. Mit der Crème fraîche und dem Sauerkraut in einer Schüssel mischen. Dann die Eigelbe, Salz, Pfeffer und 1 Prise Muskatnuss untermischen und die Masse in einem feinen Sieb abtropfen lassen.

2 Den Backofen auf 80 °C vorheizen. Die Hälfte des Butterschmalzes in einer Pfanne erhitzen und die Hälfte der Puffermasse darin rund verstreichen. Mit Backpapier belegen und mit einer Pfanne oder einem Topf beschweren, damit der Puffer gleichmäßig dünn wird. Den Puffer bei mittlerer Hitze auf beiden Seiten goldbraun braten, herausnehmen und im Backofen warm halten. Mit dem restlichen Kartoffel-Sauerkraut-Teig ebenso verfahren.

3 Für den Zander den Fisch filetieren und von den Gräten befreien. Die Filets waschen, trocken tupfen und mit Salz würzen. Das Butterschmalz in einer Pfanne erhitzen und die Fischfilets darin auf der Hautseite etwa 5 Minuten braten. Wenden und weitere 2 Minuten braten.

4 Für den Rieslingschaum den Fond, die Sahne und den Wein in einem Topf aufkochen und auf zwei Drittel einkochen lassen. Die Sauce mit dem Stabmixer aufschäumen. Den Rieslingschaum mit Salz, Pfeffer und 1 Spritzer Zitronensaft abschmecken.

5 Die Zanderfilets halbieren und in tiefen Tellern anrichten. Mit je 1 Puffer belegen, mit der Sauce umgießen und nach Belieben mit Thymian garnieren.

Björns Tipp

» Beim Filetieren des ganzen Zanders sollte man als Erstes die Rückenstacheln abschneiden, da sie giftig sind und bei Kontakt an den Fingern zu Entzündungen führen können. «

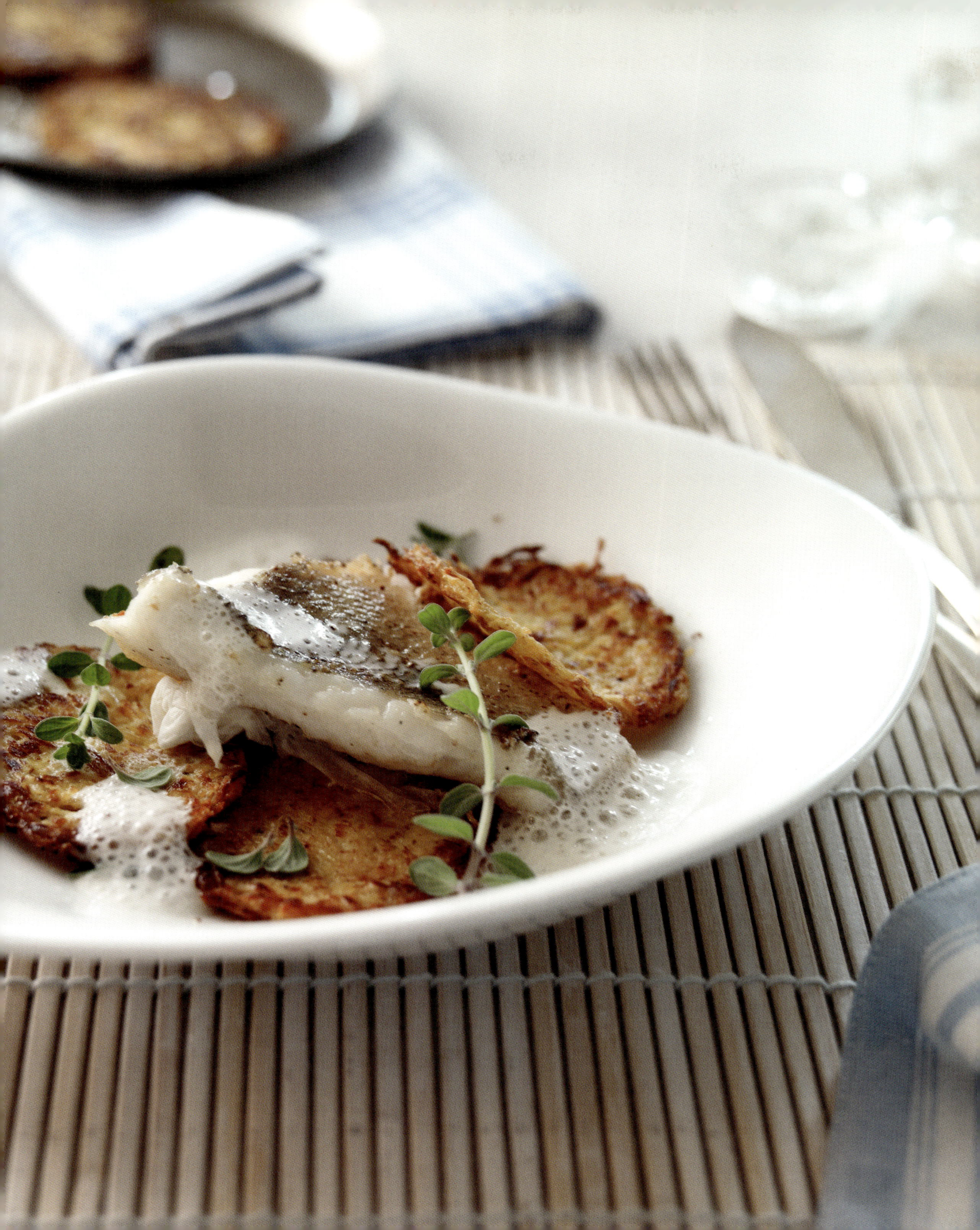

Weißkohl, Rotkohl & Grünkohl

Piroggen
mit Champignons und Sauerkraut

Zutaten für 4 Personen

Für den Teig:
400 g Mehl
100 ml Milch
50 ml Öl
2 Eier
1 TL Salz

Für die Füllung:
10 braune Champignons
1 kleine Zwiebel
4 kleine Zweige Thymian
1 EL Olivenöl · Salz
100 g Sauerkraut (aus der Dose)
Pfeffer aus der Mühle

Für den Dip:
100 g saure Sahne
100 g Crème fraîche
1 EL Balsamico bianco
1 Bund Schnittlauch
Salz · Pfeffer aus der Mühle
Zucker

Außerdem:
Mehl für die Arbeitsfläche
ca. 50 g Butter
Petersilie zum Garnieren

1 Für den Teig das Mehl in eine Schüssel geben. Milch und Öl, Eier und das Salz dazugeben und die Zutaten zu einem glatten, geschmeidigen Teig verkneten. Den Teig in Frischhaltefolie wickeln und 1 bis 2 Stunden im Kühlschrank ruhen lassen.

2 Für die Füllung die Champignons putzen, falls nötig, trocken abreiben und in Scheiben schneiden. Die Zwiebel schälen und in feine Würfel schneiden. Den Thymian waschen und trocken schütteln, die Blättchen abzupfen und fein hacken.

3 Das Olivenöl mit etwas Salz in einer Pfanne erhitzen, die Pilzscheiben und Zwiebelwürfel darin andünsten. Das Sauerkraut und den Thymian dazugeben. Mit Salz und Pfeffer nachwürzen. Vom Herd nehmen und abkühlen lassen.

4 Den Teig mit dem Nudelholz auf der bemehlten Arbeitsfläche etwa 3 mm dick ausrollen. Mit einem Glas (etwa 9 cm Durchmesser) Kreise ausstechen. Den ausgerollten Teig an einer Ecke hochziehen, sodass nur noch die Kreise auf der Arbeitsfläche verbleiben.

5 Zum Füllen jeweils einen Teigkreis in die Hand nehmen. Mit der anderen Hand 1 TL Füllung auf eine Hälfte legen und die andere darüberklappen, sodass ein Halbmond entsteht. Den Teig an den Rändern gut zusammendrücken. Den restlichen Teig erneut ausrollen, ausstechen und ebenso füllen.

6 Die Piroggen portionsweise vorsichtig in siedendes Salzwasser geben (nicht zu viele, sonst kleben sie aneinander) und 6 bis 8 Minuten gar ziehen lassen.

7 Für den Dip die saure Sahne, die Crème fraîche und den Essig in einer Schüssel verrühren. Den Schnittlauch waschen, trocken schütteln und in Röllchen schneiden. Schnittlauch, Salz, Pfeffer und 1 Prise Zucker zum Dip geben und alle Zutaten gut verrühren.

8 Die Butter und 2 Schöpfkellen Salzwasser in einer Pfanne erhitzen. Die Piroggen mit dem Schaumlöffel herausheben und kurz in der Pfanne schwenken. Die Piroggen in tiefe Teller verteilen und den Dip daraufgeben. Mit Petersilie und nach Belieben frischen Champignonscheiben garnieren.

Björns Tipp

》 Anstelle von Wasser können die Piroggen auch in einer kräftigen, selbst gemachten Rinderbrühe (siehe S. 100) garen. Das ist zwar aufwändiger, aber sehr lecker. 《

Weißkohl, Rotkohl & Grünkohl

Lauwarmer Rotkohlsalat
mit Wildschweinmedaillons und Birnen

Zutaten für 4 Personen

800 g Rotkohl
2 Gewürznelken
1 Sternanis
4 EL Essig
1 Zwiebel
60 g fetter geräucherter Speck (am Stück)
1 EL Mehl
200 ml Birnensaft
100 ml Rotwein
Salz · Pfeffer aus der Mühle
100 g Tiroler Speck (am Stück)
2 Birnen
1 TL Zucker
500 g Wildschweinrücken (ausgelöst)
1 EL Öl

1 Vom Rotkohl die äußeren Blätter entfernen, den Kohl vierteln und den harten Strunk entfernen. Den Kohl mit einem Messer oder auf dem Gemüsehobel in feine Streifen schneiden oder hobeln. Die Gewürznelken und den Sternanis in einen Einwegteebeutel geben und verschließen. Etwa 200 ml Wasser mit dem Essig aufkochen und den Rotkohl mit den Gewürzen darin etwa 15 Minuten bissfest garen. Den Rotkohl in ein Sieb abgießen und abtropfen lassen.

2 Die Zwiebel schälen und in feine Würfel schneiden. Den fetten Speck in kleine Würfel schneiden und in einem Topf auslassen. Die Zwiebel dazugeben und andünsten. Das Mehl unterrühren und anschwitzen. Den Rotkohl untermischen.

3 Den Birnensaft und den Wein angießen und aufkochen. Den Rotkohlsalat mit Salz und Pfeffer abschmecken, beiseitestellen und ziehen lassen. Den Tiroler Speck in kleine Würfel schneiden und untermischen.

4 Die Birnen vierteln, schälen und die Kerngehäuse entfernen. Das Birnenfruchtfleisch in Stücke schneiden, mit dem Zucker in einen hohen Rührbecher geben und mit dem Stabmixer pürieren.

5 Den Backofen auf 100 °C vorheizen. Den Wildschweinrücken mit Salz und Pfeffer würzen. Das Öl in einer ofenfesten Pfanne erhitzen und das Fleisch darin rundum anbraten. Im Ofen auf der mittleren Schiene etwa 20 Minuten fertig garen.

6 Das Fleisch herausnehmen und in dünne Scheiben schneiden. Den lauwarmen Rotkohlsalat auf Teller verteilen und die Wildschweinmedaillons darauflegen. Das Birnenpüree daneben anrichten.

Weißkohl, Rotkohl & Grünkohl

Rotkohl im Mohn-Crêpe
mit Streifen vom Rinderrücken

Zutaten für 4 Personen

Für den Rotkohl:
300 g Rotkohl
2 große Zwiebeln
2 Äpfel
160 g Maronen (vorgegart)
2 EL Butter
Salz · Pfeffer aus der Mühle
4 EL Weißweinessig
2-3 EL Zucker

Für die Mohn-Crêpes:
2 Eier · ca. 300 ml Milch
Salz · 250 g Mehl
100 g Mohn
1 EL Butter

Für den Rinderrücken:
600 g Rinderrücken (Rumpsteak)
Salz · 2 EL Butter
Pfeffer aus der Mühle
300 ml dunkler Bratenfond
(selbst gemacht oder aus dem Glas)
4 Zweige Thymian

1 Vom Rotkohl die äußeren Blätter entfernen, den Kohl vierteln und den harten Strunk entfernen. Den Kohl in feine Streifen schneiden oder hobeln. Die Zwiebeln schälen und in feine Würfel schneiden. Die Äpfel vierteln, schälen und die Kerngehäuse entfernen. Das Fruchtfleisch in kleine Stücke schneiden. Die Maronen hacken.

2 Die Butter in einem Topf erhitzen und den Rotkohl darin andünsten. Die Zwiebeln und Äpfel dazugeben und mitdünsten. Die Maronen untermischen. Mit Salz, Pfeffer und Essig würzen und alles gut verrühren. Den Rotkohl zugedeckt etwa 20 Minuten schmoren, zwischendurch 1 Schuss Wasser dazugeben.

3 Für die Crêpes die Eier mit der Milch in einer Schüssel mit den Quirlen des Handrührgeräts verrühren und mit Salz würzen. Das Mehl und den Mohn unterrühren. Die Hälfte der Butter in eine große Pfanne geben, mit Küchenpapier gleichmäßig verteilen und erhitzen. Die Hälfte des Teigs hineingeben und durch Schwenken der Pfanne gut verteilen. Den Teig 3 bis 4 Minuten backen, wenden und auf der zweiten Seite nur kurz backen. Den Crêpe herausnehmen. Aus der restlichen Butter und dem restlichen Teig auf die gleiche Weise einen Crêpe backen.

4 Für den Rinderrücken das Fleisch in Streifen schneiden und mit Salz würzen. Die Butter in zwei großen Pfannen erhitzen und die Steakstreifen darin bei starker Hitze rundum kurz anbraten. Beiseitestellen und das Fleisch in der Resthitze ziehen lassen. Mit Pfeffer würzen. Den Fond aufkochen und etwas einköcheln lassen.

5 Den Thymian waschen und trocken schütteln. Den Rotkohl umrühren und mit Salz, Pfeffer und Zucker abschmecken. Den Rotkohl mittig auf den Crêpes verteilen. Die Mohn-Crêpes vorsichtig aufrollen und jeweils in 3 bis 4 Stücke schneiden. Auf Teller verteilen, die Fleischstreifen daneben anrichten, den Fond darübergießen und mit Thymianzweigen garnieren.

Björns Tipp

» Die Crêpes sollten Sie schön dünn backen. Sie sind eine klasse Beilage zu Ente, Wild oder Rindfleisch, und man kann getrost auf Kartoffeln oder Klöße verzichten. «

Weißkohl, Rotkohl & Grünkohl

Gänsebrust
mit Rotkohlmousse und warmen Kokoswürfeln

Zutaten für 4 Personen

Für die Kokoswürfel:
2 Dosen Kokosmilch (à 400 ml)
2 Sternanis
2 TL Zucker · Salz
1,6 g Agar-Agar

Für die Rotkohlmousse:
1 kleiner Rotkohl
1 Apfel · 1 Zwiebel
2 EL Butterschmalz
200 ml Rotwein
200 ml Apfelsaft
2 Gewürznelken
6 Wacholderbeeren
100 g fetter geräucherter Speck (am Stück)
2 EL Mehl
Salz · Zucker

Für die Gänsebrust:
ca. 800 g Gänsebrustfilet (mit Haut)
Salz · Pfeffer aus der Mühle
1 Stiel Beifuß
1/2 l dunkler Bratenfond
1 EL kalte Butter

1 Für die Kokoswürfel die Kokosmilch mit dem Sternanis aufkochen und mit Zucker und Salz abschmecken. Das Agar-Agar dazugeben und 2 Minuten köcheln lassen, bis die Flüssigkeit gebunden ist. Die Kokosmilch in ein tiefes Backblech gießen, abkühlen lassen und zum Gelieren kühl stellen.

2 Für die Rotkohlmousse vom Rotkohl die äußeren Blätter entfernen, den Kohl vierteln und den harten Strunk entfernen. Den Kohl in feine Streifen schneiden oder hobeln. Den Apfel vierteln, schälen und das Kerngehäuse entfernen. Das Fruchtfleisch in Würfel schneiden. Die Zwiebel schälen und in feine Würfel schneiden.

3 Das Butterschmalz in einem großen Topf erhitzen und den Rotkohl, den Apfel und die Zwiebel darin andünsten. Mit dem Wein und dem Apfelsaft ablöschen. Die Gewürznelken und die Wacholderbeeren in einen Einwegteebeutel füllen, verschließen und zum Kohl geben. Den Kohl bei schwacher Hitze etwa 1½ Stunden köcheln lassen.

4 Für die Gänsebrust den Backofen auf 140 °C vorheizen. Das Fleisch waschen, trocken tupfen und mit Salz und Pfeffer würzen. In einer Pfanne auf der Hautseite knusprig anbraten, herausnehmen und in Alufolie wickeln. Auf einem Backblech im Ofen auf der mittleren Schiene 20 bis 30 Minuten garen.

5 Den Beifuß waschen und trocken tupfen. Den Fond mit dem Beifuß aufkochen und auf etwa die Hälfte einreduzieren lassen. Mit der kalten Butter binden.

6 Den Speck in Würfel schneiden und in einer Pfanne auslassen. Das Mehl unterrühren und anschwitzen. Die Mehlschwitze unter den Kohl mischen (das gibt Glanz und Geschmack), mit Salz und Zucker abschmecken und in der Küchenmaschine oder mit dem Stabmixer pürieren. Warm halten.

7 Die Gänsebrust aus dem Ofen nehmen und kurz ruhen lassen. Das Kokosmilchgelee in kleine Würfel schneiden und kurz im ausgeschalteten Backofen erwärmen.

8 Die Gänsebrust in Scheiben schneiden und mit der Sauce auf Tellern anrichten. Abwechselnd etwas Rotkohlmousse und warme Kokoswürfel danebensetzen.

Björns Tipp

» Die Gans ist grundsätzlich ein Tier mit hohem Fettgehalt, hat aber ein sehr zartes Fleisch. Man kann die Gänsebrust hervorragend rosa braten. «

Weißkohl, Rotkohl & Grünkohl

Knusperente
mit Rotkohl und Apfel-Olivenöl-Püree

Zutaten für 4 Personen

Für die Ente:
1 Zwiebel
1 Apfel
1 Ente (ca. 2 kg; z.B. Oldenburger Ente, Bauern- oder Pekingente)
Salz

Für den Rotkohl:
½ Rotkohl
1 Zwiebel
2 EL Butterschmalz
100 ml trockener Rotwein
150 ml Apfelsaft
2 EL Aceto balsamico
1 Gewürznelke
3 Wacholderbeeren
50 g fetter geräucherter Speck
2 EL Mehl
Salz · Zucker

Für das Apfel-Olivenöl-Püree:
½ Zitrone
2 Äpfel (z.B. Gala royal)
50 g Zucker
½ Vanilleschote
2 EL Olivenöl

1 Für die Ente den Backofen auf 180 °C vorheizen. Die Zwiebel schälen, den Apfel vierteln, schälen und das Kerngehäuse entfernen. Beides in kleine Würfel schneiden. Die Ente innen und außen waschen und trocken tupfen. Das Fleisch innen und außen kräftig mit Salz würzen und mit den Zwiebel- und Apfelwürfeln füllen. Die Öffnung mit kleinen Holzspießchen verschließen.

2 Die Ente mit der Brustseite nach oben in einen Bräter legen und im Ofen auf der mittleren Schiene etwa 1½ Stunden garen.

3 Für den Rotkohl vom Kohl die äußeren Blätter entfernen, den Kohl vierteln und den harten Strunk entfernen. Die Kohl in feine Streifen schneiden oder hobeln. Die Zwiebel schälen und in feine Würfel schneiden.

4 Das Butterschmalz im Dampfdrucktopf erhitzen, den Rotkohl und die Zwiebel darin andünsten. Mit dem Wein, dem Apfelsaft und dem Essig ablöschen. Die Gewürze in einen Einwegteebeutel geben, verschließen, zum Kohl geben und alles etwa 10 Minuten druckgaren.

5 Inzwischen den fetten Speck in kleine Würfel schneiden und in einer Pfanne auslassen. Das Mehl unterrühren und anschwitzen. Die Mehlschwitze unter den Kohl mischen – das gibt Glanz und Geschmack. Den Rotkohl mit Salz und Zucker abschmecken.

6 Für das Apfel-Olivenöl-Püree die Zitrone auspressen. Die Äpfel vierteln, schälen und die Kerngehäuse entfernen. Das Fruchtfleisch in Würfel schneiden. Den Zitronensaft mit dem Zucker und wenig Wasser in einem Topf aufkochen und die Apfelwürfel darin zugedeckt etwa 3 Minuten garen.

7 Die Vanilleschote der Länge nach aufschneiden und das Mark mit einem spitzen Messer herauskratzen. Die Äpfel abgießen, das Olivenöl und das Vanillemark dazugeben und mit dem Stabmixer pürieren.

8 Die fertige Ente aus dem Ofen nehmen und tranchieren. Mit dem Rotkohl und dem Apfel-Olivenöl-Püree auf Tellern anrichten und servieren.

Björns Tipp

》 Gerade wenn es schnell gehen muss, ist der Dampfdrucktopf besonders geeignet. Die neuen Töpfe sind sehr sicher und der Kohl verliert weder wertvolle Inhaltsstoffe noch Aroma. 《

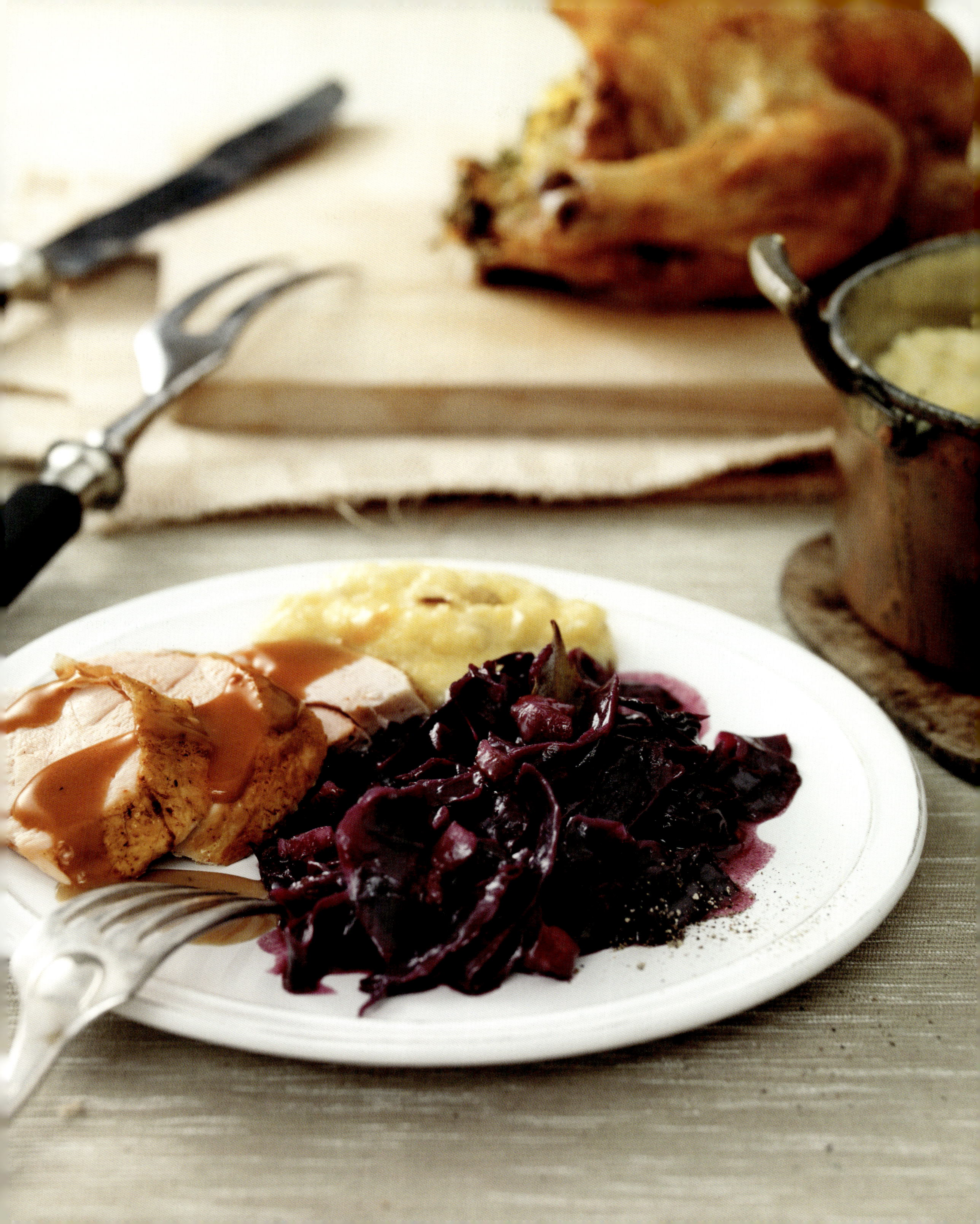

Grünkohllasagne
mit Gouda und Schafskäse

Zutaten für 4 Personen

Für den Nudelteig:
300 g Mehl
3 Eier · 1 Eigelb
1 TL Öl · 1 TL Salz

Für den Grünkohl:
500 g Grünkohl
1 Zwiebel
3 EL Öl
Salz · Pfeffer aus der Mühle
3 EL Mehl
200 ml kräftige Rinderbrühe
(ersatzweise Gemüsebrühe)
200 g Sahne
150 g Gouda (am Stück)
150 g Feta (Schafskäse)

Außerdem:
Mehl für die Arbeitsfläche
Butter für die Form

1 Für den Nudelteig das Mehl in eine Schüssel sieben. Die Eier, das Eigelb, das Öl und das Salz dazugeben und alles zu einem glatten Teig verkneten. Den Teig zugedeckt 1 Stunde ruhen lassen.

2 Den Nudelteig portionsweise mithilfe einer Nudelmaschine oder mit dem Nudelholz dünn ausrollen und auf der leicht bemehlten Arbeitsfläche zu Lasagneplatten schneiden.

3 Für den Grünkohl die Kohlblätter von den Stielen streifen und gründlich waschen. Die Blätter trocken schleudern und hacken. Die Zwiebel schälen und in feine Würfel schneiden. In einer großen Pfanne 2 EL Öl erhitzen und den Grünkohl darin andünsten. Mit Salz und Pfeffer würzen.

4 Das restliche Öl in einem Topf erhitzen und die Zwiebelwürfel darin andünsten. Das Mehl unterrühren und anschwitzen. Mit der Brühe ablöschen, die Sahne angießen und unter Rühren aufkochen. Den Grünkohl untermischen. Mit Salz und Pfeffer abschmecken.

5 Den Gouda fein reiben und den Feta in kleine Würfel schneiden.

6 Den Backofen auf 180 °C vorheizen. Eine Lage Lasagneblätter in eine große rechteckige, gefettete Auflaufform legen. Etwas Grünkohl, Gouda und Feta daraufgeben. Auf diese Weise alle Zutaten abwechselnd einschichten, bis sie aufgebraucht sind. Mit Grünkohl und Feta abschließen, etwas Gouda darüberstreuen und die Lasagne im Ofen auf der mittleren Schiene etwa 30 Minuten backen.

Björns Tipp

» Wer mag, kann auch fertige, vorgegarte Lasagneplatten kaufen. Dann muss die Lasagne etwa 40 Minuten im Ofen bleiben. «

Weißkohl, Rotkohl & Grünkohl

Grünkohl
mit geschmorten Zwiebeln und dicker Rippe

Zutaten für 4 Personen

Für den Grünkohl:
800 g Grünkohl
300 g vorwiegend festkochende Kartoffeln
60 g durchwachsener Räucherspeck (am Stück)
50 g Schweineschmalz
300 ml Rinderbrühe
2 EL getrockneter Majoran
Salz · Pfeffer aus der Mühle
3 EL mittelscharfer Senf

Für die dicke Rippe:
1 kg dicke Rippe vom Schwein
2 große Zwiebeln
2 EL Öl
je 1 TL Pimentkörner und Wacholderbeeren
Salz · Pfeffer aus der Mühle
300 ml Rinder- oder dunkler Bratenfond

1 Für den Grünkohl die Kohlblätter von den Stielen streifen und gründlich waschen. Den Kohl trocken schleudern und grob hacken. Die Kartoffeln schälen, waschen und in Würfel schneiden. Den Speck in kleine Würfel schneiden.

2 Das Schweineschmalz in einem Bräter erhitzen und den Speck darin bei starker Hitze anbraten. Den Grünkohl hinzufügen und unter Rühren andünsten. Die Brühe angießen, den Majoran, Salz, Pfeffer und die Kartoffeln dazugeben. Alle Zutaten zugedeckt bei schwacher Hitze 1 Stunde schmoren.

3 Für die dicke Rippe den Backofen auf 200 °C vorheizen. Das Fleisch waschen und trocken tupfen. Die Zwiebeln schälen und in feine Ringe schneiden. Das Öl in einem Schmortopf erhitzen und das Fleisch darin auf beiden Seiten bei starker Hitze anbraten und wieder herausnehmen.

4 Die Zwiebeln im verbliebenen Bratfett goldbraun andünsten. Die Pimentkörner und die Wacholderbeeren mit etwas Salz und Pfeffer in einem Mörser andrücken. Mit dem Fond zu den Zwiebeln geben. Das Fleisch darauflegen (es sollte nicht mit Fond bedeckt sein).

5 Die dicke Rippe im Ofen auf der mittleren Schiene offen etwa 40 Minuten schmoren, dabei darauf achten, dass das Fleisch nicht zu dunkel wird. Gegebenenfalls gegen Ende der Garzeit mit Alufolie abdecken.

6 Den Grünkohl mit dem Senf abschmecken. Die dicke Rippe herausnehmen und in Scheiben schneiden. Auf Teller verteilen und mit den Zwiebeln und dem Grünkohl anrichten.

Björns Tipp

» Beim offenen Schmoren kann es sein, dass der Bratenfond vollständig einkocht. Das macht aber nichts. Viel entscheidender ist, dass die Zwiebeln schön sämig sind und das Fleisch zart. «

Weißkohl, Rotkohl & Grünkohl

Grünkohlcremesuppe
mit Hähnchen-Graubrot-Spießen

Zutaten für 4 Personen

Für die Grünkohlsuppe:
ca. 1 kg Grünkohl
1 große Zwiebel
2 EL Öl
Salz · Pfeffer aus der Mühle
3 Stiele Majoran
1 Petersilienwurzel
2 Mettwürste
1 l Kalbs- oder Hühnerfond
200 g Sahne
150 g Crème fraîche
¼ l Milch

Für die Hähnchen-Graubrot-Spieße:
2 dicke Scheiben Graubrot
(ca. 200 g; vom Vortag)
1 Hähnchenbrustfilet (ca. 250 g)
je 2 Zweige Rosmarin und Thymian
1–2 EL Öl
1 EL Butter

1 Für die Grünkohlsuppe die Kohlblätter von den Stielen streifen, gründlich waschen und klein hacken. Die Zwiebel schälen und in feine Würfel schneiden.

2 Das Öl in einem Topf erhitzen und die Zwiebel darin goldbraun andünsten. Den Kohl hinzufügen und mit Salz und Pfeffer würzen. Den Majoran waschen und trocken tupfen. Die Blätter abzupfen und dazugeben. Den Kohl garen, bis er etwas zusammengefallen ist.

3 Die Petersilienwurzel putzen, schälen, in kleine Stücke schneiden und zum Kohl geben. Die Mettwürste längs halbieren und auf den Kohl in den Topf legen. Den Fond dazugießen und den Kohl zugedeckt 30 Minuten köcheln lassen.

4 Inzwischen für die Hähnchen-Graubrot-Spieße das Brot in Würfel schneiden. Das Hähnchenbrustfilet waschen, trocken tupfen und in Stücke schneiden. Abwechselnd mit dem Brot auf Holz- oder Metallspieße stecken. Die Kräuter waschen und trocken schütteln.

5 Das Öl und die Butter in einer Pfanne erhitzen und die Spieße darin mit den Kräutern rundum 6 bis 8 Minuten hellbraun braten, bis das Hähnchenfleisch gar ist.

6 Die Suppe vom Herd nehmen, die Würstchen herausnehmen und beiseitelegen (nach Belieben können sie in Stücke geschnitten und später wieder dazugegeben werden). Die Sahne und die Crème fraîche dazugeben. Die Suppe mit dem Stabmixer oder im Küchenmixer pürieren und durch ein Sieb streichen. Die Suppe mit Salz und Pfeffer abschmecken.

7 Die Milch in einem Topf erhitzen und mit dem Stabmixer oder dem Milchschäumer aufschäumen.

8 Die Grünkohlcremesuppe in Suppentassen verteilen und jeweils 1 Löffel Milchschaum daraufsetzen. Mit je 1 Hähnchen-Graubrot-Spieß und den krossen Kräutern garnieren.

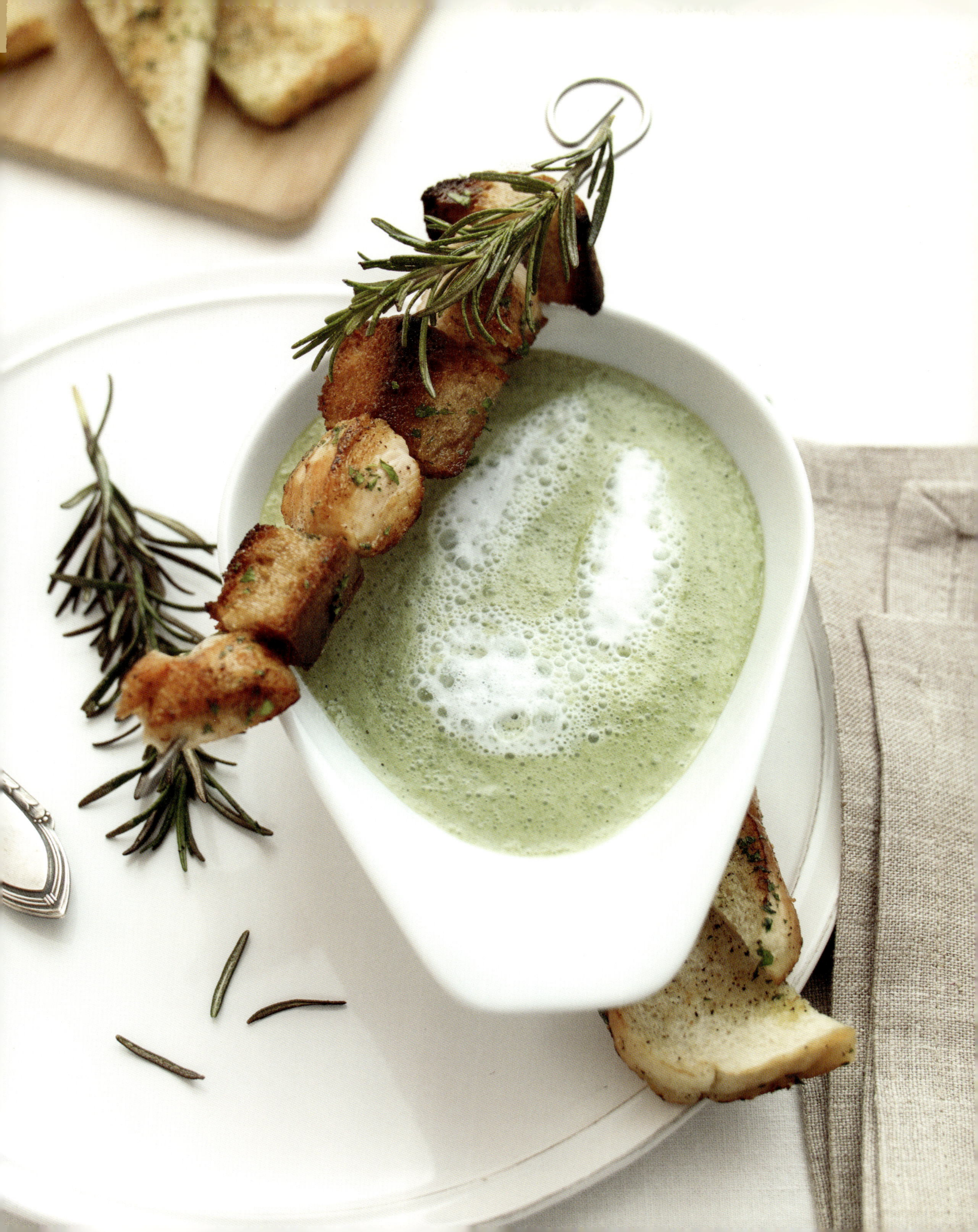

Käse, Eier & Milch

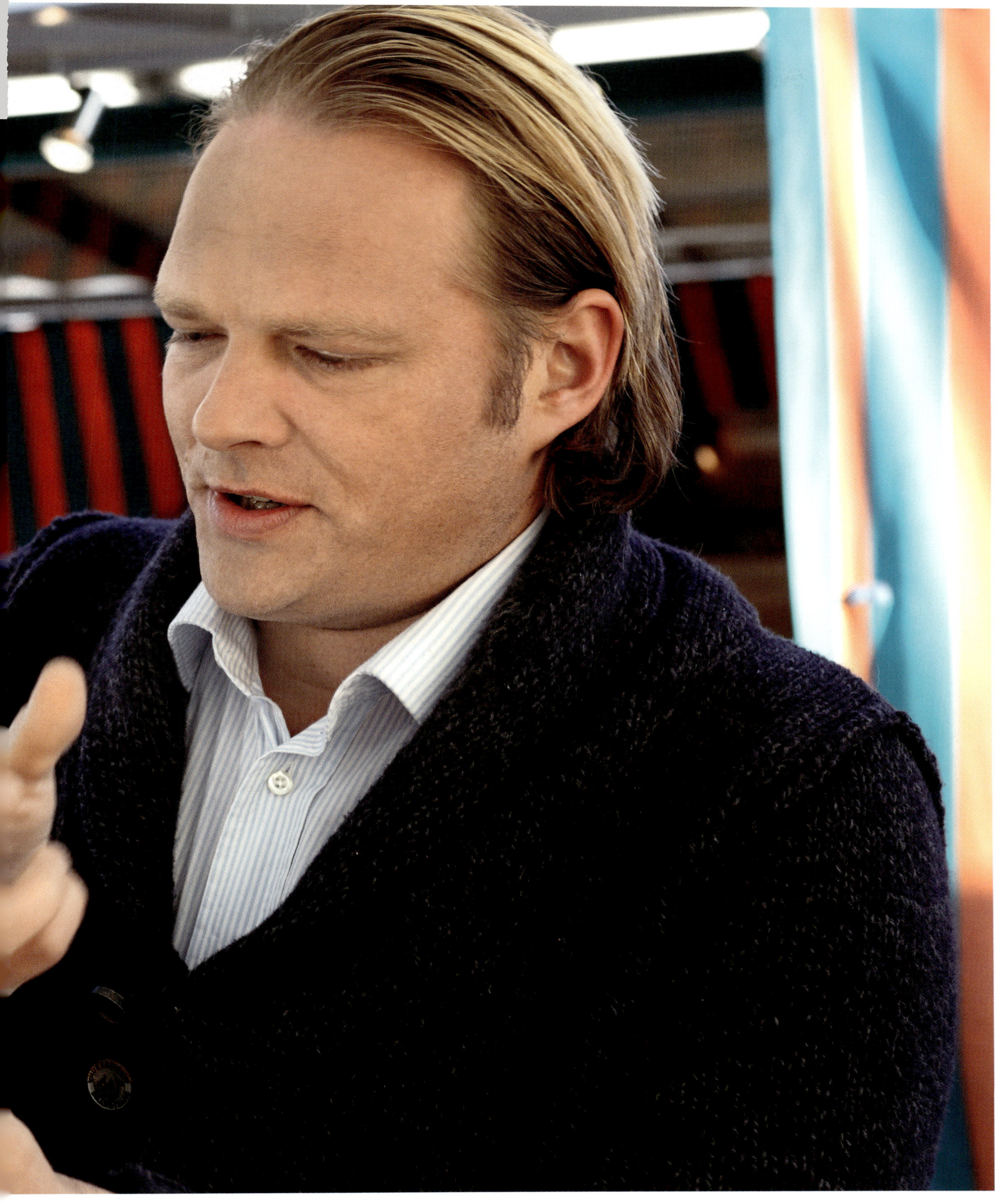

Käse, Eier & Milch

Käse

In Nordrhein-Westfalen gibt es über 100 Hofkäsereien, sogar die »Käseroute NRW« wurde ins Leben gerufen. Manch eine Käserei öffnet die Türen und man kann dort Käse probieren und sich die handwerkliche Herstellung zeigen lassen. Ich selbst habe schon so einige Betriebe von innen gesehen und bin von der guten Qualität der heimischen Produkte wirklich begeistert. Was mich natürlich nicht davon abhält, auch über die Grenzen hinauszublicken. Gerade bei Käse mache ich in Sachen Regionalität schon einmal Kompromisse, denn Originale wie »Feta«, »Parmigiano Reggiano« oder »Mozzarella di Bufala Campana« sind geschützte Spezialitäten aus ganz bestimmten europäischen Gegenden. Und diese Köstlichkeiten kann man einfach nicht ersetzen.

Einkauf: Für mich ist ein guter Käse ein handwerkliches Produkt, das keine zugesetzten Farbstoffe oder Konservierungsmittel enthält. Der Käselaib muss je nach Sorte Zeit zum Reifen bekommen haben, das ist oft entscheidend für das Aroma. Damit dieses möglichst lange erhalten bleibt, kaufe ich meinen Käse immer am Stück und nicht in Scheiben geschnitten.

Lagerung: Ob aus Kuh-, Schafs- oder Ziegenmilch: Solange der Käse appetitlich aussieht und arttypisch riecht, kann man ihn genießen. Wichtig bei der Lagerung von Schnittkäse: Er sollte niemals ganz luftdicht verpackt sein! Zum Einwickeln eignet sich gut Pergamentpapier und dann ab ins Gemüsefach mit ihm. Ist ein Käse an der ein oder anderen Stelle angetrocknet, dann verwende ich diese Stücke fürs Überbacken oder reibe sie in Saucen. So schmeißt man weniger weg. Selbst ein leicht mit Schimmel befallener Schnitt- oder Hartkäse gehört längst nicht in den Müll. Die betroffenen Stellen einfach großzügig abschneiden und entsorgen. Verderbniskeime oder Schimmelsporen breiten sich nicht so schnell im gesamten Käse aus.

Ernährungstipp von Anja Tanas

» Je nach Käsesorte gibt es ganz unterschiedliche Rinden. Manche sind aus Paraffin, Wachs, Leinen- oder Kunstgewebe. Diese kann man nicht mitessen. Andere Käse haben eine natürliche Rinde, die sich im Salzbad gebildet hat und während der Reifung immer wieder mit Salz eingerieben wird. Um einer Schimmelbildung vorzubeugen, werden die Laibe regelmäßig gebürstet oder gewaschen. Ob man diese natürlichen Rinden mitisst, ist Geschmackssache. Vorsicht ist aber bei Käse insbesondere aus der industriellen Produktion geboten. Es ist weit verbreitet, dass der Pilzhemmer Natamycin (E 235) aufgetragen wird. Dieser Stoff muss auf der Packung gekennzeichnet werden. Er ist nicht giftig, aber eine pharmakologisch wirksame Substanz, die im Darm dazu beitragen kann, dass die Bildung antibiotikaresistenter Organismen im Körper gefördert wird. «

Käse, Eier & Milch

Ei

Einkauf: Mir ist wichtig, dass Legehennen unter artgerechten Bedingungen leben können. Käfige wurden vor ein paar Jahren abgeschafft, aber die alternative Haltung in Volieren bzw. ausgestalteten Käfigen ist nicht mehr als ein fauler Kompromiss. Die Tiere stehen immer noch in engen Boxen in riesigen Ställen, meist ohne Tageslicht. Ich finde, ein Huhn sollte an der frischen Luft herumlaufen können. Daher kommt für mich nur Bio- oder Freilandware in Frage. Der Stempel auf dem Ei gibt Auskunft: Die erste Zahl steht für die Haltungsform: »0« steht für Bioeier, »1« für Eier von Hennen aus Freilandhaltung.

Lagerung: Frische Eier müssen nicht zwingend in den Kühlschrank, empfohlen wird das erst ab etwa zwei Wochen. Eier nicht neben stark riechenden Lebensmitteln platzieren, sie nehmen schnell fremde Gerüche an. Eigelbe kann man zwei Tage im Kühlschrank aufheben, wenn sie sich mit Wasser oder Milch übergossen in einem geschlossenen Gefäß befinden.

Küche: Rohe Eier müssen ganz frisch sein. Das erkennt man daran, dass das Dotter hoch gewölbt ist und in der Mitte des Eiweißes liegt. Das Eiklar ist nicht zu flüssig. Wegen Keimgefahr sollte die Schale sofort entsorgt werden, am besten danach gleich Hände waschen.

Ernährungstipp von Anja Tanas

» Er ist bei vielen hart gekochten Eiern nicht zu übersehen: Der dunkle Rand zwischen Eiweiß und Dotter. Er ist kein Zeichen für mangelnde Frische, sondern entsteht, wenn ein Ei zu lange gekocht wurde. Durch die Hitze wird eine Schwefelverbindung aus dem Eiweiß freigesetzt, die sich mit dem im Eigelb enthaltenen Eisen verbindet. Das dabei entstehende Eisensulfid ist dunkel, aber nicht gesundheitsschädlich. «

Milch

Einkauf: Ob man Frischmilch, länger haltbare Milch, H-Milch oder sogar Vorzugsmilch verwendet, muss man selbst entscheiden. Ich tendiere zur klassisch pasteurisierten Milch, die einige Sekunden auf etwa 75 °C erhitzt wurde. Da mir eine traditionelle Landwirtschaft am Herzen liegt, finde ich es wichtig, Milch von Betrieben zu beziehen, bei denen die Kühe von Frühjahr bis Herbst auf den Weiden stehen und Futter vom eigenen Hof bekommen – ohne gentechnisch veränderte Soja- oder Maissilagen aus dem Ausland.

Küche: Wenn es um Rezepte mit reichlich Milch geht, dann wird es meistens süß. Das ist bei mir nicht anders. Ob Eis, Pudding oder feine Cremespeisen – Milch ist ein Muss.

Ernährungstipp von Anja Tanas

» Roh- und Vorzugsmilch sind weitestgehend naturbelassen und gelten als besonders gesund. Menschen mit eingeschränkter Immunabwehr, wie Senioren, chronisch Kranken, Schwangeren und Kindern, wird jedoch vom Genuss abgeraten. Die Gefahr, dass potentielle Krankheitserreger wie Listerien oder E. coli enthalten sind, ist um einiges größer als bei pasteurisierter Milch. Allerdings unterliegen Rohmilchprodukte strengen gesetzlichen Anforderungen und dürfen allgemein nicht gesundheitsschädlich sein. «

Käse, Eier & Milch

Käsespätzle
mit Feldsalat und Kartoffeldressing

Zutaten für 4 Personen

Für den Feldsalat:
200 g mehligkochende Kartoffeln
Salz
100 ml Gemüsebrühe oder Geflügelfond
4 EL Öl
2 EL Weißweinessig
Pfeffer aus der Mühle
2 Handvoll Feldsalat

Für die Käsespätzle:
6 große Eier
Salz
frisch geriebene Muskatnuss
300 g Mehl
ca. 160 g Hartweizengrieß
1 Zwiebel
2 Frühlingszwiebeln
2 Stiele Petersilie
ca. 200 g Käse nach Geschmack
(z.B. je zur Hälfte Ziegenschnittkäse und Allgäuer Bergkäse)
1 EL Butter

1 Für den Feldsalat die Kartoffeln schälen, waschen, in Stücke schneiden und in kochendem Salzwasser 20 bis 25 Minuten weich garen. Die Kartoffeln abgießen und ausdampfen lassen.

2 Für die Käsespätzle die Eier in einer großen Schüssel mit dem Schneebesen verquirlen. Mit Salz und 1 Prise Muskatnuss würzen. Das Mehl und den Grieß nach und nach dazugeben und unterrühren, bis ein zähflüssiger Teig entsteht. Gegebenenfalls etwas kaltes Wasser hinzufügen.

3 Den Teig mit einem Teigschaber oder einem Holzlöffel kräftig durchschlagen, bis er Blasen wirft. Etwa 15 Minuten ruhen lassen.

4 Für das Dressing die Brühe oder den Fond in einem kleinen Topf erwärmen, die abgekühlten Kartoffeln hinzufügen und mit einer Gabel grob zerdrücken. Den Topf vom Herd nehmen und das Öl und den Essig dazugeben. Das Dressing mit dem Stabmixer pürieren und mit Salz und Pfeffer abschmecken. Den Feldsalat verlesen, waschen und trocken schleudern.

5 Die Zwiebel schälen und in feine Würfel schneiden. Die Frühlingszwiebeln putzen, waschen und in Ringe schneiden. Die Petersilie waschen und trocken tupfen, die Blätter abzupfen und fein hacken. Den Käse in kleine Stücke schneiden. Die Butter in einer Pfanne zerlassen und die Zwiebel darin goldbraun anbraten.

6 Den Spätzleteig mit dem Spätzlehobel oder mit einer Palette von einem Holzbrett portionsweise in reichlich siedendes Salzwasser hobeln bzw. schaben. Die Spätzle wenige Minuten ziehen lassen, bis sie an die Oberfläche steigen.

7 Die Spätzle mit dem Schaumlöffel aus dem Wasser heben, kurz abtropfen lassen und in die Pfanne zu den Zwiebeln geben. Frühlingszwiebeln, Petersilie und Käse dazugeben. Alles in der Pfanne schwenken, bis der Käse geschmolzen ist.

8 Die Käsespätzle auf Tellern anrichten. Den Feldsalat daneben verteilen und mit dem lauwarmen Kartoffeldressing beträufeln. Sofort servieren.

Björns Tipp

» Das ist ein optimales Gericht, um Käsereste oder übrig gebliebene Kartoffeln zu verwerten. Gleichzeitig frieren Sie auch nicht mehr bei der Kälte draußen, denn das gibt echt was auf die Rippen. Wenn Sie mögen, können Sie noch etwas gebratenen Speck dazu machen, aber es schmeckt auch so! «

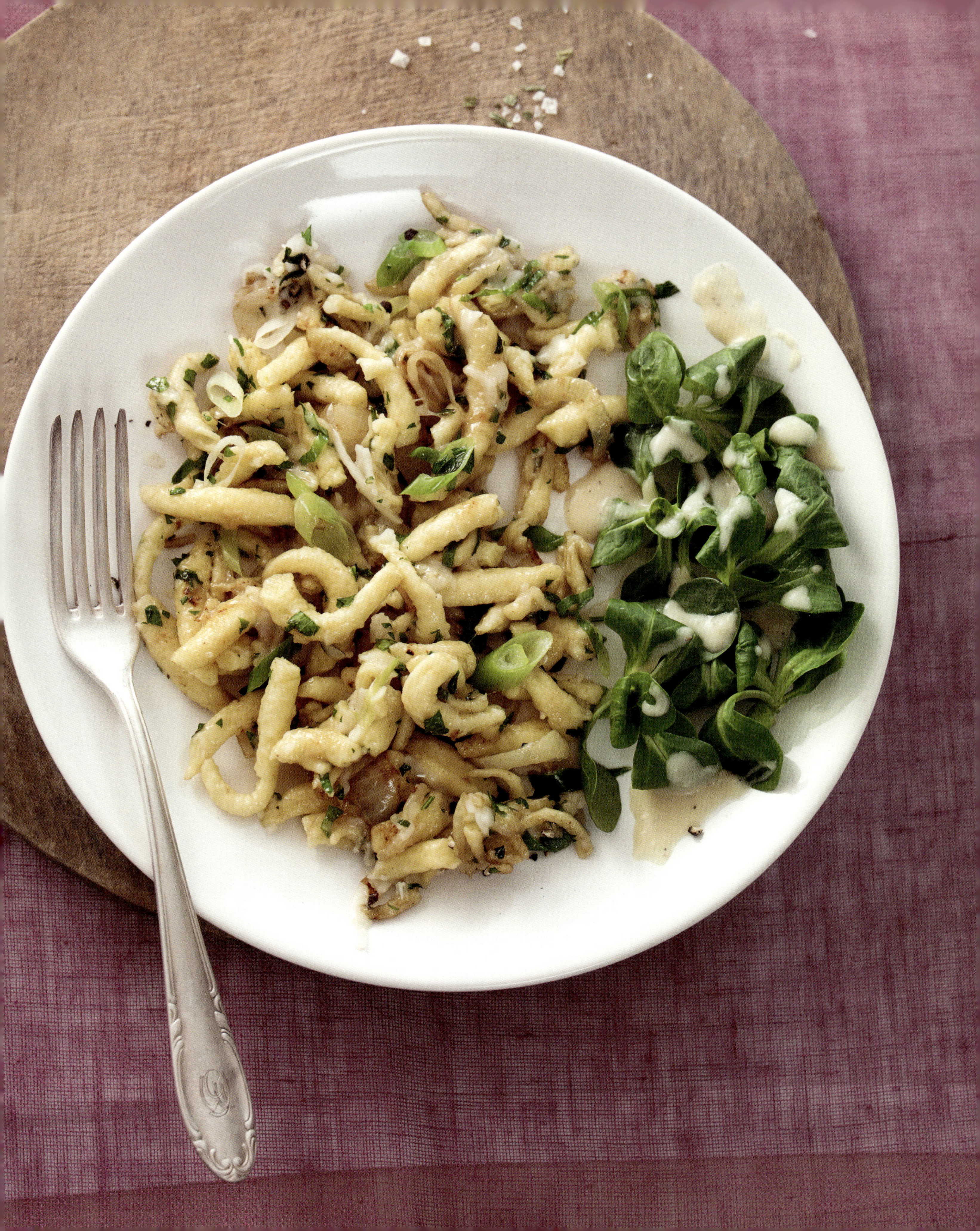

Käse, Eier & Milch

Gratinierte Gnocchi
mit Feigen und Raukesalat

Zutaten für 4 Personen

1 kg mehligkochende Kartoffeln
400 g grobes Meersalz
200 g Mehl
100 g Hartweizengrieß
2 Eier
2 EL gehackter Thymian
Salz · Pfeffer aus der Mühle
frisch geriebene Muskatnuss
Mehl für die Arbeitsfläche
100 g Rucola
4 Feigen
8 Ziegenfrischkäsetaler
(z.B. Picandou, à ca. 40 g)
100 ml Gemüsebrühe
2 EL Butter
4 EL Feigensenf
4 EL Honig

1 Den Backofen auf 180 °C vorheizen. Die Kartoffeln mit der Schale gründlich waschen und auf ein Backblech legen. Das Meersalz darüberstreuen und die Kartoffeln im Ofen etwa 40 Minuten garen.

2 Die Kartoffeln aus dem Ofen nehmen, das Salz entfernen. Die Kartoffeln möglichst heiß pellen und durch die Kartoffelpresse in eine Schüssel drücken. Das Mehl, den Grieß, die Eier und den Thymian dazugeben. Die Masse mit Salz, Pfeffer und Muskatnuss würzen und durchkneten, bis sie trockener wird. Den Kartoffelteig in Portionen teilen und auf der bemehlten Arbeitsfläche zu Rollen von etwa 1½ cm Durchmesser formen. In etwa 2 cm lange Stücke schneiden und nach Belieben mit einem Gabelrücken Rillen eindrücken.

3 Den Rucola verlesen, waschen und trocken schleudern, grobe Stiele entfernen. Die Feigen waschen und die Stiele abschneiden. Die Früchte in Würfel schneiden. Den Ziegenfrischkäse in Stücke schneiden.

4 Die Brühe mit der Butter erhitzen. In einem Topf reichlich Salzwasser zum Kochen bringen. Die Gnocchi portionsweise hineingeben und 2 bis 3 Minuten leicht siedend garen, bis sie an die Oberfläche steigen. Dann die Gnocchi mit dem Schaumlöffel herausheben und in der heißen Brühe schwenken.

5 Den Backofengrill einschalten. Die Gnocchi in ofenfeste tiefe Teller verteilen und mit den Feigenwürfeln sowie den Ziegenfrischkäsestücken bestreuen und im Ofen auf der oberen Schiene gratinieren. Den Feigensenf erwärmen und mit dem Honig verrühren. In dünnen Fäden über die Gnocchi ziehen. Mit dem Rucola garnieren.

Björns Tipp

» Die Gnocchi schmecken besonders gut, wenn die Kartoffeln im Backofen zubereitet werden. Denn durch das Kochen im Wasser saugen sie sehr viel Flüssigkeit und man müsste später mehr Mehl dazugeben, was die Gnocchi wiederum geschmacklos und schwer werden ließe. Durch das geröstete Meersalz bekommen sie noch eine eigene Note. «

Käse, Eier & Milch

Ziegenfrischkäse-Papaya-Tarte
mit Minzpesto

Zutaten für 4 Personen

Für die Ziegenfrischkäse-Papaya-Tarte:
Butter für die Form
275 g Blätterteig (ausgerollt, aus dem Kühlregal)
getrocknete Hülsenfrüchte zum Blindbacken
2 Schalotten
1 Papaya
200 g Ziegenfrischkäse
Salz · 2 EL Pinienkerne
4 Scheiben roher Schinken (z.B. Parmaschinken)

Für das Minzpesto:
5–6 Zweige Minze
100 ml Öl
2 EL Puderzucker
100 g geriebener Parmesan
2 EL Pinienkerne · Salz

1 Für die Ziegenfrischkäse-Papaya-Tarte den Backofen auf 200 °C vorheizen. Eine Tarte- oder Springform (ca. 26 cm Durchmesser) einfetten. Den Blätterteig 1 cm größer als den Durchmesser der Form ausschneiden und die Form damit auslegen. Mit einer Gabel mehrmals in den Boden stechen. Den Teig mit Backpapier belegen, mit Hülsenfrüchten auffüllen und im Ofen auf der mittleren Schiene 10 Minuten blindbacken.

2 Inzwischen die Schalotten schälen und in feine Würfel schneiden. Die Papaya halbieren und die Kerne mit einem Löffel entfernen. Die Frucht schälen und in dünne Scheiben schneiden.

3 Den Blätterteig aus dem Ofen nehmen und das Backpapier mit den Hülsenfrüchten entfernen. Den Backofen auf 180 °C herunterschalten. Den Ziegenfrischkäse zerbröckeln und auf dem Blätterteigboden verteilen. Die Schalottenwürfel, 1 Prise Salz, die Pinienkerne und die Papayascheiben daraufgeben und die Tarte im Ofen weitere 15 Minuten backen.

4 Für das Minzpesto die Minze waschen und trocken schütteln. Die Blätter abzupfen und in feine Streifen schneiden. Das Öl, den Puderzucker, den Parmesan, die Pinienkerne und 1 Prise Salz in einem hohen Rührbecher mit dem Stabmixer zerkleinern, bis eine homogene Masse entstanden ist. Die Minze unterrühren und das Pesto bis zum Servieren in den Kühlschrank stellen.

5 Die Ziegenfrischkäse-Papaya-Tarte aus dem Ofen nehmen, in 4 Stücke schneiden und auf Teller verteilen. Jeweils ½ Schinkenscheibe auf die Stücke legen und das Pesto dazu reichen.

Björns Tipp

» Die Minze lässt sich gut durch andere Kräuter wie z.B. Estragon oder Salbei ersetzen. Dabei ist wichtig, dass die Kräuter geschnitten und nicht gemixt oder gehackt werden, da das Pesto sonst grau wird. Als Alternative für den Blätterteig kann man für die Tarte auch einen salzigen Mürbteig (siehe S.13) oder 2 Blätter Strudelteig aus dem Kühlregal verwenden. «

Käse, Eier & Milch

Frischkäsesurprise im Strudelblatt
mit getrockneten Tomaten

Zutaten für 4 Personen

Für die getrockneten Tomaten:
- 2 Zweige Thymian
- 10 reife Tomaten
- 2 EL brauner Zucker
- 2 TL Salz

Für die Paprikasauce:
- 4 Knoblauchzehen
- ca. 50 ml Milch
- 2 Zwiebeln
- 400 g geschälte rote Paprikaschoten (aus dem Glas)
- 2 EL Ajvar
- Salz · Pfeffer aus der Mühle
- Zucker

Für die Strudel:
- 4 Strudelteigblätter (tiefgekühlt)
- 2 gelbe Zucchini
- 4 EL Olivenöl
- 100 g Pinienkerne
- 2 Bund Basilikum
- 6 Ziegenfrischkäsetaler (z.B. Picandou)

1 Für die Tomaten den Backofen auf 90 °C vorheizen. Den Thymian waschen und trocken tupfen. Die Tomaten kreuzweise einritzen, überbrühen, kalt abschrecken und häuten. Die Tomaten vierteln und auf ein Backblech legen. Mit braunem Zucker und Salz bestreuen und den Thymian dazulegen. Im Ofen auf der mittleren Schiene etwa 1 Stunde trocknen lassen.

2 Für die Paprikasauce den Knoblauch schälen. Die Milch in einem kleinen Topf erwärmen, den Knoblauch dazugeben, kurz in der Milch köcheln lassen und wieder herausnehmen. Die Zwiebeln schälen und in feine Würfel schneiden. Die Zwiebelwürfel kurz in kochendem Wasser blanchieren. Gut abtropfen lassen und mit dem Knoblauch in einen hohen Rührbecher geben. Paprikaschoten und Ajvar hinzufügen und alles mit dem Stabmixer pürieren. Mit Salz, Pfeffer und Zucker abschmecken.

3 Für die Strudel die Strudelteigblätter nach Packungsanweisung nebeneinander auftauen lassen. Die Zucchini putzen, waschen und in dünne Scheiben schneiden. In einer Pfanne 1 EL Olivenöl erhitzen und die Zucchinischeiben darin auf beiden Seiten etwa 2 Minuten dünsten.

4 Die Pinienkerne in einer Pfanne ohne Fett goldbraun rösten und herausnehmen. Das Basilikum waschen und trocken schütteln, die Blätter abzupfen und fein schneiden.

5 Die Zucchinischeiben auf den Strudelblättern verteilen, die Ränder dabei frei lassen. Der Ziegenfrischkäse mit den Pinienkernen und dem Basilikum verrühren und auf den Zucchinischeiben verteilen. Die Seitenränder über die Füllung schlagen und die Strudel aufrollen. Das restliche Olivenöl in einer großen Pfanne erhitzen und die Strudel darin auf jeder Seite etwa 2 Minuten braten.

6 Die Tomaten aus dem Ofen nehmen und auf Teller verteilen. Die Strudel daneben anrichten und die Paprikasauce dazu reichen.

Björns Tipp

» Kocht man den Knoblauch kurz in Milch, dann verliert er seine Schärfe und wird milder. Außerdem hat man am nächsten Tag keinen unangenehmen Geschmack im Mund. «

Käse, Eier & Milch

Feta-Strudel
mit Auberginen und Rucola

Zutaten für 4 Personen

Für den Feta-Strudel:
2 Auberginen
Salz · Pfeffer aus der Mühle
100 g Mehl
6 EL Olivenöl
400 g Feta (Schafskäse)
2 Filoteigblätter
2 Eiweiß
2 EL Öl
ca. 150 g Rucola

Für den Dip:
2 Frühlingszwiebeln
2 Knoblauchzehen
400 g Naturjoghurt
100 g Crème fraîche
Salz · Pfeffer aus der Mühle
Zitronensaft

1 Für den Strudel die Auberginen putzen, waschen und der Länge nach in dünne Scheiben schneiden. Mit Salz und Pfeffer würzen. Das Mehl auf einen flachen Teller geben und die Auberginenscheiben darin wenden, überschüssiges Mehl abklopfen.

2 Etwas Olivenöl in einer Grillpfanne erhitzen und die Auberginenscheiben darin portionsweise auf jeder Seite etwa 5 Minuten braten. Herausnehmen und nebeneinander auf ein großes Brett legen.

3 Den Backofen auf 180 °C vorheizen. Den Feta in Stücke schneiden, auf den Auberginenscheiben verteilen und darin einwickeln. Die Hälfte der Röllchen längs auf 1 Filoteigblatt legen und die Ränder dünn mit verquirltem Eiweiß bepinseln. Den Teig zu einem Strudel rollen und an den Rändern etwas andrücken. Mit dem zweiten Teigblatt ebenso verfahren.

4 Das Öl in einer ofenfesten Pfanne erhitzen und die Strudel darin auf beiden Seiten anbraten. Im Ofen auf der mittleren Schiene etwa 10 Minuten fertig backen.

5 Für den Dip die Frühlingszwiebeln putzen, waschen und in feine Ringe schneiden. Den Knoblauch schälen und in feine Würfel schneiden. Den Joghurt, die Crème fraîche, die Frühlingszwiebeln und den Knoblauch verrühren. Mit Salz, Pfeffer und Zitronensaft würzen.

6 Den Rucola verlesen, waschen und trocken schleudern, grobe Stiele entfernen. Die Feta-Strudel herausnehmen und mit dem Dip und dem Rucola anrichten.

Käse, Eier & Milch

Hähnchenfilet im Parmesanmantel
mit Pfifferlingspesto

Zutaten für 4 Personen

Für das Pfifferlingspesto:
2 Tomaten
500 g Pfifferlinge
1 rote Zwiebel
1 Bund Basilikum
1 Bund Petersilie
1 gegarter Artischockenboden
(z.B. aus der Dose)
50 g Pinienkerne
Salz · Pfeffer aus der Mühle
1 EL Essig · 2 EL Olivenöl
1 EL Crema di Balsamico

Für die Kartoffelbällchen:
2 große Kartoffeln
Öl zum Frittieren

Für das Hähnchenbrustfilet:
400 g Hähnchenbrustfilet · 2 Eier
100 g geriebener Parmesan
Salz · Pfeffer aus der Mühle
50 g Mehl · 2 EL Öl

1 Für das Pfifferlingspesto die Tomaten kreuzweise einritzen, überbrühen, kalt abschrecken, häuten, vierteln und entkernen. Das Fruchtfleisch in kleine Würfel schneiden. Die Pfifferlinge putzen und trocken abreiben. Die Pilze auf einem feinen Hobel (z.B. einem Trüffelhobel) oder mit einem Messer in dünne Scheiben hobeln oder schneiden.

2 Die Zwiebel schälen und in feine Würfel schneiden. Die Kräuter waschen und trocken schütteln, die Blätter abzupfen und fein hacken. Den Artischockenboden in kleine Würfel schneiden.

3 Für die Kartoffelbällchen die Kartoffeln schälen, waschen und mit einem Kugelausstecher kleine Kugeln ausstechen.

4 Für das Hähnchenbrustfilet das Fleisch waschen, trocken tupfen und in breite Streifen schneiden. Die Eier und den Parmesan verrühren. Die Hähnchenbruststreifen mit Salz und Pfeffer würzen und mit Mehl bestäuben.

5 Den Backofen auf 180 °C vorheizen. Das Öl in einer Pfanne erhitzen. Die Hähnchenbruststreifen durch die Eier-Parmesanmischung ziehen und im Öl rundum anbraten. Herausnehmen, in eine ofenfeste Form legen und im Ofen auf der mittleren Schiene etwa 8 Minuten gar ziehen lassen.

6 Reichlich Öl in einem Topf oder in der Fritteuse auf 180 °C erhitzen – es ist heiß genug, wenn sich an einem hineingehaltenen Holzlöffelstiel Blasen bilden. Die Kartoffelbällchen darin etwa 8 Minuten knusprig frittieren. Mit dem Schaumlöffel herausheben und kurz auf Küchenpapier abtropfen lassen.

7 Die Tomaten, Pilze, Zwiebel und Kräuter mit dem Artischockenboden und den Pinienkernen in eine Schüssel geben. Mit Salz und Pfeffer würzen und den Essig und das Olivenöl untermischen.

8 Die Hähnchenbruststreifen mit den Kartoffelbällchen und dem Pfifferlingspesto auf Tellern anrichten und mit der Balsamicocreme garnieren.

Björns Tipp

» Pfifferlinge schmecken auch roh super. Sie müssen allerdings wegen möglicher Sandkörner gut geputzt werden, zum Beispiel mit Küchenpapier oder einem Pinsel. Außerdem ist es wichtig, sie sehr dünn zu hobeln. Durch das Marinieren schmecken sie fast nussig. «

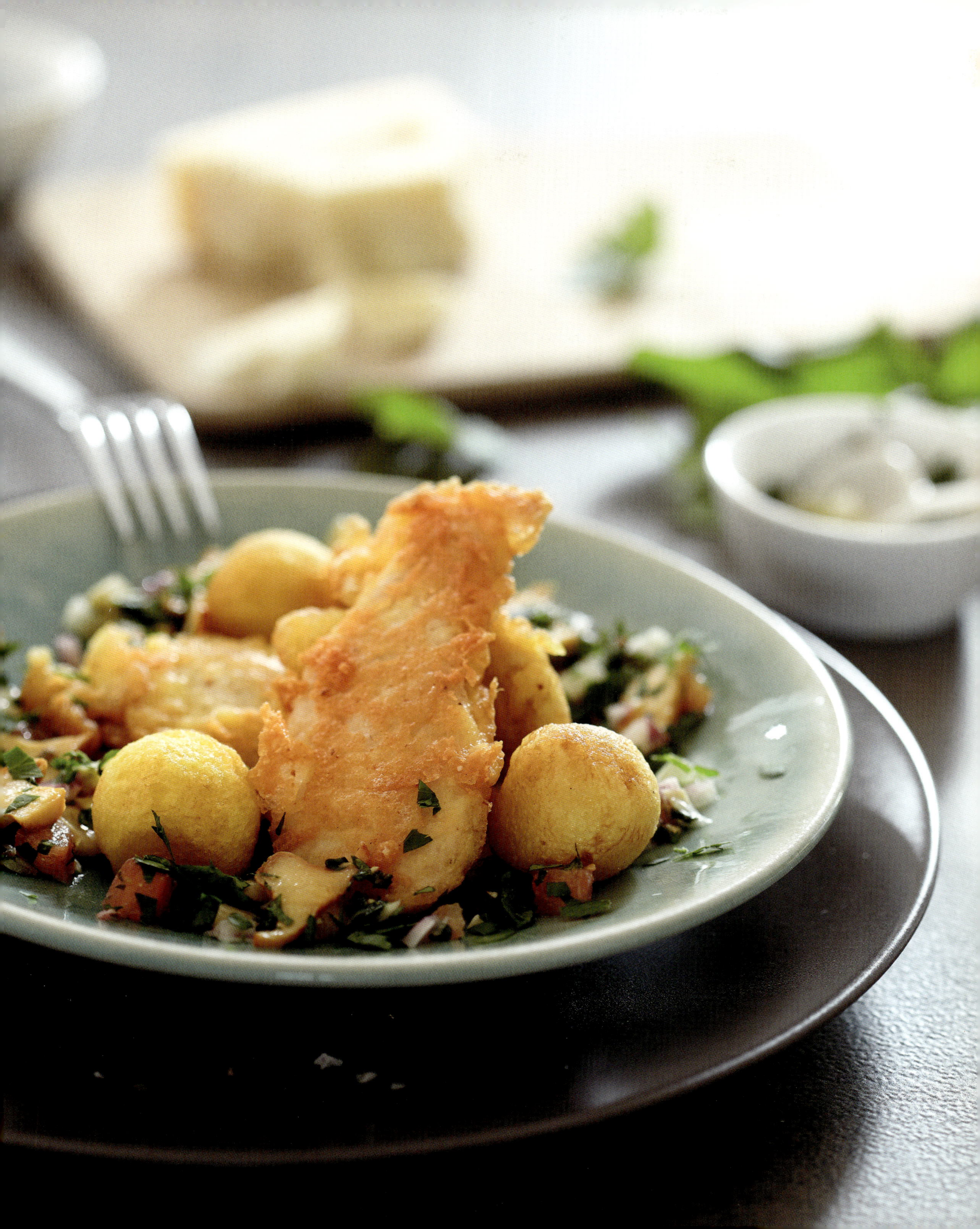

Käse, Eier & Milch

Zwiebelkuchen
süß und herzhaft

Zutaten für 4 Personen

500 g mehligkochende Kartoffeln
Salz
3 Zwiebeln
1-2 EL Öl
2 Eigelb
ca. 200 g Mehl
frisch geriebene Muskatnuss
1 TL ganzer Kümmel
Butter und Mehl für das Blech
3 Eier
250 g saure Sahne
200 ml Milch
50 g durchwachsener Räucherspeck (in dünnen Scheiben)
1 Feige
ca. 50 g Blauschimmelkäse (z. B. Roquefort)
1 Bund Rucola
Pfeffer aus der Mühle

1 Die Kartoffeln schälen, waschen und in kochendem Salzwasser 20 bis 25 Minuten weich garen.

2 Die Zwiebeln schälen, halbieren und in dünne Streifen schneiden. Das Öl in einer Pfanne erhitzen und die Zwiebeln darin goldbraun andünsten.

3 Die Kartoffeln abgießen, ausdampfen lassen und in einer Schüssel mit dem Kartoffelstampfer zerdrücken. Die Eigelbe und den Großteil des Mehls dazugeben. Die Zutaten zu einem glatten Teig verkneten. Mit Salz und 1 Prise Muskatnuss würzen. Den Teig beim Kneten immer wieder mit etwas Mehl bestäuben.

4 Den Kümmel zu den Zwiebeln in die Pfanne geben. Diese vom Herd nehmen und abkühlen lassen.

5 Ein Backblech einfetten und mit Mehl bestäuben. Den Kartoffelteig mit dem Nudelholz auf der leicht bemehlten Arbeitsfläche rechteckig in Größe des Backblechs ausrollen und auf das Blech legen: Dafür den ausgerollten Teig zweimal falten, auf das Blech legen und wieder auseinanderfalten, dann reißt er nicht. Den Teig am Rand etwas hochziehen und festdrücken, damit die Füllung nicht herauslaufen kann.

6 Den Backofen auf 200 °C vorheizen. Die Zwiebeln auf dem Teig verteilen. Die Eier, die saure Sahne, die Milch, etwas Salz und 1 Prise Muskatnuss mit dem Schneebesen in einer Schüssel verrühren. Die Eiermilch über die Zwiebeln gießen, bis sie gut bedeckt sind.

7 Auf einer Hälfte des Kuchens den Speck verteilen. Die Feige waschen und den Stiel entfernen. Die Frucht achteln und die andere Hälfte des Kuchens damit belegen. Etwas Käse zerbröckeln und über den Feigenachteln verteilen. Den Zwiebelkuchen im Ofen auf der mittleren Schiene 30 bis 40 Minuten goldbraun backen.

8 Den Rucola verlesen, waschen und trocken schleudern, grobe Stiele entfernen. Den Zwiebelkuchen aus dem Ofen nehmen, in Stücke schneiden und den Rucola darauf verteilen. Etwas Pfeffer darübermahlen und servieren.

Björns Tipp

» Der Zwiebelkuchen schmeckt sehr gut als Abendessen mit einem Glas Wein. Oder als sättigendes Hauptgericht mit einem gemischten Salat. «

Käse, Eier & Milch

»Sylt-Tokio«-Omelett
mit Räucheraal und Wasabi

Zutaten für 4 Personen

200 g Räucheraal
1 Salatgurke
2 Stiele Dill
8 Eier
Salz · Pfeffer aus der Mühle
4 TL Öl
100 g Crème fraîche
Wasabipaste (japan. Meerrettich)

1 Den Aal häuten und die Filets von der Mittelgräte ablösen. Die Aalfilets in kleine Stücke schneiden. Die Gurke putzen, gründlich waschen und längs halbieren. Die Kerne mit einem Teelöffel entfernen und die Gurke in kleine Stücke schneiden. Den Dill waschen und trocken schütteln, die Spitzen abzupfen und fein hacken.

2 Die Eier mit einer Gabel in einer großen Schüssel gut verquirlen, mit Salz und Pfeffer würzen. Aus der Eiermasse nach und nach 4 Omeletts backen. Dafür jeweils 1 TL Öl in einer Pfanne stark erhitzen und etwa ein Viertel der verquirlten Eier hineingießen. Ein Viertel der Aalstücke, der Gurkenwürfel und des Dills direkt auf die Eiermasse geben und diese bei starker Hitze stocken lassen.

3 Wenn die Hitze groß genug ist, kann das Omelett schon nach rund 20 Sekunden an den Seiten eingeklappt und nach weiteren 20 Sekunden aus der Pfanne genommen werden. Auf diese Weise 3 weitere Omeletts backen.

4 Die Crème fraîche und Wasabipaste nach Geschmack miteinander verrühren. Die Omeletts damit garnieren und servieren.

Variante:

Damit das Sylt-Feeling perfekt ist, kann man dazu noch einen Austern-Shot im Glas servieren: 4 Austern mit einer Bürste gründlich unter fließendem kaltem Wasser säubern, mit der gewölbten Seite nach unten auf ein Küchentuch legen und in die Hand nehmen. Mit der Spitze des Austernmessers in die kleine Öffnung des Gelenks stechen und das Gelenk durchtrennen. Das Messer entlang der oberen Schale führen, den Schließmuskel durchtrennen und die obere Schale entfernen. Das Austernwasser mit 2 EL Essig (z.B. Champagneressig) und 1 fein gewürfelten Schalotte mischen. Die Austern in kleine eiskalte Gläser (aus dem Tiefkühlfach) füllen und mit der Vinaigrette begießen.

Käse, Eier & Milch

Kaiserschmarren
mit flambierten Kornpflaumen

Zutaten für 4 Personen

Für den Kaiserschmarren:
4 EL Rosinen
ca. 4 cl Doppelkorn
4 Eier
125 g Mehl
⅛ l Milch
Salz
50 g Zucker
50 g flüssige Butter
2 TL Butterschmalz
Puderzucker

Für die Kornpflaumen:
300 g Pflaumen
2 EL Zucker
2 cl Doppelkorn

1 Für den Kaiserschmarren die Rosinen im Korn einweichen und ziehen lassen.

2 Für die Kornpflaumen die Pflaumen waschen, halbieren, entsteinen und in Spalten schneiden. Die Pflaumen in einer Schüssel mit dem Zucker mischen und 10 Minuten Saft ziehen lassen.

3 Die Eier trennen. In einer Schüssel die Eigelbe mit Mehl, Milch, 1 Prise Salz und der Hälfte des Zuckers mit einem Schneebesen zu einem glatten Teig verrühren. Die flüssige Butter dazugeben und unterrühren. Die eingeweichten Rosinen samt Flüssigkeit unter den Teig rühren und nach Belieben noch zusätzlich 1 Schuss Doppelkorn dazugeben.

4 Die Eiweiße zu steifem Schnee schlagen, dabei den restlichen Zucker einrieseln lassen. Den Eischnee mit einem Kochlöffel unter den Teig heben.

5 Den Backofen auf 160 °C (Umluft) vorheizen. Das Butterschmalz in zwei ofenfeste Pfannen verteilen und erhitzen. Jeweils die Hälfte des Teigs in die Pfannen geben und bei mittlerer Hitze etwa 1 Minute backen. Anschließend im Ofen auf zwei Schienen 5 bis 8 Minuten weiterbacken. In den letzten 2 Minuten den Backofengrill einschalten und die 2 Kaiserschmarren nacheinander darunter goldbraun backen.

6 Inzwischen die Pflaumen in einer Pfanne erhitzen, den Korn darübergießen und die Pflaumen flambieren.

7 Die Pfannen aus dem Ofen nehmen, die Schmarren auf ein Brett stürzen und mit Löffel und Gabel in Stücke reißen. Anschließend mit Puderzucker bestäuben, auf Tellern anrichten und jeweils 2 bis 3 EL flambierte Kornpflaumen draufgeben.

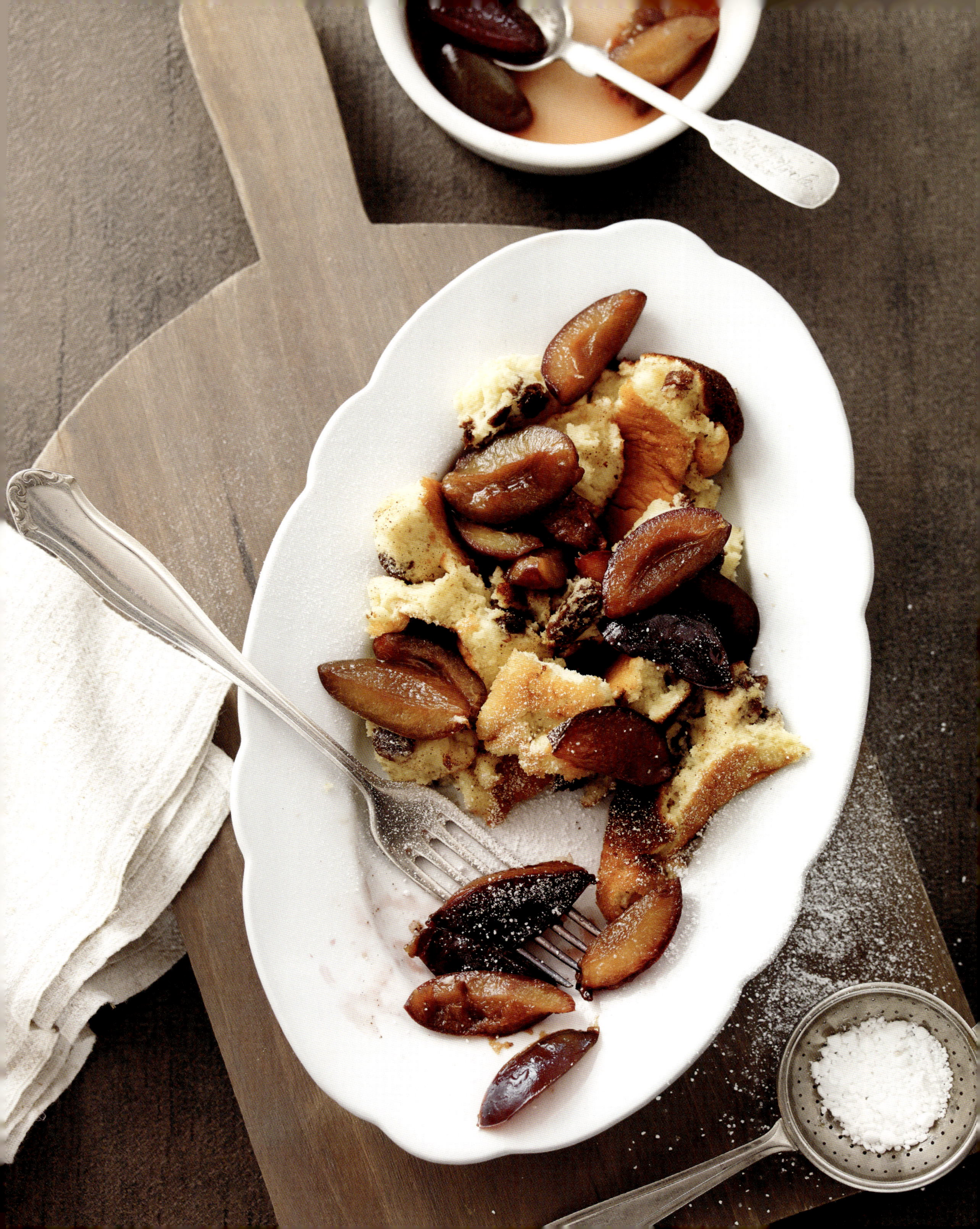

Käse, Eier & Milch

Mousse au Chocolat

Zutaten für 4 Personen
200 g Zartbitterkuvertüre
50 g Butter
4 Eier
80 g Zucker
80 ml Espresso
4 cl Cognac
Salz
250 g Sahne
1 TL Tasmanischer Pfeffer

1 Die Kuvertüre in Stücke hacken und zusammen mit der Butter in einer Metallschüssel im heißen Wasserbad langsam schmelzen lassen.

2 Drei Eier trennen. Die Eigelbe und das ganze Ei mit dem Zucker in eine Metallschüssel geben und ebenfalls im heißen Wasserbad cremig schlagen. Den Espresso und den Cognac unterrühren. Die Eiweiße mit 1 Prise Salz zu steifem Schnee schlagen. Die Sahne ebenfalls steif schlagen.

3 Den Tasmanischen Pfeffer im Mörser zerstoßen. Die warme Kuvertüre-Butter-Mischung vorsichtig unter die warme Eigelbmasse rühren und mit dem Tasmanischen Pfeffer würzen. Mit dem Teigschaber zuerst den Eischnee und dann die geschlagene Sahne unterheben.

4 Die Mousse au Chocolat auf Gläser verteilen und zugedeckt mindestens 12 Stunden in den Kühlschrank stellen.

Björns Tipp

» Am liebsten esse ich zur Mousse au Chocolat eingekochte Birnen, wie bei dem Klassiker ›Birne Helene‹. Bei der Mousse sollten Sie niemals den Versuch starten, normale dunkle Tafel-Schokolade zu verwenden. Die schafft es nicht so gut, die Masse zu binden. «

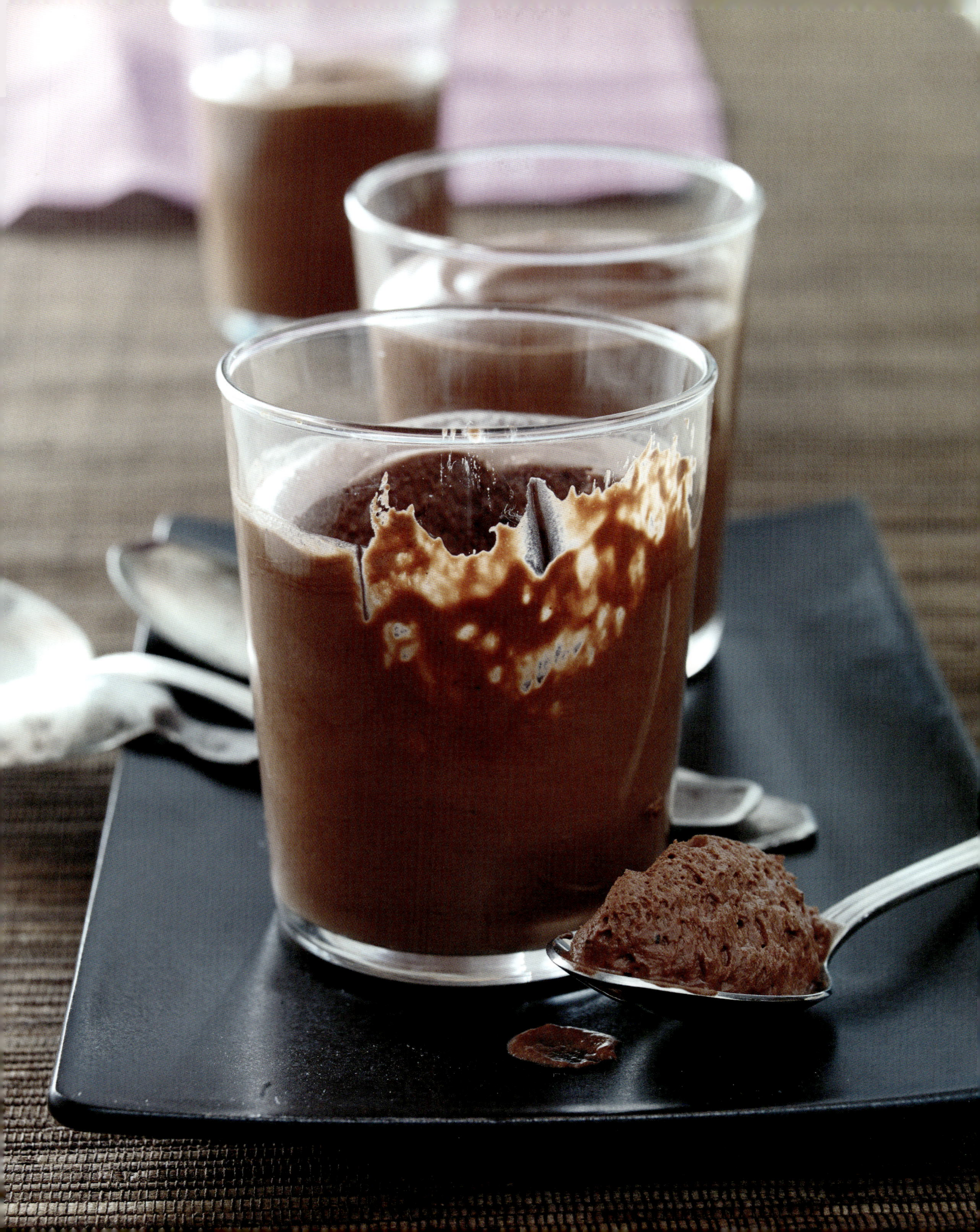

Käse, Eier & Milch

Kakaopulver
mit weihnachtlichen Gewürzen

Zutaten für 1 Gläschen Kakaopulver

1 Zacken Sternanis
½ TL Kardamomsamen
100 g Kakaopulver (am besten stark entölt)
2 TL Zimtpulver
2 EL feiner brauner Zucker
2 Päckchen Bourbon-Vanillezucker

1 Den Sternanis und die Kardamomsamen im Mörser fein zerstoßen.

2 Mit den restlichen Zutaten in einer Schale mischen, mithilfe eines Trichters in ein verschließbares Gläschen füllen und dieses nach eigener Fantasie dekorieren.

3 Wenn Sie Appetit auf einen heißen, winterlichen Kakao haben, verrühren Sie pro Tasse 2 gehäufte Teelöffel Kakaopulver mit etwas kaltem Wasser zu einem Brei und gießen unter Rühren heiße Milch auf.

Schokolollies

Zutaten für 10-16 Lollies

je 100 g Vollmilch- und Zartbitter-kuvertüre oder -schokolade
Zimtpulver
Vanillezucker
Silikonformen für Pralinen
ca. 1 cm breite Holzstiele (ersatzweise dicke Holzspießchen)

1 Die Kuvertüre bzw. Schokolade hacken und in eine Metallschüssel geben. Die Mischung unter Rühren im Wasserbad schmelzen (nicht zu heiß werden lassen!) und nach Geschmack mit Zimt und Vanillezucker abschmecken.

2 Die Schokolade noch warm in die Silikonformen füllen und etwas fest werden lassen. Nach etwa 10 Minuten die Holzstiele hineinstecken. Dann die Schokolollies ganz erkalten lassen.

3 Zum Verpacken je 2 bis 3 Schokolollies in Cellophantütchen stecken, mit einem Geschenkband verschließen und nach Belieben mit hübschen Aufklebern verzieren. Die Schokolollies bei Bedarf in heißer Milch auflösen.

Käse, Eier & Milch

Joghurt selbst gemacht

Zutaten für 4 Schraubgläser (à 250 ml Inhalt)

1 l Milch
3-4 EL Naturjoghurt

1 Die Milch in einen Topf geben, aufkochen lassen und dann auf Handtemperatur (35 bis 38 °C) abkühlen lassen. Den Joghurt gut unterrühren.

2 Die Mischung in saubere und sterile Schraubgläser (siehe S.144) abfüllen und verschließen.

3 Damit sich die Joghurtkultur gut vermehren kann, muss sie warm gehalten werden. Am besten ein Handtuch um die Gläser wickeln und mit einer Bettdecke zudecken. Wer will, kann noch eine Wärmflasche dazupacken. Oder man stellt die Gläser auf die Heizung und deckt sie mit einem Handtuch ab.

4 Nach etwa 8 Stunden ist der Joghurt fertig. Solange er noch warm ist, bleibt er ein bisschen flüssiger. Richtig fest wird er erst im Kühlschrank. Hier hält sich der Joghurt etwa ein bis zwei Wochen. Eine Joghurtmaschine ist übrigens praktisch, aber nicht zwingend notwendig.

Kaffee-Panna-cotta

Zutaten für 6-8 Personen

150 g Kaffeebohnen
½ l Milch
4 Blatt weiße Gelatine
500 g Sahne
75 g weiße Schokolade
40 g Zucker

1 Zwei Tage zuvor die Kaffeebohnen in der Milch erwärmen, dann 2 Tage zugedeckt im Kühlschrank ziehen lassen.

2 Die Gelatine nach Packungsanweisung in kaltem Wasser einweichen. Die aromatisierte Milch durch ein Sieb in einen Topf gießen. Die Sahne hinzufügen und die Mischung vorsichtig erhitzen. Die weiße Schokolade hacken und mit dem Zucker unter die Milch-Sahne-Mischung rühren.

3 Die Gelatine ausdrücken und mit dem Schneebesen in die warme Masse einrühren. Sobald sich die Gelatine aufgelöst hat, die Masse auf Dessertschälchen verteilen, abkühlen lassen und mehrere Stunden zugedeckt kühl stellen.

Käse, Eier & Milch

Rahmeis

Zutaten für 4 Personen
2 Eigelb
400 ml Milch
80 g Zucker
4 cl Kirschwasser
2 Vanilleschoten
200 g Sahne

1 Die Eigelbe mit der Milch in einen Topf geben. Den Zucker dazugeben und alles mit dem Schneebesen gut verrühren. Zum Schluss das Kirschwasser unterrühren.

2 Die Vanilleschoten längs aufschneiden, das Mark mit einem spitzen Messer herauskratzen und mit der Sahne zu der Eiermilch geben.

3 Die Eismasse unter Rühren bei schwacher Hitze erwärmen, bis sich der Zucker vollständig gelöst hat.

4 Die Masse in der Eismaschine cremig gefrieren. Dann in eine vorgekühlte Metallschüssel umfüllen und im Tiefkühlfach etwa 2 Stunden nachfrieren lassen, damit das Eis fester wird und man besser Kugeln ausstechen kann.

5 Das Rahmeis zu Nocken oder Kugeln formen und mit Rhabarberkompott (siehe S. 199) oder Heidebeersorbet (siehe S. 206) auf Tellern anrichten.

Variante:

Aus dem Rahmeis lässt sich im Handumdrehen ein Pistazieneis machen: Dafür einfach 50 g gehackte Pistazienkerne und 2 EL grünes Pistazienmark (z. B. aus dem Feinkostladen) unter die Eismasse rühren, bevor sie in die Eismaschine kommt.

Björns Tipp

» Wenn Sie keine Eismaschine haben, können Sie dieses Eis auch in einer Metallschüssel im Tiefkühlfach unter gelegentlichem Rühren gefrieren lassen, bis es eine cremige Konsistenz hat. «

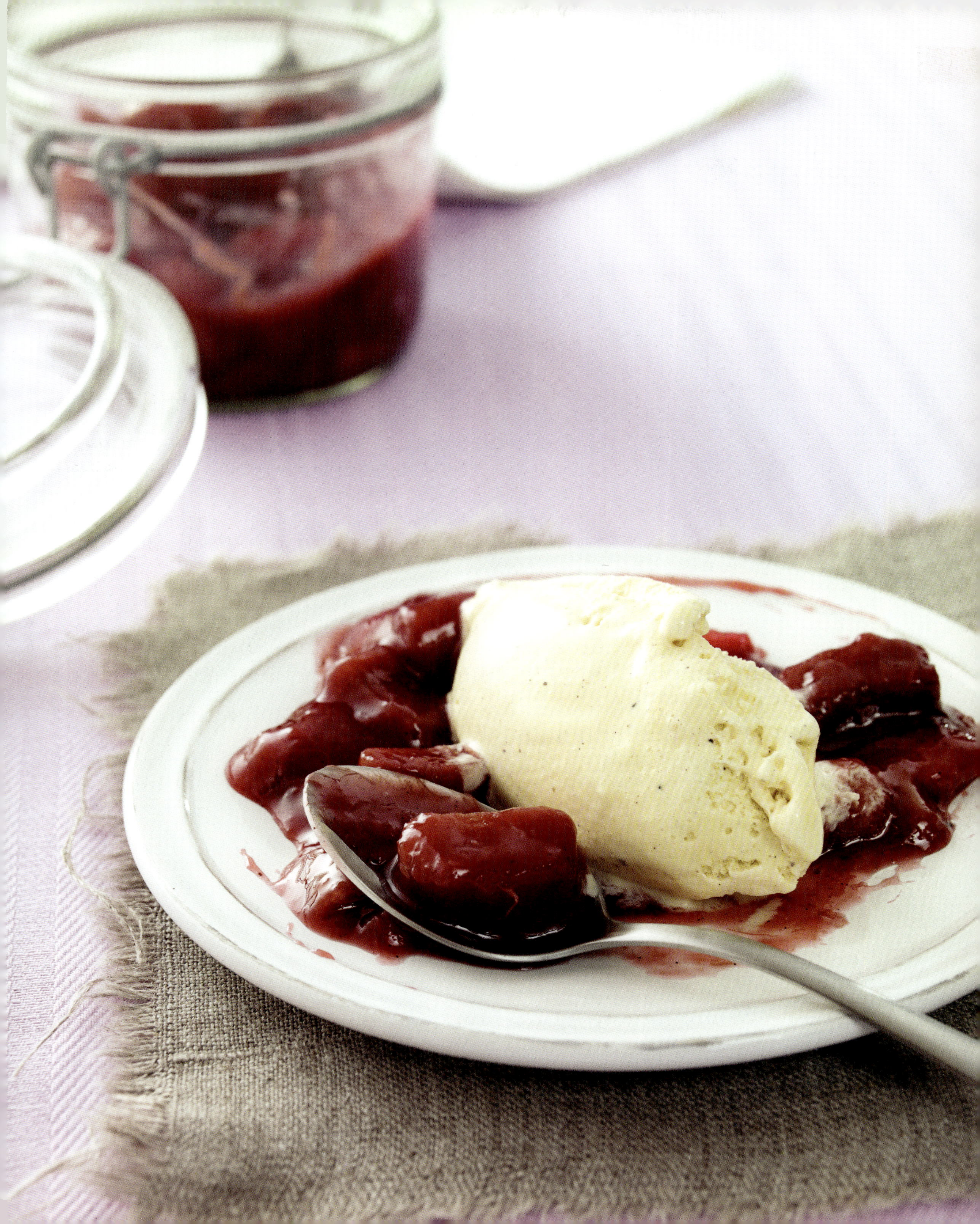

Käse, Eier & Milch

Vanille-Grießpudding

Zutaten für 4 Personen

½ l Milch
1 Vanilleschote
abgeriebene Schale von je
1 unbehandelten Zitrone und
Orange
5 Sternanis
ca. 50 g Weichweizengrieß
2 EL Speisestärke
3 Eier
100 g Zucker
300 g Sahne

1   Die Milch in einen Topf geben. Die Vanilleschote längs aufschneiden und das Mark mit einem spitzen Messer herauskratzen. Das Vanillemark und die -schote, die Zitronen- und Orangenschale sowie den Sternanis zur Milch geben und diese zum Kochen bringen.

2   Die Milch durch ein Sieb in einen Topf gießen. Den Grieß dazugeben und die Mischung aufkochen. Die Speisestärke mit etwas kaltem Wasser glatt rühren und die kochende Masse damit unter Rühren binden.

3   Die Eier und den Zucker in eine Metallschüssel geben und im warmen Wasserbad cremig aufschlagen. Unter den Grießbrei heben und abkühlen lassen.

4   Die Sahne steif schlagen und vorsichtig unterheben. Den Vanille-Grießpudding in eine Form füllen und mehrere Stunden zugedeckt in den Kühlschrank stellen.

5   Den Grießpudding vor dem Servieren aus der Form stürzen, portionieren und auf Teller verteilen. Alternativ kann man mit 2 Esslöffeln Nocken abstechen und diese auf Teller verteilen. Dazu passt eine Fruchtsauce oder ein Kompott.

Björns Tipp

» Das allerbeste Vanillearoma bekommt man, wenn man die Milch vor dem Aufkochen mit den abgeriebenen Zitrusschalen, dem Vanillemark sowie der Schote über Nacht im Kühlschrank ziehen lässt. «

Käse, Eier & Milch

Vanillepudding

Zutaten für 4 Personen

1 Vanilleschote
1 unbehandelte Orange
550 ml Milch
Salz
3 EL Zucker
3 EL Speisestärke
3 Eigelb

1 Die Vanilleschote in kleine Stücke schneiden und in eine Schüssel geben. Die Orange heiß waschen, trocken reiben und die Schale dünn abreiben. Mit der Vanilleschote mischen. 1/2 l Milch dazugießen, mit 1 Prise Salz und dem Zucker verrühren und mindestens 12 Stunden zugedeckt im Kühlschrank ziehen lassen.

2 Die Vanillemilch durch ein feines Sieb in einen Topf gießen und erhitzen. Die Speisestärke mit wenig kaltem Wasser glatt rühren und nach und nach mit dem Schneebesen in die heiße Milch rühren, diese weiterhin kochen lassen. Nur so viel angerührte Speisestärke dazugeben, bis die Milch gebunden ist.

3 Die Eigelbe mit der restlichen Milch verquirlen. Die Vanillemilch vom Herd nehmen und die kalte Eiermilch unter kräftigem Rühren ganz langsam unter den Pudding rühren.

4 Den Pudding auf Gläser oder Dessertschalen verteilen und kurz abkühlen lassen. Die Oberfläche luftdicht mit Frischhaltefolie abdecken und den Pudding 3 bis 4 Stunden in den Kühlschrank stellen.

Variante:

Ebenso einfach können Sie Schokoladenpudding herstellen. Lassen Sie die Vanilleschote weg und mischen Sie die Orangenschale mit 3 EL hochwertigem Kakaopulver und der Milch. Die Schokoladenmilch muss nicht ziehen und kann gleich weiterverarbeitet werden.

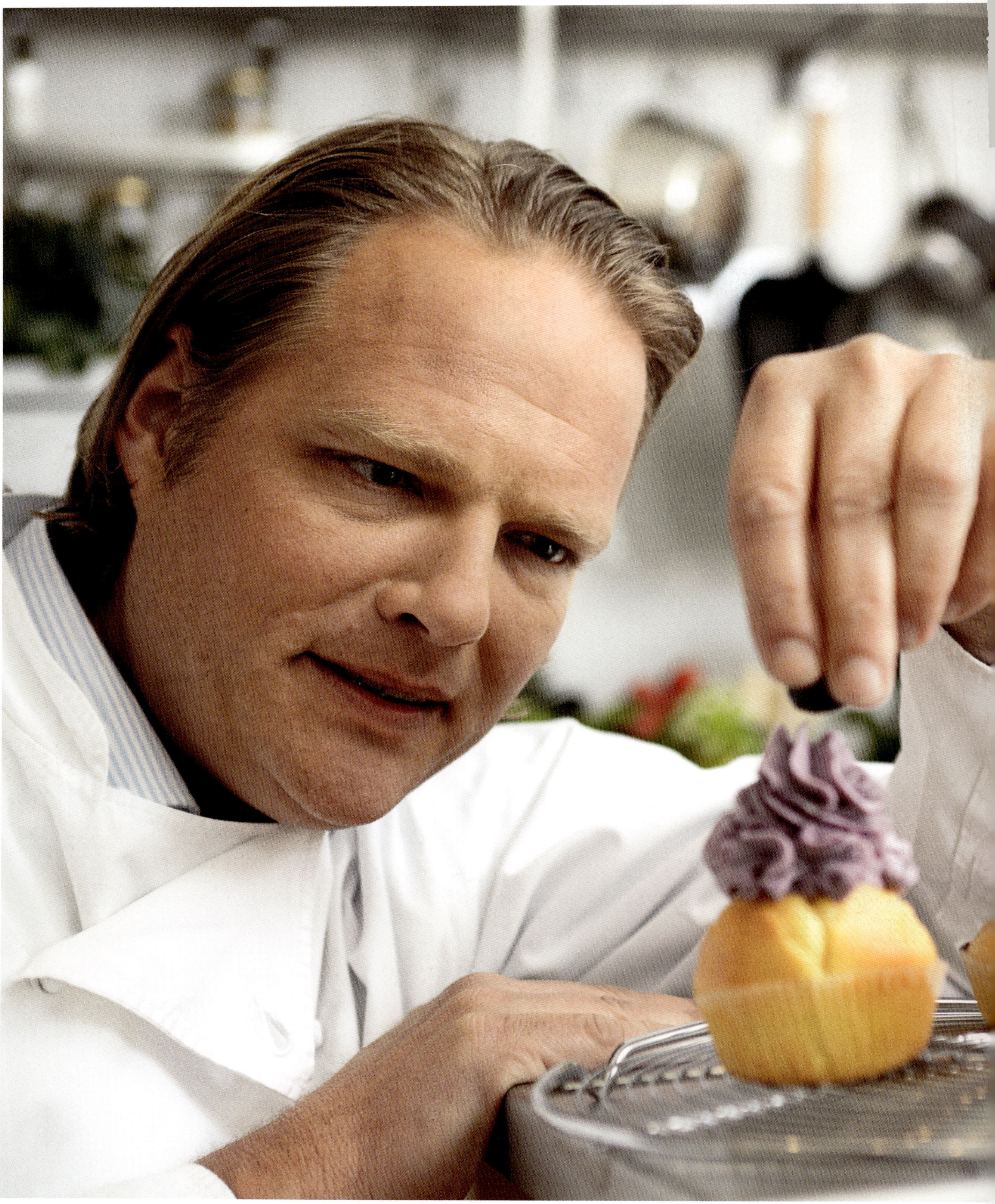

Rhabarber, Erdbeere & Heidelbeere

Rhabarber, Erdbeere & Heidelbeere

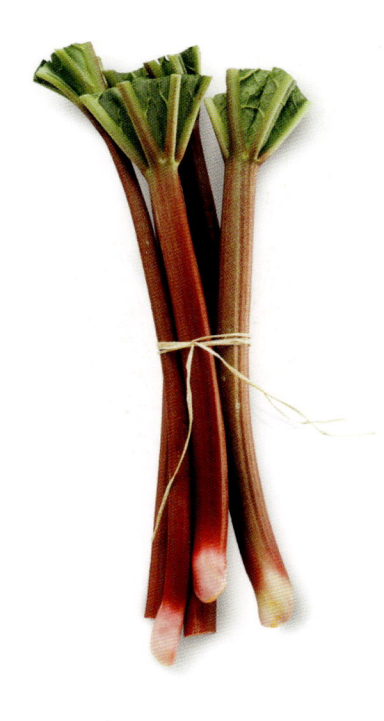

Rhabarber

Bis ich wirklich ein Fan von Rhabarber wurde, brauchte es so seine Zeit. Gerade als Kind habe ich einige unangenehme Erfahrungen mit den langen Stangen gemacht. Sie schmeckten einfach zu sauer, und dass die Oxalsäure ein stumpfes Gefühl auf meinen Zähnen hinterließ, fand ich nicht so schön. Mittlerweile hat sich mein Geschmack nicht nur verändert, heute weiß ich auch, wie ich mit dem herb schmeckenden Rhabarber umgehen muss, damit er seinen Platz in der Sterneküche finden kann. Es ist eine wahre Freude für mich, wenn nach dem langen Winter ab April endlich der erste frische Rhabarber zu sehen ist – der Frühlingsbote schlechthin!

Einkauf: Die Schnittstellen müssen feucht sein, sonst ist der Rhabarber nicht ganz frisch. Sind sie sogar holzig und die Blätter hängen welk herab, dann würde ich nicht mehr zugreifen. Die kürzeren, dünnen und rötlichen Stangen haben zartere Fasern und schmecken meist milder als die dicken, grünfleischigen. Der obere Teil muss auch nicht zwingend geschält bzw. abgezogen werden.

Lagerung: Habe ich ganz frischen Rhabarber ergattert, dann hat es auch wie bei anderem Obst und Gemüse eigentlich nicht viel Sinn, ihn lange zu lagern. Im Kühlschrank oder im kühlen Keller hät er schon ein paar Tage, am besten noch in ein feuchtes Küchentuch eingeschlagen. Möchte man ihn auch noch nach Ende der Saison genießen, dann kann man ihn gut einfrieren, aber man sollte sich im Klaren darüber sein, dass er aufgetaut nicht mehr knackig und in Form ist.

Küche: Die kurze Saison des Rhabarbers sollte man ausnutzen und in der Küche ruhig etwas herumexperimentieren. Süßspeisen und Kuchen mit Rhabarber sind ja kaum noch eine Herausforderung, daher habe ich besonders Spaß an herzhaften Gerichten mit dem Gemüse. Ja, er zählt zu den Gemüsesorten! Mit der richtigen Würze sind schnell leckere Chutneys gekocht. Wieso nicht mal eine Quiche mit Rhabarberstückchen belegen? Exotisches wie Sternanis und Ingwer trägt sein Aroma, ebenso die sanfte Vanille. Milchprodukte sorgen dafür, dass die enthaltene Oxalsäure die Zähne nicht so stumpf macht.

Ernährungstipp von Anja Tanas

» Rhabarber schmeckt sehr herb und sauer, weil er reichlich Oxalsäure enthält. In größeren Mengen kann sie für den Menschen giftig sein. Rhabarberblätter sind ungenießbar, da sich hier besonders viel davon befindet. Oxalsäure vermindert die Aufnahme von beispielsweise Calcium, Magnesium oder Eisen im Darm. Gesunde Personen müssen bei üblichen Verzehrgewohnheiten aber keine gesundheitlichen Nachteile durch Oxalsäure befürchten. Bei Magen- und Nierenproblemen sollte man Rhabarber nicht allzu oft essen. «

Rhabarber, Erdbeere & Heidelbeere

Erdbeere

Einkauf: Es gibt gute Ware aus dem Anbau unter der Folie oder im Tunnel, aber Freilandware bleibt für mich die beste. Selbstpflücker sollten darauf achten, dass die Kelche dran bleiben, sonst verderben Erdbeeren schneller. »Elsanta« liegt mengenmäßig bei uns ganz vorne, aber alte Sorten wie »Mieze Schindler« sind viel fruchtiger. Erdbeeren sollten mindestens zu zwei Dritteln rot sein. Grüne Stellen reifen nicht nach und entwickeln kein Aroma.

Lagerung: Erdbeeren sind empfindlich, ich vernasche oder verarbeite sie meist sofort. An einem kühlen Ort oder im Kühlschrank halten sie höchstens zwei Tage – am besten ungewaschen in einem Sieb oder Körbchen. Größere Mengen kann man pürieren, in kleinen Portionen einfrieren, z.B. in Eiswürfelbehältern, und später Desserts oder Drinks damit aufpeppen.

Küche: Damit das Aroma erhalten bleibt, schneide ich die grünen Kelche erst nach dem Waschen ab. Faulige Exemplare sortiere ich gleich aus, denn durch den hohen Wasseranteil verteilen sich die ungesunden Schimmelsporen in der gesamten Frucht.

Ernährungstipp von Anja Tanas

» Dass Erdbeeren nicht nur lecker, sondern auch gesund sind, ist kein Geheimnis. In puncto Vitamin-C-Gehalt übertrumpfen reife Exemplare sogar Zitrusfrüchte. Die Pflanzenfarbstoffe der Erdbeere können möglicherweise Herz-Kreislauf-Erkrankungen und Krebs vorbeugen. «

Heidelbeere

Einkauf: Längst werden Heidelbeersträucher kultiviert, denn die Nachfrage ist groß, wobei ich Heidelbeeren nur zur heimischen Saison von Juli bis September verarbeite. Die heimischen Wildheidelbeeren sind durch und durch blau, die kultivierte Sorte mit Ursprung in Nordamerika hat lediglich eine dunkle Schale, ist aber im Inneren hell.

Lagerung: Wenn ich nicht alle auf einmal verputze, dann hebe ich Heidelbeeren schon mal ein paar Tage im Gemüsefach des Kühlschranks auf. Wer eine große Menge geerntet oder gekauft hat, der kann sie auch einfrieren, am besten flach nebeneinander geschichtet in einem Gefrierbeutel. Bei Bedarf langsam bei Zimmertemperatur auftauen lassen.

Küche: Dadurch, dass Heidelbeeren praktisch nicht ihre Form verlieren, passen sie ideal in Kuchen, Torten oder andere süße Leckereien wie Quark- oder Joghurtspeisen. Außerdem kann man ganz klassisch Sirup oder einen Brotaufstrich daraus machen.

Ernährungstipp von Anja Tanas

» Es heißt, dass man sich über wild gepflückte Beeren mit dem Fuchsbandwurm infizieren könne. Ein direkter Zusammenhang konnte bislang nicht nachgewiesen werden. Die Eier des Parasiten könnten zwar über Ausscheidungen von z.B. Füchsen auf die Pflanzen gelangen, das ist aber sehr unwahrscheinlich. Wer kein Risiko eingehen möchte, kann selbst gepflückte Beeren zu Marmelade verkochen. Dabei sterben möglicherweise anhaftende Eier ab. «

Rhabarber, Erdbeere & Heidelbeere

Gebratener Rhabarber
mit Jakobsmuscheln im Kokosschaum

Zutaten für 4 Personen

Für den Rhabarber:
3 Stangen Rhabarber
2 EL Butter
40 g Puderzucker
Saft von ½ Zitrone

Für den Kokosschaum:
200 ml Kokosmilch
100 ml Fischfond
100 ml Ananassaft
Salz · Pfeffer aus der Mühle

Für die Jakobsmuscheln:
16 Jakobsmuscheln (ausgelöst, ohne Corail)
1–2 EL Butterschmalz
Salz · Pfeffer aus der Mühle

1 Für den Rhabarber die Rhabarberstangen putzen, waschen, schälen und in Würfel schneiden. Die Butter in einem Topf erhitzen und den Rhabarber darin 2 Minuten unter Rühren andünsten. Den Puderzucker darüberstreuen und karamellisieren. Mit dem Zitronensaft ablöschen. Den Rhabarber zugedeckt beiseitestellen.

2 Für den Kokosschaum die Kokosmilch, den Fond und den Ananassaft in einen Topf geben und aufkochen. Mit Salz und Pfeffer abschmecken und kurz mit dem Stabmixer aufschäumen.

3 Für die Jakobsmuscheln die Muscheln waschen und trocken tupfen. Das Butterschmalz in einer Pfanne erhitzen und die Muscheln darin bei starker Hitze auf jeder Seite 1 bis 2 Minute anbraten. Mit Salz und Pfeffer würzen.

4 Den Rhabarber auf Teller verteilen, jeweils 4 Jakobsmuscheln danebensetzen und den Kokosschaum außen herumträufeln.

Björns Tipp

» Wer keine Muscheln mag, kann das Gericht auch mit weißem Fisch zubereiten, zum Beispiel Kabeljau, Steinbutt, Seezunge oder Scholle. «

Rhabarber, Erdbeere & Heidelbeere

Rhabarber-Vanille-Kompott
mit Holunderblütenparfait

Zutaten für 4 Personen

Für das Holunderblütenparfait:
- 80 g Zucker
- 2 Eier
- 3 Eigelb
- 1 TL abgeriebene unbehandelte Limettenschale
- 4 cl Holunderblütensirup
- 250 g Sahne

Für das Rhabarber-Vanille-Kompott:
- 500 g Rhabarber
- 100 g brauner Zucker
- 2 Vanilleschoten
- 200 ml Johannisbeersaft
- 2 EL Speisestärke

1 Für das Holunderblütenparfait 50 ml Wasser mit dem Zucker etwa 5 Minuten kochen. Die Eier und die Eigelbe in eine Schüssel aufschlagen und mit dem Schneebesen leicht schaumig schlagen.

2 Den Zuckersirup unter die Eier rühren und weiterschlagen, bis die Eimasse schön cremig ist. Die Limettenschale und den Holunderblütensirup untermischen und die Masse etwas abkühlen lassen.

3 Die Sahne steif schlagen und mit dem Schneebesen unterheben. Die Parfaitmasse in Förmchen füllen und im Tiefkühlfach 3 bis 4 Stunden gefrieren lassen.

4 Für das Rhabarber-Vanille-Kompott den Rhabarber putzen, waschen, schälen und in 3 cm lange Stücke schneiden. Den Rhabarber mit dem braunen Zucker in einem Topf mischen und 1 Stunde ziehen lassen.

5 Die Vanilleschoten längs aufschneiden, das Mark mit einem spitzen Messer herauskratzen und zum Rhabarber geben. Den Johannisbeersaft untermischen und alles einmal aufkochen.

6 Die Speisestärke mit wenig kaltem Wasser glatt rühren, das Kompott damit binden und etwa 15 Minuten köcheln lassen. In eine Schüssel füllen und abkühlen lassen.

7 Zum Anrichten die Förmchen kurz in heißes Wasser tauchen und das Holunderblütenparfait auf Dessertteller stürzen. Das Rhabarber-Vanille-Kompott daneben anrichten.

Björns Tipp

» Zum Rhabarber-Vanille-Kompott passt auch sehr gut das cremige Vanilleeis von Seite 190. Bei allen gefrorenen Parfaits sollten Sie auf jeden Fall darauf achten, dass die Sahne nicht zu fest geschlagen wird und noch cremig ist. Sonst kann sie mit der leicht warmen Masse schnell zu Butter werden. «

Rhabarber, Erdbeere & Heidelbeere

Rhabarber-Quark-Tarteletts
mit Vanillesauce

Zutaten für 4 Personen

Für die Rhabarbermousse:
300 g Rhabarber
80 g brauner Zucker
4 Blatt Gelatine
200 g Sahne
100 g Speisequark

Für den Mürbeteig:
300 g Mehl
1/2 Vanilleschote
100 g Zucker
1 Ei
200 g weiche Butter

Für die Vanillesauce:
1/2 Vanilleschote
300 ml Milch
40 g Zucker
3 Eigelbe

Außerdem:
Mehl für die Arbeitsfläche
Butter für die Förmchen
Hülsenfrüchte zum Blindbacken

1 Für die Rhabarbermousse den Rhabarber putzen, waschen, schälen und in Stücke schneiden. Den Rhabarber mit dem braunen Zucker in einem Topf mischen und 2 Stunden ziehen lassen. Aufkochen und zugedeckt etwa 20 Minuten köcheln lassen.

2 Die Gelatine in kaltem Wasser einweichen. Den Rhabarber mit dem Stabmixer fein pürieren. Die Gelatine gut ausdrücken, unter das Rhabarberpüree rühren und abkühlen lassen.

3 Die Sahne steif schlagen. Den Quark unter den Rhabarber mischen und zum Schluss die geschlagene Sahne unterheben. Kühl stellen.

4 Für den Mürbeteig das Mehl auf die Arbeitsfläche sieben und in die Mitte eine Mulde drücken. Die Vanilleschote längs halbieren, das Mark herauskratzen und mit dem Zucker und dem Ei in die Mulde geben. Die weiche Butter in Flöckchen am Rand verteilen. Alles mit den Händen rasch zu einem glatten Teig verkneten, zu einer Kugel formen, in Frischhaltefolie wickeln und etwa 1 Stunde kühl stellen.

5 Den Backofen auf 160 °C vorheizen. Die Tartelettförmchen (etwa 10 cm Durchmesser) einfetten. Den Teig auf der bemehlten Arbeitsfläche etwa 4 mm dick ausrollen und 6 Kreise (à etwa 12 cm Durchmesser) ausstechen. Die Teigkreise in die Förmchen legen, dabei am Rand etwas hochdrücken. Die Tarteletts mit Backpapier belegen, mit Hülsenfrüchten auffüllen und im Ofen auf der mittleren Schiene etwa 25 Minuten blindbacken.

6 Die Tarteletts herausnehmen und das Backpapier mit den Hülsenfrüchten entfernen. Die Tarteletts weitere 8 Minuten backen, dann in den Förmchen auskühlen lassen. Vorsichtig herauslösen.

7 Für die Vanillesauce die Vanilleschote längs aufschneiden und das Mark herauskratzen. Milch, Zucker, Vanilleschote und -mark in einem Topf aufkochen und vom Herd nehmen. Die Vanilleschote entfernen. Die Eigelbe in einem Topf verquirlen. Die etwa 60 °C heiße Vanillemilch nach und nach in die Eigelbe rühren und bei mittlerer Hitze unter ständigem Rühren erhitzen, bis die Sauce leicht andickt.

8 Die Rhabarbermousse auf die Tarteletts streichen. Die Rhabarber-Quark-Tarteletts auf Teller verteilen und mit der Vanillesauce anrichten.

Björns Tipp

» Bei der Zubereitung der Vanillesauce ist etwas Fingerspitzengefühl gefragt: Achten Sie darauf, die Vanillecreme mit einem Teigschaber beständig, aber ruhig von der Topfwand wegzurühren (das nennt man »zur Rose abziehen«). Die Sauce darf dabei maximal 75 °C heiß werden, sonst gerinnt sie. «

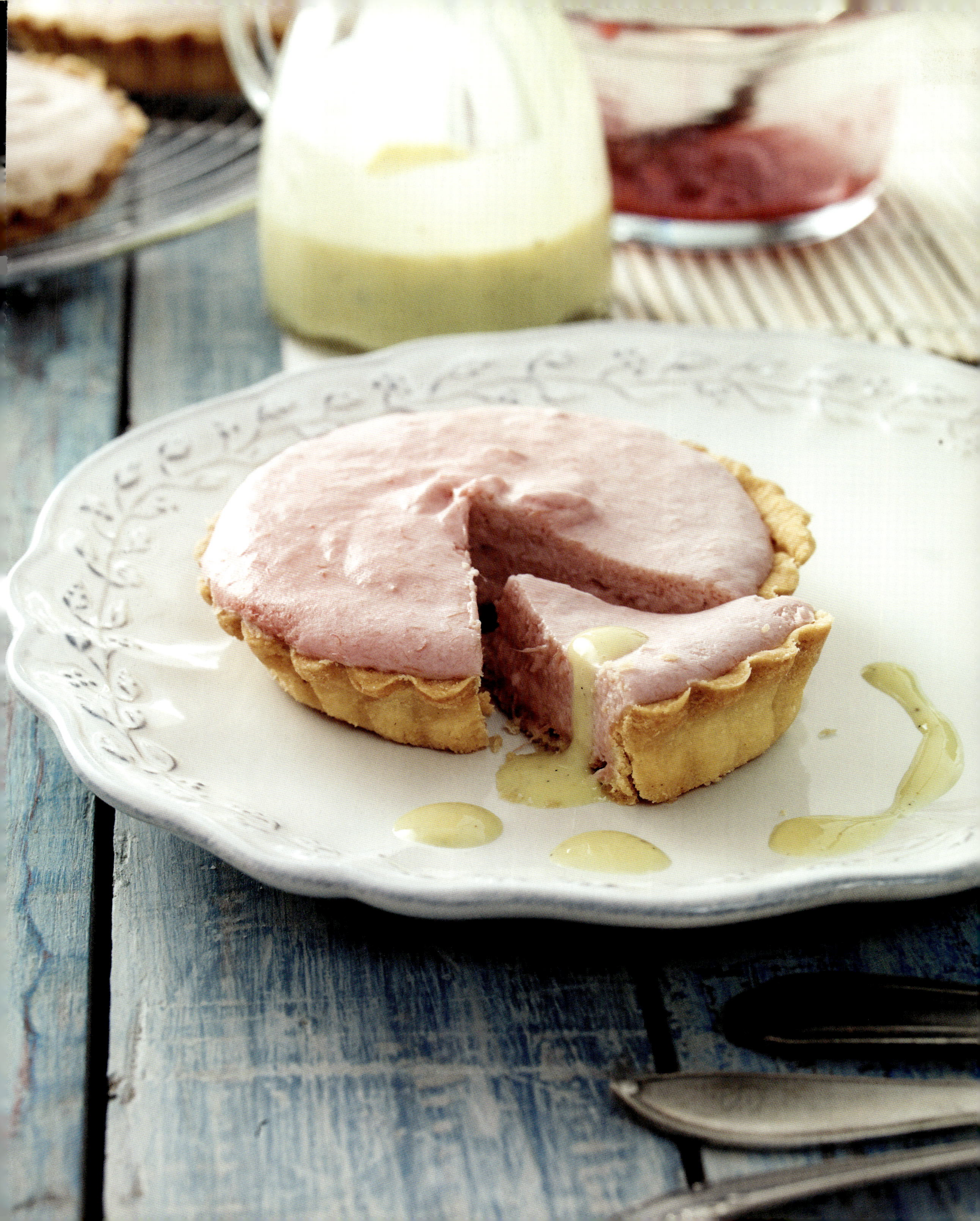

Rhabarber, Erdbeere & Heidelbeere

Erdbeersirup mit Minze

Zutaten für 5 Flaschen (à 330 ml)

1 kg Erdbeeren
4 Stiele Pfefferminze
1,2 kg brauner Zucker
2 EL Zitronensaft

1 Die Erdbeeren waschen, putzen und vierteln. Die Pfefferminze waschen und trocken tupfen. Die Erdbeerviertel in einem großen Topf mit dem braunen Zucker etwa 5 Minuten erhitzen, bis die Früchte weich werden und Flüssigkeit austritt.

2 600 ml Wasser und die Pfefferminze dazugeben. Alles etwa 15 Minuten zugedeckt köcheln lassen. Den Topf vom Herd nehmen und die Erdbeermasse durch ein feines Sieb in eine Schüssel gießen.

3 Den Sirup mithilfe eines Trichters in sterilisierte Flaschen (siehe S. 144) füllen. Die Flaschen sofort verschließen und an einem kühlen Ort aufbewahren. Der Sirup hält sich etwa sechs Monate.

Björns Tipp

» Nach dem Öffnen der Flaschen sollte man den Sirup im Kühlschrank aufbewahren und schnell verbrauchen. Der Sirup kann zum Verfeinern von Süßspeisen und Joghurt verwendet werden, schmeckt aber auch in Cocktails und Sekt oder einfach nur mit Mineralwasser verdünnt. «

Vanille-Quarkschaum mit Erdbeeren

Zutaten für 4 Personen

300 g Speisequark
2 Eiweiß
Salz
1 Vanilleschote
abgeriebene Schale von 1 unbehandelten Zitrone
200 g Sahne
4 EL Zucker
400 g Erdbeeren

1 Den Quark auf einem Sieb abtropfen lassen. Die Eiweiße mit 1 Prise Salz zu steifem Schnee schlagen.

2 Den abgetropften Quark in eine Schüssel geben. Die Vanilleschote längs aufschneiden, das Mark mit einem spitzen Messer herauskratzen und unter den Quark rühren, die Zitronenschale ebenfalls gut unterrühren.

3 Den Eischnee unter den Quark heben. Die Sahne steif schlagen, dabei den Zucker einrieseln lassen und ebenfalls unter den Quarkschaum heben.

4 Die Erdbeeren waschen, putzen und vierteln. Die Hälfte der Erdbeerviertel in einem hohen Rührbecher mit dem Stabmixer pürieren.

5 Zum Servieren den Vanille-Quarkschaum, die geviertelten Erdbeeren und das Erdbeerpüree schichtweise in Gläsern anrichten.

Rhabarber, Erdbeere & Heidelbeere

Pikantes Erdbeerrelish

Zutaten für 3 kleine Einmachgläser (à ca. 190 ml)

250 g Erdbeeren
1 rote Zwiebel
1 rote Chilischote
1 Stängel Zitronengras
1 haselnussgroßes Stück Ingwer
2 Frühlingszwiebeln
2 EL Olivenöl
40 g Zucker
2 EL Weißweinessig
Salz · Pfeffer aus der Mühle

1 Die Erdbeeren waschen, putzen, in grobe Stücke schneiden und in einer Schüssel beiseitestellen.

2 Die Zwiebel schälen und in feine Würfel schneiden. Die Chilischote längs halbieren, entkernen, waschen und in feine Streifen schneiden. Vom Zitronengras die welken Außenblätter und die obere trockene Hälfte entfernen. Die untere Hälfte längs halbieren. Den Ingwer schälen und fein reiben. Die Frühlingszwiebeln putzen, waschen und in feine Ringe schneiden.

3 Das Olivenöl in einem Topf erhitzen und die Zwiebelwürfel darin bei mittlerer Hitze andünsten. Die Chilistreifen dazugeben und kurz andünsten. Den Zucker hinzufügen und karamellisieren. Das Zitronengras, den Ingwer und die Frühlingszwiebeln dazugeben. Mit dem Essig und 100 ml Wasser ablöschen und zugedeckt 8 bis 10 Minuten köcheln lassen. Zwischendurch umrühren und eventuell noch etwas Wasser hinzufügen.

4 Die Erdbeerstücke dazugeben, untermischen und das Ganze weitere 5 Minuten köcheln lassen.

5 Das Zitronengras entfernen. Das Erdbeerrelish mit Salz und Pfeffer abschmecken, noch heiß in sterile Einmachgläschen füllen (siehe S. 144) und gut verschließen. Das Relish hält sich bis zu 6 Monate. Nach dem Öffnen sollte man die Gläser im Kühlschrank aufbewahren und den Inhalt schnell verbrauchen. Das kalte Relish passt zu (Grill-)Fleisch, Käse, Fisch und Gemüse.

Björns Tipp

» Das englische Wort ›Relish‹ heißt übersetzt ›Würze‹. Bei der Zubereitung der pikanten oder süß-sauren Würzsoße wird Obst und/oder Gemüse mit Essig und Zucker eingekocht. Nach Belieben fügt man Gewürze zu. Das Relish ist dem Chutney sehr ähnlich, unterscheidet sich aber durch seinen höheren Gemüse- und Säureanteil und die Konsistenz: Relish ist etwas flüssiger als Chutney, die Frucht- und Gemüsestücke sind nicht so zerkocht. Da sich das volle Aroma erst während der Lagerung entwickelt, ist es gut, wenn man das Relish nach dem Einkochen – abgefüllt in sterile Gläser – mindestens 4 Wochen ruhen lässt. «

Rhabarber, Erdbeere & Heidelbeere

Sommerlicher Erdbeersalat

Zutaten für 4 Personen

200 g Rucola
1 Kopf Eichblattsalat
1 Salatgurke
2 Kugeln (Büffelmilch-) Mozzarella (à 125 g)
200 g Erdbeeren
3 EL Weißweinessig
1 TL Honig
4 EL Zitronensaft
5 EL Olivenöl
1 haselnussgroßes Stück Ingwer
2 Stiele Minze
Salz · Pfeffer aus der Mühle

1 Den Rucola verlesen, waschen und trocken schleudern, grobe Stiele entfernen. Vom Eichblattsalat die äußeren welken Blätter entfernen. Den Salat in die einzelnen Blätter teilen, waschen und trocken schleudern. Die Gurke putzen, schälen und in dünne Scheiben schneiden.

2 Den Mozzarella in Scheiben schneiden. Die Erdbeeren waschen, putzen und ebenfalls in Scheiben schneiden.

3 Für das Dressing den Essig, den Honig, den Zitronensaft und das Olivenöl mit dem Schneebesen verrühren. Den Ingwer schälen und fein reiben. Die Minze waschen und trocken schütteln, die Blätter abzupfen und fein schneiden. Beides unter das Dressing rühren. Mit Salz und Pfeffer abschmecken.

4 Die Gurkenscheiben auf Teller verteilen, dann den Mozzarella und die Erdbeeren daraufschichten und mit etwas Dressing beträufeln. Die Salatblätter darauf anrichten und ebenfalls mit Dressing beträufeln. Sofort servieren. Dazu schmeckt ein knuspriges Baguette.

Björns Tipp

» Der originale Mozzarella stammt aus Italien und wird hier aus Büffelmilch hergestellt. Bis heute haben sich kleine, traditionelle Käsereien behauptet, in denen die weißen Käsekugeln größtenteils noch von Hand hergestellt werden. Längst haben aber Imitate aus Kuhmilch den Markt überschwemmt. Italienischer Büffelmozzarella, der traditionell hergestellt wurde, darf ein EU-Siegel für die geschützte Ursprungsbezeichnung (Denominazione di origine protetta, DOP) sowie die Aufschrift ›Mozzarella di Bufala campana‹ tragen. «

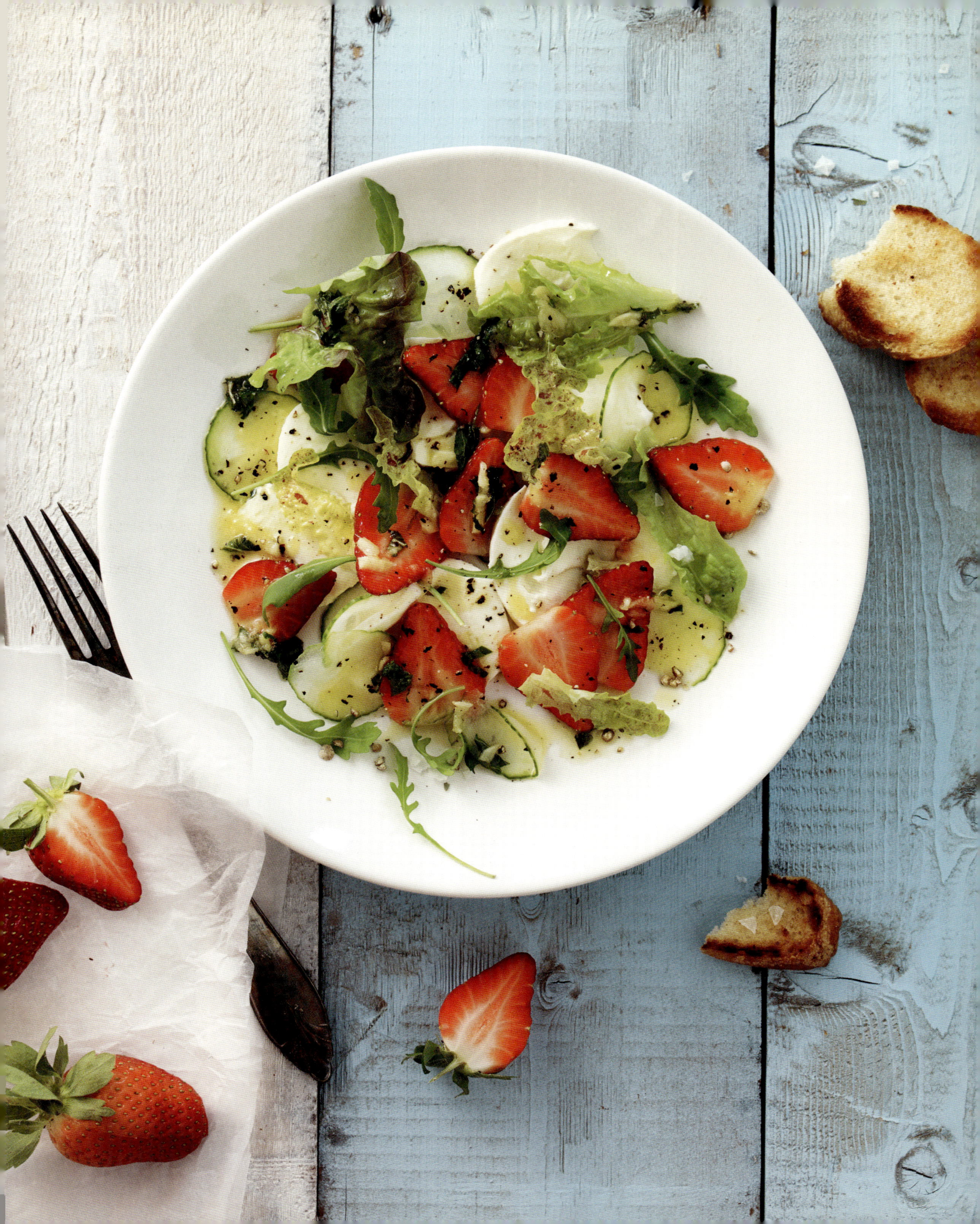

Rhabarber, Erdbeere & Heidelbeere

Heidelbeersorbet

Zutaten für 4 Personen

500 g Heidelbeeren
(frisch oder tiefgekühlt)
150 g Zucker
½ Zitrone

1   Frische Heidelbeeren verlesen, kurz waschen und gut abtropfen lassen. Tiefgefrorene Beeren in einer Schüssel auftauen lassen.

2   Den Zucker mit 150 ml Wasser in einem kleinen Topf mischen und unter Rühren erhitzen, bis sich der Zucker aufgelöst hat. Abkühlen lassen.

3   Die Zitrone auspressen. Die Heidelbeeren in einer Metallschüssel mit dem Zitronensaft beträufeln und mit dem Zuckersirup übergießen. Anschließend die Früchte mit dem Stabmixer pürieren.

4   Das Früchtepüree zugedeckt 1 Stunde in das Tiefkühlfach stellen, alle 10 Minuten mit dem Schneebesen durchrühren. Alternativ kann man das Sorbet auch in der Eismaschine zubereiten.

Björns Tipp

》 Dieses Sorbet eignet sich auch sehr gut als Zwischengang in einem Menü für 8 Personen. Dann das Gefrorene auf kleine langstielige Gläser verteilen und beispielsweise mit gut gekühltem Prosecco oder Champagner aufgießen. Mit frischen Minzeblättchen bestreuen und sofort servieren. 《

Soufflierte Heidelbeeren

Zutaten für 4 Personen

50 g Pistazien
1 unbehandelte Zitrone
3 Eier
3 EL Puderzucker
250 g Speisequark (20% Fett)
2 Vanilleschoten
500 g Heidelbeeren
Puderzucker zum Bestäuben

1   Für die Soufflémasse die Pistazien mit einem Messer hacken. Die Zitrone heiß waschen, trocken reiben und die Schale abreiben.

2   Die Eier trennen und die Eiweiße mit dem Puderzucker zu steifem Schnee schlagen. Die Eigelbe mit dem Quark, der Zitronenschale und den Pistazien verrühren. Die Vanilleschoten längs aufschneiden, das Mark herauskratzen und unter die Eigelb-Quarkmasse rühren. Zum Schluss den Eischnee unterheben.

3   Die Heidelbeeren verlesen, kurz waschen und abtropfen lassen. Die Beeren in tiefe ofenfeste Teller verteilen und dünn mit der Soufflémasse überziehen.

4   Den Backofengrill einschalten und die Teller nacheinander im Ofen auf der mittleren Schiene goldbraun gratinieren. Mit Puderzucker bestäuben und heiß servieren.

Rhabarber, Erdbeere & Heidelbeere

Gebackener Camembert
mit Heidelbeersenf und Rauke-Fritt

Zutaten für 4 Personen

Für den Heidelbeersenf:
500 g Heidelbeeren (frisch oder tiefgekühlt)
50 g Gelierzucker (3:1)
1 EL gelbes Senfpulver

Für den Camembert:
3 EL Mehl
5 EL Weißbrotbrösel
2 Eier
2 Camemberts (à 200 g)
Öl zum Frittieren

Außerdem:
100 g Rucola

1 Für den Heidelbeersenf frische Heidelbeeren verlesen, waschen und gut abtropfen lassen. Tiefgekühlte Beeren auftauen lassen. Die Hälfte der Beeren in einen hohen Rührbecher geben und mit dem Stabmixer pürieren.

2 Das Heidelbeerpüree mit dem Gelierzucker und dem Senfpulver in einem Topf aufkochen. Die restlichen ganzen Beeren untermischen. Den Heidelbeersenf beiseitestellen und abkühlen lassen.

3 Für den Camembert das Mehl und die Weißbrotbrösel jeweils in einen tiefen Teller geben. Die Eier in einen tiefen Teller aufschlagen und mit der Gabel verquirlen.

4 Die Camemberts waagrecht halbieren. Die Käsehälften im Mehl wenden, durch die verquirlten Eier ziehen und mit den Weißbrotbröseln panieren.

5 Reichlich Öl in einem Topf oder in der Fritteuse auf 160 °C erhitzen. Es ist heiß genug, wenn sich an einem hineingehaltenen Holzlöffelstiel Blasen bilden. Inzwischen den Rucola waschen und trocken schleudern, grobe Stiele entfernen.

6 Die Camemberts im Öl etwa 2 Minuten ausbacken. Mit dem Schaumlöffel herausnehmen und kurz auf Küchenpapier abtropfen lassen. Anschließend den Rucola im Öl frittieren, herausnehmen und ebenfalls auf Küchenpapier abtropfen lassen.

7 Die gebackenen Camemberts mit dem Heidelbeersenf und dem frittierten Rucola auf Tellern anrichten. Dazu passt Pumpernickel.

Björns Tipp

» Das wiederentdeckte Gemüse Rauke, auch Rucola genannt, hat ein erfrischend scharfes, senfartiges Aroma, das auch frittiert sehr gut zur Geltung kommt. Rucola sollte man möglichst frisch verbrauchen. Im Kühlschrank ist er in feuchtem Küchenpapier eingewickelt zwei bis drei Tage ohne wesentliche Qualitätsverluste lagerbar. «

Rhabarber, Erdbeere & Heidelbeere

Cupcakes
mit Heidelbeercreme

Zutaten für 12 Cupcakes

Für die Heidelbeercreme:
1 Vanilleschote
100 g Heidelbeeren
2 EL Zucker
150 ml Milch
3 EL Speisestärke
150 g weiche Butter

Für die Cupcakes:
3 Eier
150 g Öl
250 g Mehl
60 g Zucker
Salz
1 TL Backpulver
200 g Schmand

1 Für die Heidelbeercreme die Vanilleschote längs halbieren und das Mark mit einem spitzen Messer herauskratzen. Die Heidelbeeren verlesen, waschen und trocken tupfen. In einem Topf mit 1 EL Zucker mit dem Stabmixer pürieren und erhitzen. Die Milch mit dem restlichen Zucker und dem Vanillemark in einem weiteren Topf verrühren und ebenfalls erhitzen.

2 Die Speisestärke mit wenig kaltem Wasser glatt rühren und nach und nach jeweils die Hälfte mit dem Schneebesen unter die heiße Milch und das Fruchtpüree rühren und weiterköcheln lassen, bis beides leicht gebunden ist. Beide Cremes in Metallschüsseln füllen und auf Eis kalt rühren oder etwas abkühlen lassen und zugedeckt in den Kühlschrank stellen.

3 Die weiche Butter mit den Quirlen des Handrührgeräts cremig schlagen. Die kalte Heidelbeer- und Vanillecreme vorsichtig unterrühren. Anschließend die Creme in einen Spritzbeutel füllen und kühl stellen.

4 Für die Cupcakes die Eier in einer Schüssel schaumig schlagen, Öl, Mehl, den restlichen Zucker, 1 Prise Salz und das Backpulver unterrühren. Zuletzt den Schmand hinzufügen und alles zu einem glatten Teig verarbeiten.

5 Den Backofen auf 200 °C vorheizen. In 12 Vertiefungen einer Cupcake- oder Muffinform passende Papierförmchen hineinsetzen oder die Vertiefungen einfetten und mit Mehl ausstäuben. Den Teig einfüllen und die Cupcakes im Ofen auf der mittleren Schiene etwa 20 Minuten backen.

6 Die Cupcakes aus dem Ofen nehmen und abkühlen lassen. Mit der Heidelbeercreme aus dem Spritzbeutel verzieren.

Björns Tipp

» Beim Herstellen der Buttercreme ist Vorsicht geboten. Die Heidelbeer- und die Vanillecreme sollten Sie beim Verrühren mit der cremigen Butter nicht zu stark schlagen, sonst flockt die Butter durch die Fruchtsäure aus und die Creme hat keine Bindung. «

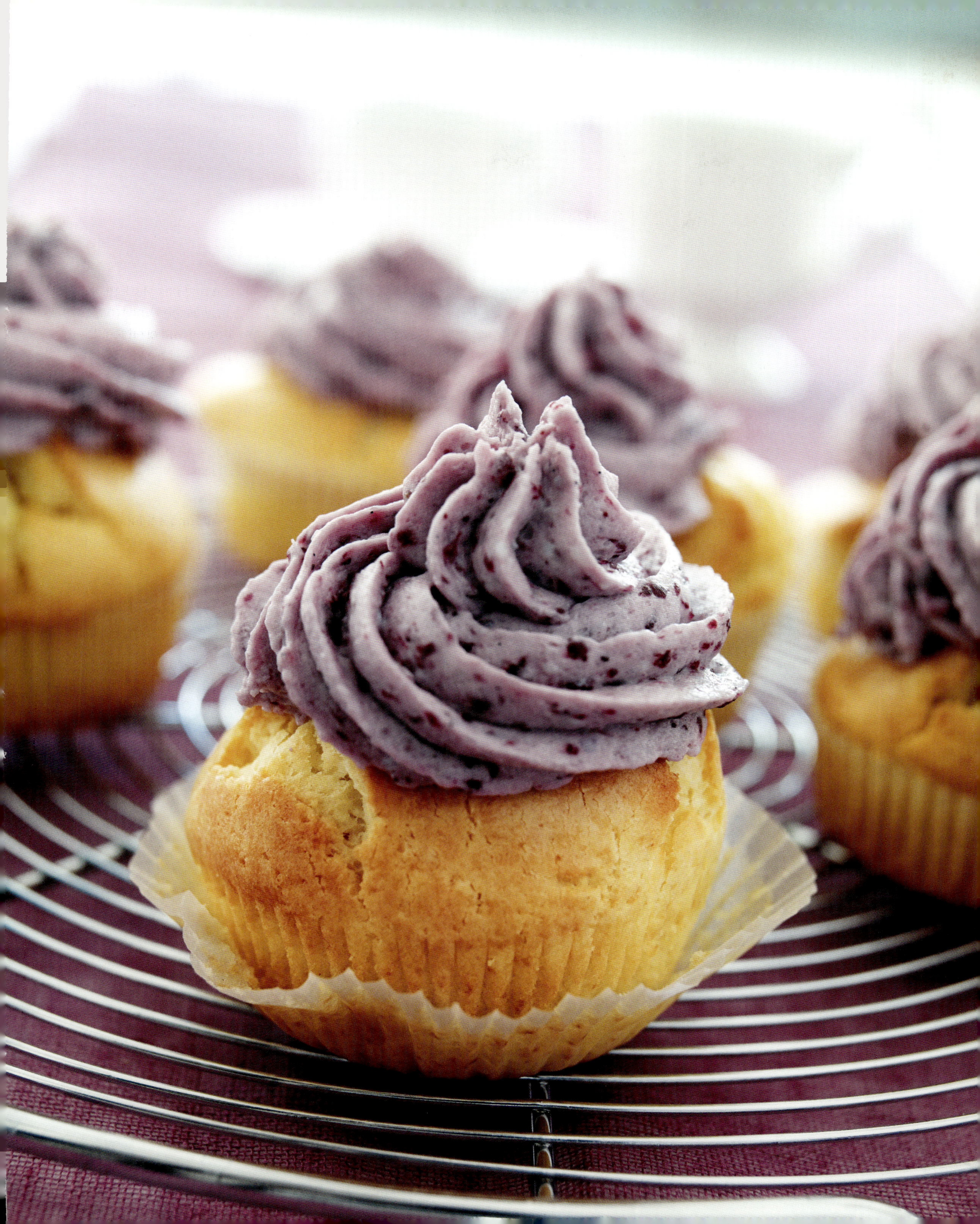

Sendungsporträts

Björn Freitag auf Sendung

Restaurantbesitzer, Buchautor und Spitzenkoch: Björn Freitag ist vieles und stellt dies immer wieder eindrucksvoll unter Beweis. Kochen ist seine Leidenschaft, die er mit anderen teilen möchte: Seit vielen Jahren steht er im WDR Fernsehen auch vor der Kamera am Herd und so können seine zahlreichen Zuschauer von seinen Kochfertigkeiten und seinen kreativen Ideen profitieren. Dafür blickt er auch über den Tellerrand hinaus und gibt hilfreiche Tipps und fundiertes Hintergrundwissen zum Thema Ernährung. Hier können Sie mehr über seine Sendungen erfahren.

SERVICEZEIT

Woche für Woche präsentiert Sternekoch Björn Freitag in seiner Servicezeitküche innerhalb der Reihe »Björn Freitag kocht ...« pfiffige und schmackhafte Rezepte – mit einfachen und jahreszeitlich bedingt frischen Zutaten aus den unterschiedlichsten Regionen in NRW. Das Besondere: Björn Freitag kocht nicht nur, sondern verrät in der Servicezeit auch, wo er für seine Rezepte einkauft – mal auf dem Biohof, mal auf dem Wochenmarkt oder auch beim Erzeuger seines Vertrauens. Er denkt sich Rezepte aus, die einfach nachzukochen, aber trotzdem raffiniert sind. Die Vermittlung von Basiswissen für Kochanfänger und Fortgeschrittene steht hier im Vordergrund. Das Ziel: Kochen zum Nachkochen. (Servicezeit, werktags 18.20 bis 18.50 Uhr, WDR)

DER VORKOSTER

»Der Vorkoster« ist eine Mischung aus alltagstauglicher Wissensreportage und Recherche-Dokumentation. Seit 2010 gibt Björn Freitag handfeste Tipps für den Verbraucher und nie gesehene Einblicke in die Lebensmittelindustrie. Im Mittelpunkt jeder Sendung steht eine konkrete Fragestellung: Wo kommt mein Fleisch tatsächlich her? Wie frisch ist der Fisch in NRW oder was ist drin in Fertiggerichten? Es gibt immer zwei Seiten der Medaille – der Vorkoster schaut sie sich beide an. Aber er stellt auch unangenehme Fragen und deckt Konflikte auf, wenn es keine befriedigenden Antworten gibt. »Vorkoster« Björn Freitag macht Schluss mit Halbwissen und will herausfinden: Was ist wirklich gut für uns? Was können wir ohne schlechtes Gewissen essen? Wofür lohnt es sich, mehr Geld auszugeben? Nachhaken, probieren, vergleichen – damit der Zuschauer selbst entscheiden kann.

Sendungsporträts

DAHEIM + UNTERWEGS

Wer mit »daheim + unterwegs« den Nachmittag verbringt, ist immer mittendrin – im Leben und in Nordrhein-Westfalen. In der Sendung wird geklönt, gekocht und diskutiert – eben wie zuhause am Küchentisch. Seit 2005 verwöhnt Björn Freitag die Zuschauer von »daheim + unterwegs« und zeigt, wie einfach gutes Essen sein kann. Mit 32 Jahren stand der »Dorstener« zum ersten Mal in einer Live-Sendung und fühlte sich wie zuhause. Und weil er den westfälischen Charme hat und natürlich sein Handwerk versteht, ist er genau der Richtige hierfür. Seine kreativen Rezepte der Sterneküche und seine unkomplizierte Art, sie zu erklären, sind seine ganz besonderen Zutaten. Björn Freitag steht für eine gute und anspruchsvolle Küche. Und das ist »echt lecker«! (daheim und unterwegs, werktags, 16.15 bis 18.00 Uhr, WDR)

EINFACH & KÖSTLICH

In dieser Sendung ist der Titel Programm: Ob Küchenklassiker, besonders günstige und besonders schnelle Gerichte, Partyhappen oder Menüs aus traditionellen Zutaten – das wichtigste Kriterium lautet: Alles muss einfach und ohne großen Aufwand nachzukochen sein – und natürlich fantastisch schmecken. Björn Freitag erklärt, wie seine Rezepte garantiert gelingen und wie man sich obendrein Zeit für Familie und Freunde erkochen kann. Er verwandelt regionale Zutaten der deutschen Küche in Köstlichkeiten und verrät dabei geniale Tricks aus der Sterneküche. Wenn es richtig gut schmecken soll, dann muss auch die Qualität der Zutaten stimmen. Deswegen steht Björn Freitag nicht nur in der Küche, sondern besucht auch die Erzeuger und weiß, worauf zu achten ist. Und dieses Wissen teilt er gerne!

Register

A
Apfel Warenkunde 108
Apfel-Steckrüben-Eintopf mit Mettendchen 112
Apfelkompott mit gratiniertem Ziegenkäse und Avocadocreme 110
Sellerie-Vanille-Ravioli mit marinierten Belugalinsen 102

B
Backkartoffeln mit Lauch und Speck 131
Bandnudeln mit Erbsen und Tiroler Speck 32
Birne, Warenkunde 108
Birnen-Gorgonzola-Tartes mit Knusperspeck 118
Birnen-Pfannkuchen mit Radicchio und Gorgonzolasauce 117
Birnen, Bohnen und Speck 120
Björns Pastinaken-Bolognese 97
Björns Tomatensuppe 46
Bohnen, Warenkunde 29
Bohnen, dicke, mit Jakobsmuscheln und Garnelen 34
Bratkartoffelsalat mit Radieschen und Eifel-Forelle »Müllerin Art« 132
Brotsalat mit Tomaten 46
Brust, krosse, vom »wilden« Huhn mit warmem Feldsalat 71
Bunter Frühlingssalat mit Bohnen, Blattsalat und gebackenem Ziegenkäse 36
Bunter Wintersalat mit Hähnchenbrust, Nüssen und Cranberrys 66

C
Camembert, gebackener, mit Heidelbeersenf und Rauke-Fritt 207
Cappuccino von der Pastinake 96
Cupcakes mit Heidelbeercreme 208
Currywurst, winterliche, mit Kürbiscurrysauce 144

D
Dicke Bohnen mit Jakobsmuscheln und Garnelen 34
Düsseldorfer Senfbraten vom Kaninchenbuckel mit Stielmus 24

E
Ei, Warenkunde 173
Entenfilets, karamellisierte, mit einer Royal von grünem Spargel 16
Erbsen, Warenkunde 28
Erbsen-Lauch-Auflauf mit Schinken 31
Erbsenpüree, knallgrünes, mit Stremellachs 30
Erdbeere, Warenkunde 137
Erdbeerrelish, pikantes 203
Erdbeersalat, sommerlicher 204
Erdbeersirup mit Minze 202

F
Feta-Strudel mit Auberginen und Rucola 179
Filet von der Wildwutz mit Schokoladenjus im Mohnflädlenest 79

FISCH
Bratkartoffelsalat mit Radieschen und Eifel-Forelle »Müllerin Art« 132
Fischterrine mit Roter Bete 150
Geeiste Gurkensuppe mit angebratenen Matjes 52
Hausgebeizter Lachs mit Gurkensalat 56
Kabeljau im Rote-Bete-Schaum mit Blattspinat 19
Knallgrünes Erbsenpüree mit Stremellachs 30
Krosser Zander im Rieslingschaum mit Sauerkrautpuffern 158
Sauerbraten vom Butt mit getrockneten Sauerkirschen und Kohlrabi 60
»Sylt-Tokio«-Omelett mit Räucheraal und Wasabi 183
Weißer Spargel mit Heilbutt mit Hollandaise gratiniert 14
Zimt-Dorsch mit Kohlrabi und Birnen 59
Fischterrine mit Roter Bete 150

Flammkuchen mit Kirschtomaten und Kapernäpfeln 50
Frischkäsesurprise im Strudelblatt mit getrockneten Tomaten 178
Frühlingssalat, bunter, mit Bohnen, Blattsalat und gebackenem Ziegenkäse 36

G
Gänsebrust mit Rotkohlmousse und warmen Kokoswürfeln 163

GARNELEN
Dicke Bohnen mit Jakobsmuscheln und Garnelen 34
Gefüllte Poulardenbrust mit geschmorten Perlzwiebeln 70
Krabbensalat 52
Stielmuseintopf mit Crème fraîche, Kasseler und Garnelen 23

Gebackener Camembert mit Heidelbeersenf und Rauke-Fritt 207
Gebratener Rhabarber mit Jakobsmuscheln im Kokosschaum 198
Geeiste Gurkensuppe mit angebratenen Matjes 52
Gefüllte Hähnchenroulade mit dicken Bohnen 35
Gefüllte Poulardenbrust mit geschmorten Perlzwiebeln 70
Gefülltes Schweinefilet mit Frühlingskräutern und Kartoffelsalat 78
Gegrillte Kürbisstifte mit Ingwer 138
Geschmorte Spanferkelbacken mit Selleriepüree im Vanilleschaum 104
Gestürzte Quitten-Tarte mit Granatapfel 124
Gnocchi, gratinierte, mit Feigen und Raukesalat 176
Gratinierte Gnocchi mit Feigen und Raukesalat 176

Register

Grüner Zartweizenrisotto mit knusprig gebratenen Pastinakenscheiben 98
Grünkohl mit geschmorten Zwiebeln und dicker Rippe 167
Grünkohl, Warenkunde 155
Grünkohlcremesuppe mit Hähnchen-Graubrot-Spießen 168
Grünkohllasagne mit Gouda und Schafskäse 166
Gurke, Warenkunde 44
Gurkenschiffchen mit Tatar und Landbrot-Hippen 54
Gurkensuppe, geeiste, mit angebratenen Matjes 52

H/J
Hähnchenfilet im Parmesanmantel mit Pfifferlingspesto 180
Hähnchenroulade, gefüllte, mit dicken Bohnen 35
Hausgebeizter Lachs mit Gurkensalat 56
Heidelbeere Warenkunde 137
Heidelbeeren, soufflierte 206
Heidelbeersorbet 206
Himmel und Ääd 114
Huhn Warenkunde 64
Hühnerfrikassee mit Spargel und Erbsen 67
Joghurt, selbst gemacht 189

K
Kabeljau im Rote-Bete-Schaum mit Blattspinat 19
Kaffee-Panna-cotta 189
Kaiserschmarren mit flambierten Kornpflaumen 184
Kakaopulver mit weihnachtlichen Gewürzen 188
Kalbsbuletten mit Pflaumen, Selleriepüree und Feldsalat 82
Kalbsfrikadellen mit Tomaten-Koriander-Füllung 48
Kalbsrückensteak mit Rote-Bete-Gemüse im Meerrettichschaum 151

Kalbstafelspitz auf Steckrübengemüse mit Meerrettichsauce 84
Karamellisierte Entenfilets mit einer Royal von grünem Spargel 16
Kartoffel, Warenkunde 128
Kartoffelgratin 131
Kartoffelpüree 130
Kartoffelstampf mit Estragon und Senf 130
Kartoffelsuppe mit Majoran 134
Käse, Warenkunde 172
Käsespätzle mit Feldsalat und Kartoffeldressing 174
Klopse »Königsberger Art« mit Mairüben und Zuckerschoten 74
Knallgrünes Erbsenpüree mit Stremellachs 30
Knollensellerie 91
Knusperente mit Rotkohl und Apfel-Olivenöl-Püree 164
Kohlrabi im weißen Tomatenfond 58
Kohlrabi, Warenkunde 45
Krabbensalat 52
Krautsalat 156
Krosse Brust vom »wilden« Huhn mit warmem Feldsalat 71
Krosser Masthahn mit Thymian-Zitronen-Füllung auf Rahmpolenta 68
Krosser Zander im Rieslingschaum mit Sauerkrautpuffern 158
Kürbis, Warenkunde 128
Kürbisperlen, süßsauer eingekochte 138
Kürbispuffer mit Quitten-Apfel-Kompott und Hähnchenbrust 140
Kürbisravioli in Nussbutter mit Pinienkernen 145
Kürbisstifte, gegrillte, mit Ingwer 138
Kürbissuppe 139

L
Lachs, hausgebeizter, mit Gurkensalat 56
Lamm-Spinat-Strudel mit Minze 20
Lauwarmer Rotkohlsalat mit Wildschweinmedaillons und Birnen 161

Lende vom Weideochsen mit sautierten Pfefferkirschen und Sesam-Bandnudeln 86
Lieblingsspinat, mein, (ein Rezept von meiner Mutter) 18
Linsen, Warenkunde 29
Linsen-Kichererbsen-Burger mit Pommes 40
Linsensuppe mit Ingwer 39

M
Marinade für Grillfleisch 72
Masthahn, krosser, mit Thymian-Zitronen-Füllung auf Rahmpolenta 68
Mein Lieblingsspinat (ein Rezept von meiner Mutter) 18
Milch, Warenkunde 173
Mini-Strammer-Max vom Kasseler mit Röstgemüsepüree 73
Möhre, Warenkunde 90
Möhren-Nuss-Kuchen 94
Möhrengnocchi mit Kalbsschnitzel und Orangenbutter 93
Möhrenstampf mit glasierten Mettendchen 92
Mousse au Chocolat 186

P
Pastinakenauflauf 97
Pastinake, Warenkunde 91
Pastinaken-Bolognese, Björns 97
Pikantes Erdbeerrelish 203
Pillekuchen mit Kürbis und Rote-Bete-Salat 142

PILZE
Hähnchenfilet im Parmesanmantel mit Pfifferlingspesto 180
Piroggen mit Champignons und Sauerkraut 160
Selleriesuppe mit Steinpilzen 100
Piroggen mit Champignons und Sauerkraut 160

Register

Polentapudding mit Bratapfelsorbet 111
Poulardenbrust, gefüllte, mit geschmorten Perlzwiebeln 70

Q
Quiche mit deutschem Spargel und Bärlauch 13
Quitte, Warenkunde 109
Quitten-Tarte, gestürzte, mit Granatapfel 124
Quittengulasch mit westfälischem Weideochsen und Fladenbrot 121

R
Rahmeis 190
Rehrücken mit Senf-Quitten und Schwarzwurzeln 122
Rhabarber, Warenkunde 136
Rhabarber-Quark-Tarteletts mit Vanillesauce 200
Rhabarber-Vanille-Kompott mit Holunderblütenparfait 199
Rhabarber, gebratener, mit Jakobsmuscheln im Kokosschaum 198
Rind, Warenkunde 65
Röstzwiebel-Kroketten mit verlorenen Eiern und Senf-Kräuter-Schaum 135
Rote Bete, Warenkunde 129
Rote-Bete-Carpaccio mit warmem Ziegenkäse und Wildkräutersalat 146
Rote-Bete-Reibeplätzchen mit Vanilleäpfeln 148
Rotkohl im Mohn-Crêpe mit Streifen vom Rinderrücken 162
Rotkohl, Warenkunde 154
Rotkohlsalat, lauwarmer, mit Wildschweinmedaillons und Birnen 161

RUCOLA
Feta-Strudel mit Auberginen und Rucola 179
Flammkuchen mit Kirschtomaten und Kapernäpfeln 50
Gebackener Camembert mit Heidelbeersenf und Rauke-Fritt 207
Gratinierte Gnocchi mit Feigen und Raukesalat 176
Sommerlicher Erdbeersalat 204
Zwiebelkuchen süß und herzhaft 182

S

SALAT
Bratkartoffelsalat mit Radieschen und Eifel-Forelle »Müllerin Art« 132
Brotsalat mit Tomaten 46
Bunter Frühlingssalat mit Bohnen, Blattsalat und gebackenem Ziegenkäse 36
Bunter Wintersalat mit Hähnchenbrust, Nüssen und Cranberrys 66
Gefülltes Schweinefilet mit Frühlingskräutern und Kartoffelsalat 78
Gratinierte Gnocchi mit Feigen und Raukesalat 176
Hausgebeizter Lachs mit Gurkensalat 56
Kalbsbuletten mit Pflaumen, Selleriepüree und Feldsalat 82
Käsespätzle mit Feldsalat und Kartoffeldressing 174
Krabbensalat 52
Krautsalat 156
Krosse Brust vom »wilden« Huhn mit warmem Feldsalat 71
Lauwarmer Rotkohlsalat mit Wildschweinmedaillons und Birnen 161
Pillekuchen mit Kürbis und Rote-Bete-Salat 142
Rote-Bete-Carpaccio mit warmem Ziegenkäse und Wildkräutersalat 146
Sauerkrautwickel mit Mango und Chicoréesalat 157
Sommerlicher Erdbeersalat 204
Topinambur-Chips mit Linsensalat und Meerrettichsauce 38
Wiener Schnitzel mit Kartoffel-Gurken-Salat 53
Wurstsalat 72

Sauerbraten vom Butt mit getrockneten Sauerkirschen und Kohlrabi 60
Sauerbraten vom Schweinefilet mit Kirsch-Chutney 77
Sauerkrautwickel mit Mango und Chicoréesalat 157
Schnitzel, Wiener, mit Kartoffel-Gurken-Salat 53
Schokolollies 188
Schwein, Warenkunde 65
Schweinefilet in Parmesankruste mit Spargel-Kohlrabi-Gemüse 76
Schweinefilet, gefülltes, mit Frühlingskräutern und Kartoffelsalat 78
Selleriecappuccino mit Erdnuss-Satéspießchen 101
Selleriesuppe mit Steinpilzen 100
Senfbraten, Düsseldorfer, vom Kaninchenbuckel, mit Stielmus 24
Sommerlicher Erdbeersalat 204
Soufflierte Heidelbeeren 206
Spanferkelbacken, geschmorte, mit Selleriepüree im Vanilleschaum 104
Spargel, Warenkunde 10
Spargel, weißer, mit Heilbutt, mit Hollandaise gratiniert 14
Spargelgratin mit Erbsen und Schinken 12
Spinat, Warenkunde 11
Stielmus mit lackiertem Schweinebauch 22
Stielmus, Warenkunde 11
Stielmuseintopf mit Crème fraîche, Kasseler und Garnelen 23
»Sylt-Tokio«-Omelett mit Räucheraal und Wasabi 183
Süßsauer eingekochte Kürbisperlen 138

T
Tomate, Warenkunde 44
Tomaten-Pfirsich-Chutney 47
Tomatensuppe, Björns 46
Topinambur-Chips mit Linsensalat und Meerrettichsauce 38
Törtchen, warmes, von zweierlei Käse mit Rotweinbirnen 116

Register

V
Vanille-Grießpudding 192
Vanillepudding 193
Vanille-Quarkschaum mit Erdbeeren 202

VEGETARISCH
Apfelkompott mit warmem Ziegenfrischkäse und Avocadocreme 110
Sellerie-Vanille-Ravioli mit marinierten Belugalinsen 102
Birnen-Pfannkuchen mit Radicchio und Gorgonzolasauce 117
Björns Tomatensuppe 46
Brotsalat mit Tomaten 46
Bunter Frühlingssalat mit Bohnen, Blattsalat und gebackenem Ziegenkäse 36
Cappuccino von der Pastinake 96
Cupcakes mit Heidelbeercreme 208
Feta-Strudel mit Auberginen und Rucola 179
Flammkuchen mit Kirschtomaten und Kapernäpfeln 50
Frischkäsesurprise im Strudelblatt mit getrockneten Tomaten 178
Erdbeersirup mit Minze 202
Gebackener Camembert mit Heidelbeersenf und Rauke-Fritt 207
Gegrillte Kürbisstifte mit Ingwer 138
Gestürzte Quitten-Tarte mit Granatapfel 124
Gratinierte Gnocchi mit Feigen und Raukesalat 176
Grüner Zartweizenrisotto mit knusprig gebratenen Pastinakenscheiben 98
Grünkohllasagne mit Gouda und Schafskäse 166
Heidelbeersorbet 206
Joghurt, selbst gemacht 189
Kakaopulver mit weihnachtlichen Gewürzen 188
Kaffee-Panna-cotta 189
Kaiserschmarren mit flambierten Kornpflaumen 184
Kartoffelgratin 131
Kartoffelpüree 130
Kartoffelstampf mit Estragon und Senf 130
Kartoffelsuppe mit Majoran 134
Käsespätzle mit Feldsalat und Kartoffeldressing 174
Kohlrabi im weißen Tomatenfond 58
Kürbisravioli in Nussbutter mit Pinienkernen 145
Kürbissuppe 139
Linsen-Kichererbsen-Burger mit Pommes 40
Linsensuppe mit Ingwer 39
Mein Lieblingsspinat (ein Rezept von meiner Mutter) 18
Möhren-Nuss-Kuchen 94
Mousse au Chocolat 186
Pastinakenauflauf 97
Pikantes Erdbeerrelish 203
Piroggen mit Champignons und Sauerkraut 160
Quiche mit deutschem Spargel und Bärlauch 13
Rahmeis 190
Rhabarber-Quark-Tarteletts mit Vanillesauce 200
Rhabarber-Vanille-Kompott mit Holunderblütenparfait 199
Röstzwiebel-Kroketten mit verlorenen Eiern und Senf-Kräuter-Schaum 135
Rote-Bete-Carpaccio mit warmem Ziegenkäse und Wildkräutersalat 146
Rote-Bete-Reibeplätzchen mit Vanilleäpfeln 148
Schokolollies 188
Sommerlicher Erdbeersalat 204
Soufflierte Heidelbeeren 206
Süßsauer eingekochte Kürbisperlen 138
Tomaten-Pfirsich-Chutney 47
Topinambur-Chips mit Linsensalat und Meerrettichsauce 38
Vanille-Grießpudding 192
Vanillepudding 193
Vanille-Quarkschaum mit Erdbeeren 202
Warmes Törtchen von zweierlei Käse mit Rotweinbirnen 116

W
Wachteln mit Lavendelhonig und Kartoffel-Blätterteig-Tarte 136
Warmes Törtchen von zweierlei Käse mit Rotweinbirnen 116
Weideochsen, Lende vom, mit sautierten Pfefferkirschen und Sesam-Bandnudeln 86
Weißer Spargel mit Heilbutt, mit Hollandaise gratiniert 14
Weißkohl, Warenkunde 154
Westfälisches Zwiebelfleisch mit Petersilienpüree und blauen Kartoffelchips 85
Wiener Schnitzel mit Kartoffel-Gurken-Salat 53
Wildschwein im Zimtduft mit Feigenconfit und karamellisiertem Rosenkohl 80
Wildwutz, Filet von der, mit Schokoladenjus im Mohnflädlenest 79
Winterliche Currywurst mit Kürbiscurrysauce 144
Wintersalat, bunter, mit Hähnchenbrust, Nüssen und Cranberrys 66
Wirsingrouladen mit Salzkartoffeln 83
Wurstsalat 72

Z
Zander, krosser, im Rieslingschaum mit Sauerkrautpuffern 158
Zartweizenrisotto, grüner, mit knusprig gebratenen Pastinakenscheiben 98
Ziegenfrischkäse-Papaya-Tarte mit Minzpesto 177
Zimt-Dorsch mit Kohlrabi und Birnen 59
Zwiebelfleisch, Westfälisches, mit Petersilienpüree und blauen Kartoffelchips 85
Zwiebelkuchen, süß und herzhaft 182

Danksagung

Ich möchte mich mit diesem Buch bei meinem WDR-Team um Matthias Kremin, Heiner Backensfeld, Philipp Bitterling, Irmela Hannover, Klaus Brock, Holger Cappell und Denise J. Blasczok sowie bei Anja Tanas bedanken.

Ein herzlicher Dank gilt auch meinem Management, der kick.management GmbH. Hier besonders Goetz Elbertzhagen, Jürgen Evers und Tim Tilgner.

Vita Anja Tanas

Als Oecotrophologin ist Anja Tanas die ernährungswissenschaftliche Expertin an der Seite von Björn Freitag. Seit über einem Jahrzehnt ist sie als freiberufliche Journalistin für Ernährung beim Fernsehen des Westdeutschen Rundfunks in Köln tätig. Im Zuge dieser Arbeit hat sie bereits einige Journalistenpreise gewonnen. Sie erstellt aber nicht nur Fernseh- und Hörfunkbeiträge, sondern fungiert auch als Fachberatung, Coach und Expertin vor der Kamera für verschiedene Formate des WDR in den Bereichen Ernährung, Gesundheit, Nachhaltigkeit sowie Verbraucherschutz. Anja Tanas bewegt sich gern auf verschiedenen Terrains, so arbeitet sie als Fachautorin, Referentin auf Veranstaltungen und war einige Semester lang Lehrbeauftragte an der Fachhochschule Münster.

Bildnachweis

Cover: ©WDR / Dirk Borm
S. 7: ©WDR / Annika Fußwinkel
Food- und Aufmacherfotos: Jo Kirchherr
Freisteller/Warenkunden: StockFood/K. Arras: 90; StockFood/BBS: 29 o.; StockFood/S. Braun: 91; StockFood/Eising Studio - Food Photo & Video: 28, 128 u., 155, 172, 196; StockFood/M.O. Finley: 44 o.; StockFood/Foodcollection GesmbH: 29 u., 45; StockFood/Foodfolio: 197 u.; StockFood/Hailight: 11 u.; StockFood/Kaktusfactory, N. Lippert: 197 o.; StockFood/U. Koeb: 154 u.; StockFood/Kröger, Gross: 11 o., 44 u.; StockFood/D. Loftus: 173 u.; StockFood/A. Marsh: 10; StockFood/K. Newedel: 65 o.; StockFood/A. Plewinski: 64; StockFood/A. Pudenz: 129; StockFood/P. Rees: 91 u.; StockFood/B. A. Schieren: 109; StockFood/R. Schmitz: 154 o.; StockFood/M. Stock: 173 o.; StockFood/Studio Lipov: 65 u.; StockFood/Teubner Foodfoto GmbH: 128 o.; StockFood/M. Urban: 108 u.; StockFood/B. Wegner: 108 o.